T0286071

CÓMO RECUPERAR LA CAPACIDAD DE ATENCIÓN

CÓMO RECUPERAR LA CAPACIDAD DE ATENCIÓN

DRA. GLORIA MARK

UN MÉTODO REVOLUCIONARIO PARA CONCENTRARSE Y COMBATIR LA DISTRACCIÓN

Traducción de Antonio Rivas Gonzálvez

TENDENCIAS

Argentina — Chile — Colombia — España
Estados Unidos — México — Perú — Uruguay

Título original: *Attention Span*
Editor original: Hanover Square Press
Traducción: Antonio Rivas Gonzálvez

1.ª edición: agosto 2023

ISBN: 978-84-92917-18-1
E-ISBN: 978-84-19699-07-7
Depósito legal: B-11.579-2023

Fotocomposición: Ediciones Urano, S.A.U.
Impreso por: Rodesa, S.A. – Polígono Industrial San Miguel
Parcelas E7-E8 – 31132 Villatuerta (Navarra)

Impreso en España – *Printed in Spain*

A mi madre, que se concentraba en lo importante.

Índice

Introducción. Desmontando los mitos sobre la atención 11

PARTE I
La anatomía de la atención

1. Nuestros limitados recursos cognitivos 33
2. La batalla por nuestra atención 53
3. Tipos de atención 75
4. Por qué, cómo y cuánto entramos en multitarea 101
5. Las consecuencias de las interrupciones constantes 129

PARTE II
Las fuerzas de distracción subyacentes

6. El auge de Internet y el deterioro de la concentración . . . 153
7. Cómo la IA y los algoritmos influencian nuestros
   pensamientos 173
8. Nuestro mundo social digital 195
9. Personalidad y autorregulación 215
10. La felicidad y nuestros dispositivos 237
11. Cómo los medios de comunicación condicionan
    nuestra atención 259

PARTE III
Concentración, ritmo y equilibrio

12. La libre voluntad, el albedrío y nuestra atención. 285

13. Conseguir concentración, ritmo y equilibrio. 303

14. El futuro de la atención 331

Notas 348

Agradecimientos 349

Introducción.

Desmontando los mitos sobre la atención

«Pensamos que nuestra civilización se acerca a su mediodía, pero solo acaba de cantar el gallo y asomado el lucero del alba».

RALPH WALDO EMERSON

Imaginemos que abrimos nuestro ordenador portátil al empezar el día. De inmediato nos enfrentamos a una avalancha de *e-mails*. Les echamos un vistazo; unos cuantos exigen que les dediquemos atención y empezamos a responderlos, dándonos cuenta de que cada uno requiere cierto trabajo. A continuación, pasamos a trabajar en un proyecto que debemos terminar hoy y atendemos unas cuantas llamadas telefónicas, pero entonces nos llega una notificación: otro *e-mail* de nuestro supervisor. Nos lanzamos a responder de inmediato, para transmitirle de forma implícita que estamos haciendo nuestro trabajo. En ese momento, el calendario nos notifica que va a comenzar la siguiente reunión por Zoom. Solo son las 10 a. m. pero ya empezamos a sentirnos cansados. Cuando llegan las tres de la tarde apenas somos capaces de pensar en ese proyecto que hay que entregar pronto. Empezamos a trabajar en él y descubrimos que nos cuesta concentrarnos y que no dejamos de cometer errores.

O quizá nuestro plan para el día es ocuparnos de los impuestos. Pero primero miramos Facebook y nos enredamos con las publicaciones de nuestros amigos. Un enlace a un vídeo interesante nos lleva a YouTube, y entonces nos fijamos en unas recomendaciones de la columna lateral y acabamos inmersos en la observación de otros vídeos. Nos apartamos de YouTube y volvemos a los impuestos, pero entonces recordamos que tenemos que enviar unos *e-mails* sobre las reformas que estamos haciendo en casa. Al abrir la bandeja de entrada, vemos otros mensajes que hay que atender. Han pasado tres horas y no tenemos ya la energía ni las ganas de concentrarnos en los impuestos.

Hemos desarrollado unos lazos inquebrantables con nuestros ordenadores y teléfonos durante gran parte de las horas de vigilia. Cuando oímos un zumbido procedente del teléfono que señala que ha llegado un mensaje, no somos capaces de ignorarlo. La ubicuidad de los *smartphones* y la accesibilidad a Internet han cambiado las reglas tanto del trabajo como de la vida personal, haciendo que se espere de nosotros que estemos disponibles todos los días, las veinticuatro horas del día. Es habitual que la gente comente que se despierta en medio de la noche y comprueba si tiene *e-mails* o mensajes de texto en el teléfono. Es algo que he oído a menudo durante mi investigación. Cualquier individuo que intente desconectarse paga un precio determinado por no estar al tanto de la última información y los últimos mensajes. Entre nuestro competitivo mundo laboral y nuestra red social interconectada de relaciones, nadie se puede permitir quedarse fuera de onda.

Un nuevo tipo de comportamiento ha surgido con el auge de las computadoras, en el cual alternamos dinámicamente nuestra atención entre diferentes aplicaciones, pantallas y dispositivos. Como científica investigadora, he tenido la suerte de haber sido capaz de observar (y seguir la pista empíricamente) este patrón de desplazamientos de atención, y con él, la acumulación de estrés y agotamiento, a lo largo de los últimos veinte años, según nos hemos ido volviendo más dependientes de nuestros dispositivos. Por decirlo de manera simple: nuestro uso de las tecnologías personales afecta nuestra capacidad de prestar atención. Lo que he visto en el último par de décadas es que la mente humana ha sufrido colectivamente un cambio radical en la manera en que se concentra en la información. Pero también he visto cómo el estrés va asociado al desplazamiento de la atención; tenemos que tomarnos esto seriamente, ya que la Organización Mundial de la Salud identifica el estrés como una epidemia sanitaria del siglo XXI [1]. En el momento de escribir estas líneas, el mundo ha estado esforzándose en medio de una pandemia, la gente está pasando más tiempo que nunca con sus dispositivos y el estrés ha ido en aumento.

Soy psicóloga por formación, pero estuve a punto de no convertirme en una. El microbiólogo Louis Pasteur escribió que «el azar favorece a las mentes preparadas», y fue por azar y con una mente abierta a la oportunidad que entré en este campo. Lo cierto es que empecé como artista y nunca pensé que haría algo diferente. Estudié bellas artes en el Cleveland Institute of Art, y me especialicé en dibujo y pintura. Tenía raíces muy profundas en el expresionismo abstracto; tan profundas, de hecho, que años después, al leer los apuntes que tomaba mientras pintaba, no era capaz de encontrarles sentido. La redacción era demasiado abstracta para mi perspectiva actual de científica.

Cuando terminé los estudios obtuve una beca del British Arts Council y fui a Londres a pintar murales. Pero durante aquel año experimenté la realidad de lo difícil que era ganarse la vida como artista. También descubrí que un talentoso licenciado reciente de la escuela de arte estaba estudiando para ser higienista dental para ganarse la vida (es una profesión respetable, pero no una que exija años de estudios de arte). Además, supe que otro artista que conocía trabajaba como ascensorista. Aunque hay algunas personas que pueden estar tan comprometidas con su arte que están dispuestas a pasar ocho horas al día dedicadas a un trabajo que no les gusta para así sustentar su pasión, me di cuenta con rapidez de que esa vida no era para mí. Por suerte, también se me daban bien las matemáticas, y sabía que era mucho más fácil ganarse la vida usando esa capacidad.

Así es como acabé en la Universidad de Michigan estudiando un posgrado sobre estadística, que me abriría el camino para estudiar psicología e informática a nivel de usuario. Pero en aquella época tan solo necesitaba trabajo, de modo que me presenté al puesto de ayudante de investigación con Manfred Kochen, un científico de la información. Cuando fui a su despacho a realizar la entrevista, el doctor Kochen me hizo varias preguntas. ¿Sabes programar? (No). ¿Conoces la teoría de conjuntos difusos? (No). ¿Conoces la teoría de redes? (No). Recogí mi mochila y me dispuse a marcharme, pero cuando iba a salir, el doctor Kochen me dijo: «Bueno, ¿qué sabes hacer?». Me giré hacia él y le dije que sabía pintar. Me dijo que volviera y me sentara.

El doctor Kochen me contó que antes de conseguir su doctorado en matemáticas en el Massachusetts Institute of Technology (MIT) había ido a clase en la Art Students League, en Nueva York. Entonces estuvimos hablando de arte dos horas más. Al final me dijo: «Tengo una beca para estudiar el proceso de descubrimiento. ¿Crees que podrías trabajar en eso?». Con la arrogancia y la ingenuidad de la juventud le dije que sin duda. Yo sabía cómo hacían descubrimientos los artistas. Solo necesitaba encontrar una manera de describirlo en términos académicos. Me sumergí en el estudio de la psicología cognitiva, y con el tiempo, aquel trabajo creció hasta convertirse en un artículo que presenté en una conferencia. Acabé inmersa en el mundo de la psicología y la ciencia de la información, y en última instancia, conseguí mi doctorado en Columbia.

El azar volvió a cruzarse en mi camino cuando, en mi primer trabajo tras graduarme, me contrató una empresa de tecnologías de la información para aplicar las ideas de la psicología al estudio del uso de la tecnología. Esta empresa, Electronic Data Systems, había instalado un laboratorio afiliado al MIT. Se la conocía como EDS, estaba experimentando con la forma en que los ordenadores podían ser de ayuda en las reuniones de negocios y había montado una sala de reuniones con ordenadores conectados a red, para que pudiéramos estudiar cómo colaboraba la gente. La empresa había tenido la perspicacia de creer que necesitaba un psicólogo para entender la manera en que la gente usaba los ordenadores durante las reuniones de negocios. En la actualidad, los ordenadores conectados a red en una sala de reuniones son algo que no nos llama la atención en absoluto, pero en aquella época, recuerdo que me sentí emocionada, pensando que había entrado en el futuro. La idea de que podía estudiar el uso de la tecnología en un entorno de trabajo real era emocionante.

Aquel trabajo fue el comienzo de lo que se convertiría en un viaje de décadas en el estudio del uso y el abuso de la tecnología desde una perspectiva psicológica. Este libro es el resultado de ese viaje, capturando lo que he aprendido sobre nuestras naturalezas humana y social más profundas, cómo pensamos, trabajamos e interactuamos unos con otros, y cómo todo ello se ve afectado por las herramientas que usamos. Estas «herramientas» han progresado mucho desde los ordenadores en red de EDS, hasta el punto de que los dispositivos digitales están entrelazados con nuestras esferas laboral, social y privada, de modo que este libro es, por tanto, también sobre cómo han cambiado nuestras vidas en la era digital. El uso de la tecnología es tan común y ubicuo que ya no es posible desconectarlo de lo que somos. El comportamiento humano y el diseño de la tecnología informática se influencian mutuamente, y los cambios tienen lugar a la velocidad del relámpago.

Cuando, más tarde, entré en el mundo académico, creé lo que llamo «laboratorios vivientes» para estudiar cómo la gente usa la tecnología. Como psicóloga, me educaron para llevar gente a los laboratorios para estudiar su comportamiento, con el fin de controlar todas las variables que fueran posibles, pero tengo la sensación de que para entender realmente cómo usan las personas la tecnología y cómo les afecta, debo ir donde está la gente en su vida cotidiana. De esta forma, puedo obtener una imagen más completa de sus emociones, relaciones, presiones y conflictos laborales y, por supuesto, su multitarea, sus distracciones y su estrés mientras usan sus ordenadores y teléfonos. Así es como terminé sentándome detrás de la gente en sus despachos reales, pulsando un cronómetro cada vez que encendían pantallas de ordenador o cogían un teléfono (más tarde, fuimos capaces de actualizar nuestra tecnología para registrar esto digitalmente, para gran alivio de mis estudiantes de posgrado). También fue así como me encontré en una sala de juntas intentando convencer a una mesa llena de ejecutivos para que me dejaran desconectar durante una semana el correo de sus empleados y colocarles monitores de ritmo cardíaco. O cómo descubrimos que las cámaras portables diseñadas para sacar periódicamente fotos de caras, para medir la interacción interpersonal mientras trabajaban, podían de tarde en tarde confundir un asiento de inodoro con un rostro humano si un participante masculino se olvidaba de apagar la cámara antes de ir al baño. La ciencia, especialmente fuera de los laboratorios controlados, nunca es perfecta.

En los miles de horas que he estado estudiando a la gente a lo largo de su trabajo diario, he oído un sentimiento común. La gente informa que está agobiada y agotada debido a que tiene que tratar con demasiada información y demasiados mensajes. Poner la bandeja de entrada a cero es una tarea tan dura y fútil como el trabajo de Sísifo; en cuanto reducimos los mensajes a una cantidad manejable, llega una nueva avalancha. La gente dice también que es simplemente demasiado difícil concentrarse cuando están ocupados con sus ordenadores y *smartphones*. En este libro veremos que las distracciones no solo se deben a las notificaciones que saltan en medio de la pantalla o los zumbidos del teléfono. Sorprendentemente, las personas se distraen casi tan a menudo con algo interno a ellas: un pensamiento, un recuerdo, un impulso de buscar información o un deseo de conectarse con otros. Cuando estamos inmersos en la tienda de golosinas más grande del mundo, es difícil resistirse a probar el producto.

Hemos llegado a pasar gran parte de nuestras horas de vigilia en lo que llamo el mundo digital, un entorno experiencial al que accedemos mediante nuestros ordenadores, *smartphones* y *tablets*. No necesitamos estar en una realidad virtual absoluta para ser capaces de experimentar la inmersión profunda que sentimos cada día mediante el simple uso de nuestros dispositivos. Al pasar tanto tiempo inmersos, hemos desarrollado nuevos hábitos, expectaciones y prácticas culturales que, a su vez, han llevado a muchos a preguntar: ¿Cómo podemos recuperar el control de nuestra atención en este mundo digital?

¿Por qué podemos sentir que tenemos el control de nuestra vida en el mundo físico pero no nos sentimos en control de nuestra atención cuando estamos en el mundo digital? Esta es solo una de las paradojas que afrontamos con el auge de la informática. La tecnología ha sido diseñada con la intención de aumentar nuestras capacidades y ayudarnos a producir más información, pero en vez de eso nos sentimos distraídos y agotados. Los gerentes envían mensajes y esperan que respondamos de inmediato, pero al mismo tiempo esperan que seamos productivos. Un caso que describiré más adelante es el del superior de un empleado, que continuamente delegaba en este su trabajo vía *e-mail* y a la vez esperaba que este empleado cumpliera con todas sus demás obligaciones laborales. Cuando cortamos el *e-mail* en la empresa durante una semana, en lugar de telefonear o ir personalmente a ver al empleado para asignarle trabajo, el superior simplemente dejó de darle tareas. Es mucho más fácil delegar trabajo electrónicamente. También se da una paradoja en el propio diseño de Internet, una estructura que hace fácil encontrar información y se mapea en la forma en que nuestra memoria está organizada, como una red de asociaciones. Pero la estructura de nodos y enlaces de Internet también nos empuja a pasar incontables horas navegando por ella. Podemos tener la ilusión de que estamos haciendo más y de que nuestra capacidad humana se ha expandido cuando alternamos nuestra atención o realizamos multitareas, pero en realidad estamos haciendo menos. Se ha demostrado repetidas veces, cuando se mide objetivamente, que la multitarea está asociada a un rendimiento menor.

La multitarea tiene también otros inconvenientes. La alternancia tiene un coste: el tiempo que perdemos cada vez que desviamos nuestra atención y debemos reorientarla a la siguiente tarea que tenemos entre manos. Este coste no sería muy alto si retomáramos de inmediato un proyecto interrumpido, pero, por desgracia, los datos demuestran que no es así. Más bien desviamos nuestra atención a, al menos, otros dos proyectos con un retardo de más de veinticinco minutos antes de volver a la tarea interrumpida. Esto es un tiempo y un cambio de contextos capaces de perturbar significativamente nuestro trabajo.

Otro coste más de la multitarea está asociado con las emociones negativas: ansiedad, estrés y desgaste. El *e-mail*, uno de los principales culpables de la distracción, está especialmente asociado con el estrés. En un estudio, que luego describiré, descubrimos que cuando el *e-mail* se interrumpió durante una semana, la gente fue capaz de concentrarse un tiempo significativamente mayor en sus ordenadores, y alternaban su atención con menos frecuencia. Y algo incluso mejor: descubrimos que sin *e-mail*, los medidores de frecuencia cardíaca mostraban una variabilidad mensurablemente diferente de dicha frecuencia al final de la semana, lo que demostraba que la gente también estaba significativamente menos estresada[2].

La ciencia muestra de manera consistente que la multitarea causa estrés —la tensión sanguínea aumenta, y también el ritmo cardíaco—, y esto coincide con nuestra propia percepción de que nos sentimos más estresados. Incluso se ha verificado que nuestra respuesta inmune contra las enfermedades se debilita cuando realizamos multitarea. También hay un coste allí donde a menudo seguimos pensando en lo último que hicimos, mientras estamos ocupados con la tarea actual; esa historia personal apasionante que poco antes leímos *on-line* puede estar aferrada a nuestros pensamientos e interferir en el trabajo que estamos haciendo. Pero el coste más alto está en el uso de nuestra preciosa y limitada capacidad de atención, nuestros recursos cognitivos, especialmente cuando tenemos que seguir la pista de múltiples tareas interrumpidas. Es como tener un depósito con una fuga, lo que nos deja con menos combustible para realizar nuestro trabajo.

La percepción de que es difícil concentrarse cuando usamos nuestros dispositivos personales está avalada por la ciencia. Mi propia investigación, al igual que las de otros, ha mostrado que a lo largo de los últimos quince años nuestra capacidad de atención ha disminuido en duración cuando usamos los dispositivos. Nuestra capacidad de atención mientras usamos ordenadores y *smartphones* se ha reducido —de una forma demencial— ahora que dedicamos por término medio unos cuarenta y cinco segundos concentrados en una actividad concreta ante una pantalla. Esto es cierto para todo el mundo: *baby boomers,* generación X y *millennials,* y también para la generación Z.

Internet empezó a usarse de forma extendida hace menos de treinta años. A menudo, olvidamos que nuestra vida digital sigue siendo bastante joven; más joven que la caída del muro de Berlín, la formación de la Unión Europea y el momento en que se identificó el VIH/sida. Casi un treinta por ciento de la población mundial pertenece a la generación Z, nacida después de 1997, y al haber crecido con Internet y *smartphones* no tiene experiencia sobre cómo era la vida antes de esta revolución. Al encontrarme yo misma a caballo entre las generaciones pre-Internet e Internet, me sigue maravillando nuestra capacidad para obtener actualizaciones de noticias, buscar consejo médico, descubrir qué lugares están visitando en este momento nuestros amigos, trabajar colaborativamente en documentos con nuestros compañeros y tuitear nuestros pensamientos al mundo, todo en cuestión de segundos. Pero nos hemos vuelto tan dependientes de Internet que nos aterrorizamos cuando nuestra conexión se corta incluso por un instante.

Nuestra sociedad digital y nuestra atención

Con los avances informáticos y nuestra desbocada adopción de los ordenadores, *smartphones* e Internet, nuestra relación cotidiana con la tecnología se ha visto sometida a un cambio vertiginoso, y esto es especialmente evidente con los cambios en nuestro comportamiento de atención. La mayoría de la gente pasa ahora una parte importante de su vida de vigilia en sus dispositivos digitales (incluyendo los momentos en que se despierta en mitad de la noche). ¿Qué hay en la manera en que usamos nuestros dispositivos que impacta en nuestra capacidad de concentrarnos y hace que nos sintamos tan agotados?

Aunque lo dijo mucho antes del ascenso de Internet, el premio Nobel, economista y psicólogo cognitivo Herb Simon capturó el dilema esencial de nuestra vida en el mundo digital cuando escribió que «una riqueza de información crea una pobreza de atención y una necesidad de dirigir esa atención de forma eficiente»[3]. El progreso tecnológico ha preparado el camino para una continua creación de datos y un acceso casi ilimitado a la información y a la gente. Cada día, en la mayor parte del mundo, tenemos la oportunidad de sumergirnos en la amplia piscina de información que nos ofrece la tecnología. Podemos usar aplicaciones informáticas e inteligencia artificial para aumentar nuestra capacidad de procesar información en Internet, pero en última instancia, la mente humana actúa como un cuello de botella.

Si fuésemos sobrehumanos podríamos tener una capacidad ilimitada de concentrarnos y absorber información, y una memoria ilimitada para almacenarla. Quizá, en un futuro no muy lejano, los humanos podremos tener chips implantados en el córtex prefrontal que nos proporcionen elevadas capacidades de procesamiento y grandes bancos de memoria. Pero, por ahora, eso es solo un sueño teórico, y la historia de cómo los medios digitales afectan nuestra atención y nuestro estado de ánimo es mucho más complicada que la mera cantidad de información bruta a nuestra disposición.

Cuando hablamos de nuestra cultura tecnológica acelerada aparece la cuestión del trastorno por déficit de atención con hiperactividad (TDAH). Pero la dificultad de mantener la atención en nuestros ordenadores y teléfonos es un problema experimentado por una población mucho más extensa que solo aquellos que padecen TDAH. La mejor estimación que he encontrado de la prevalencia de TDAH entre adultos es de un 4,6 %, basada en una revisión de 2021 de cuarenta estudios realizados sobre más de 107 000 individuos [4]. Entre los niños y los adolescentes estadounidenses con edades comprendidas entre los dos y los diecisiete años, una encuesta de 2016 realizada en más de 50 000 hogares reveló que un 8,4 % de este grupo de edades había sido diagnosticado con TDAH, basándose en los informes de los padres [5]. Algunas investigaciones sugieren que la gente con TDAH puede tener un uso del teléfono más problemático que los que no padecen TDAH. Una encuesta realizada a 432 personas que declararon padecer

TDAH y usar teléfonos encontró una correlación entre ambas cosas[6]. Aunque se trata de un resultado curioso, es importante remarcar que aún conocemos muy poco sobre la relación entre el TDAH y el uso de dispositivos personales; es necesario realizar más investigaciones para ver si existe alguna conexión causal. Pero no deberíamos descartar la cuestión de la atención y los dispositivos como algo que solo experimentan aquellos que padecen TDAH; en nuestra cultura actual, todo el mundo se ve afectado.

Mitos modernos sobre la distracción

En las conversaciones públicas sobre nuestra cultura en rápido cambio, han aparecido cuatro mitos modernos sobre nuestra relación con la tecnología informática. Estas narrativas, aunque populares, han sido demostradas falsas por la ciencia que describiré en este libro.

El primer mito es que siempre deberíamos esforzarnos por estar concentrados cuando estamos ante el ordenador, y de este modo podremos ser productivos. Deberíamos sentirnos culpables si no nos podemos concentrar. Pero resulta que concentrarse durante largos periodos de tiempo, especialmente sin interrupciones, no es algo natural para la mayor parte de la gente. Al igual que en la naturaleza abundan los ritmos, nuestra investigación muestra que nuestra atención también sigue ritmos. La atención concentrada de la gente oscila y fluye de forma natural. Hay momentos del día en que estamos en la cima de nuestra concentración, y en otros momentos, no. Además, la concentración sostenida está asociada con el estrés. No podemos afrontar el intenso desafío mental de estar concentrados largos periodos de tiempo durante el día, al igual que no puede pedírsenos que estemos levantando pesos sin interrupción todo el día, sin que el rendimiento empiece a degradarse según nos vamos quedando sin energía (o sin recursos cognitivos), lo que habitualmente sucede mucho antes del final de una típica jornada laboral de ocho horas.

El segundo mito es que el flujo es el estado ideal al que debemos aspirar cuando usamos las tecnologías. El *flujo*, un término concebido por el psicólogo Mihaly Csikszentmihalyi, es ese estado de atención óptimo en el que estamos tan atrapados en una experiencia que perdemos el contacto con el mundo exterior y no somos conscientes del paso del tiempo. Sentimos alegría, emoción, y estamos en nuestra máxima cumbre creativa. La mayoría hemos experimentado el flujo en algún momento. Podemos haberlo experimentado al tocar música, o al escuchar una gran sinfonía de Mozart o una canción de Led Zeppelin. O quizá hemos estado en flujo al jugar al fútbol y producirse un instante en el que todos los jugadores parecen sincronizarse mágicamente. Si nos dedicamos a la pintura o a la cerámica, probablemente habremos estado en flujo mientras creamos una obra artística; sentimos una inspiración sin límites y nos mantenemos concentrados con facilidad.

Este ideal de flujo es una aspiración excelente, salvo por que el flujo es algo raro en nuestra vida cotidiana, especialmente si nos dedicamos a trabajar con el pensamiento, lo que quiere decir que nuestro trabajo tiene que ver principalmente con el uso de información digital. Aunque no es raro que el flujo tenga lugar cuando uno es un artista, un bailarín, un músico, un tallista o un atleta, para la mayoría de nosotros, que pasamos la mayor parte del tiempo ante la pantalla de un ordenador o un *smartphone* en nuestro mundo cotidiano, el flujo rara vez se produce. No se trata de que un ordenador, *per se*, lo obstaculice; tiene más bien que ver con la naturaleza del trabajo. Podemos experimentar con facilidad el flujo si estamos componiendo música en el ordenador o si estamos escribiendo un programa complejo, pero no si el trabajo consiste en organizar reuniones o escribir informes. El flujo no aparece mientras jugamos a juegos de palabras o miramos Netflix; estas cosas captan nuestra atención pero no se trata de experiencias creativas destacadas. En vez de en flujo, nuestra atención en el mundo digital es habitualmente de corta duración y tiene la cualidad de ser dinámica y alternar de una pantalla a otra; lo que llamo atención cinética.

El tercer mito es que las distracciones, las interrupciones y la multitarea que experimentamos mientras manejamos nuestros dispositivos se deben principalmente a las notificaciones que recibimos y a nuestra falta de disciplina. Aunque se ha escrito mucho sobre cómo las notificaciones personalizadas algorítmicamente representan un papel en la captación de nuestra atención, se sabe menos sobre cómo nuestra atención se ve sujeta a otras presiones. No usamos la tecnología en un vacío. Nuestro comportamiento en el mundo físico está influenciado por la cultura en la que vivimos. De forma parecida, nuestro comportamiento en el mundo digital también está influenciado por fuerzas ambientales, sociales y tecnológicas. Estas influencias no se dan solo en el mundo occidental, sino que son universales.

Algunas de esas influencias pueden ser inesperadas. En primer lugar, los humanos pensamos en términos de asociaciones, e Internet lo ha aprovechado bien, con su red diseñada tan perfectamente en sintonía con nuestro pensamiento que no solo podemos encontrar información con facilidad, sino que a menudo no dejamos de buscar bocados interesantes una vez que hemos encontrado lo que estábamos buscando. Además, aunque sabemos que las diferencias individuales son lo que hace únicos a los humanos, puede que no nos demos cuenta de que los rasgos personales pueden afectar nuestra capacidad de atención. Para algunos, es fácil autorregular su comportamiento y no ir a consultar Instagram, mientras que, para otros, practicar ese autocontrol es una hazaña. También podemos no ser conscientes de la manera en que ciertos rasgos de personalidad pueden influenciar la duración de la atención ante el ordenador o el teléfono, o cuán a menudo alguien consulta el *e-mail*. Otra influencia es el hecho de que somos seres sociales y, por tanto, somos susceptibles a las fuerzas sociales de los demás. Recibimos recompensas sociales cuando interactuamos con otros, cedemos a la presión de los pares, respondemos al poder y queremos mantener un saldo positivo de capital social con nuestros compañeros y amigos, lo que por su parte nos empuja a seguir consultando el *e-mail* y las redes sociales. Además, aunque somos conscientes sin la menor duda de que estamos inmersos en una cultura de medios más allá de los ordenadores y los *smartphones*, puede que no nos demos cuenta de que los hábitos que absorbemos de otros medios pueden trasladarse e influenciar nuestra capacidad de atención ante el ordenador. Las cuatro horas diarias que el estadounidense medio dedica a observar pasivamente televisión y películas (la media de horas aumenta con la edad), y también a ver YouTube y vídeos musicales, han acostumbrado al espectador a experimentar cambios de escena continuos y rápidos, lo que a su vez puede reforzar los hábitos ante el ordenador.

El cuarto mito ampliamente extendido es que la actividad rutinaria y mecánica que realizamos con los ordenadores y teléfonos no tiene valor. Según esta narrativa, se nos presiona para eliminar la actividad sin esfuerzo intelectual, como jugar a juegos de puzzles, echar un vistazo a las redes sociales o navegar por Internet, para ser así más productivos. La respuesta breve es que, en efecto, estamos perdiendo el tiempo cuando nos atascamos en el agujero de las redes sociales, por ejemplo, especialmente si tenemos cosas importantes que hacer y fechas de entrega que cumplir. En el libro hablaré sobre esta trampa para la atención. Pero es posible tomarnos pequeños descansos y realizar estas actividades rutinarias para relajarnos, a propósito y con moderación. Existe un motivo por el que la gente se ve atraída a estas actividades; resumidamente: hemos encontrado en nuestros estudios pruebas empíricas de que nos hacen felices. Somos mucho más felices cuando dedicamos nuestra atención a una actividad sencilla y agradable que no supone un desafío ni es estresante. Dejar vagar nuestros pensamientos mientras hacemos una pausa con tareas simples, ya sea *on-line* o en el mundo físico, nos ayuda a reponer nuestros escasos recursos cognitivos, y con más recursos, seremos más capaces de concentrarnos y ser productivos. Jean Stafford, premio Pulitzer de ficción, se dedicaba a actividades mecánicas como la jardinería para ayudar a desestresarse y recuperar los recursos cognitivos que necesitaba para escribir[7]. Mostraré cómo la actividad rutinaria no solo trabaja en concierto con la atención concentrada, sino que también tiene un papel en ayudarnos a alcanzar el bienestar.

En esta obra profundizaré en las investigaciones que demuestran las razones por las que estos mitos populares no son ciertos. Un motivo por el que surgieron tales mitos es que la ciencia de la atención no fue considerada a la hora de describir cómo usamos nuestras tecnologías personales. Nuestra atención ante los ordenadores se ve afectada por varias cosas: el trabajo que hacemos, la cantidad disponible de recursos cognitivos, la hora del día, el estrés, la calidad del sueño y una gran cantidad de factores más. Si compramos la idea de que las distracciones son ante todo culpa nuestra, estaremos ignorando el hecho de que somos parte de una cultura sociotecnológica mayor que ejerce su influencia sobre nuestro comportamiento.

Reformular nuestro objetivo: de la productividad al bienestar

En 2009 experimenté una llamada de atención. Aquel año me diagnosticaron un cáncer de colon en fase III. Me creía la persona más sana de todas las que conocía. Salía a correr a diario, comía de forma sana y controlaba mi peso. De repente, me estaban diciendo que mi probabilidad de supervivencia a cinco años era del 69 %. Estaba decidida a encontrarme en ese grupo del 69 %, y me alegra poder decir que así fue. Mientras escribo estas líneas llevo catorce años libre de cáncer, y pretendo seguir así. En el momento de mi diagnóstico, la causa del cáncer era desconocida. Un análisis genético no indicó ningún gen que pudiera ser la causa, y tampoco había antecedentes familiares. Pero en los años anteriores había estado sufriendo una cantidad tremenda de estrés, y recuerdo haber pensado que en algún momento iba a tener que pagar el precio. Aunque sé que no puedo atribuir mi diagnosis de cáncer tan solo a mi tiempo ante pantallas o al trabajo, sé que el estrés debilita el sistema inmune. Además, cuando experimentamos un suceso que amenaza nuestra vida, nos damos cuenta de que el tiempo es finito. Mi diagnosis fue una llamada de atención que me hizo pensar en cómo estaba gastando mi tiempo; una buena parte de este se iba a mis dispositivos, y estaba experimentando un montón de estrés debido a ello. También me di cuenta de cómo, en nuestra era digital actual, tal sentimiento de presión temporal y estrés está muy extendido; no tenía más que mirar a mi alrededor y escuchar lo que decían mis compañeros y los participantes de los estudios. Esas experiencias me hicieron pensar incluso con más profundidad en el papel que nuestros dispositivos digitales juegan en afectar nuestro bienestar.

A pesar de ello, los dispositivos digitales nos han traído numerosos beneficios, y han progresado mucho a la hora de hacernos la vida más fácil: nos permiten trabajar desde casa, conectarnos con los seres queridos, recibir cuidados médicos expertos, encontrar información y muchas cosas más. El susto que me llevé con mi salud me hizo muy consciente de que necesitamos repensar cómo usamos estos dispositivos, a la vez que mantenemos nuestra salud y nuestro bienestar.

Oímos decir todo el tiempo que ahora tenemos los medios técnicos para ser productivos constantemente en nuestra era digital, y que necesitamos optimizar nuestro tiempo para acumular tanto como sea posible. Mi propia experiencia vital y mi investigación me han llevado a una conclusión diferente: deberíamos pensar en cómo podemos alcanzar nuestro máximo bienestar. Debemos cambiar la conversación: de ajustar nuestra vida para ser productivos al máximo a ajustar nuestra vida para sentirnos equilibrados. Nuestro objetivo cuando usamos los dispositivos debería ser mantener una reserva positiva de recursos mentales, de modo que en última instancia podamos experimentar un nivel mayor de bienestar. Como resultado, seremos más productivos.

Nuestra moderna era digital ha causado un desplazamiento fundamental de la manera en que pensamos y trabajamos, y de cómo concentramos nuestra atención y alcanzamos la plenitud. La tecnología que usamos a diario, nuestros entornos cultural y social, y nuestra naturaleza humana individual hacen, en conjunto, que nos sea difícil concentrarnos. Ahora necesitamos un nuevo paradigma para comprender cómo mantenernos felices, productivos y realizados. Las balas de plata que se nos han prometido para mejorar nuestra concentración y ser más productivos han resultado ser de fogueo, basadas en suposiciones erróneas sobre la atención. En vez de considerar la atención como un estado binario, concentrada o no concentrada, deberíamos darnos cuenta de que es algo mucho más sutil. En los capítulos que siguen mostraré cómo cada tipo diferente de atención —estar concentrados, realizar actividades mecánicas, incluso estar aburridos— tiene un valor y un propósito específicos a la hora de mantener un equilibrio positivo de los recursos cognitivos a lo largo del día. Esto significa que la concentración no es el único estado «óptimo» de la atención, sino que en realidad funciona mejor cuando está equilibrada con otros tipos de atención que agotan menos nuestros recursos.

Este libro está dividido en tres partes. En la primera empiezo presentando ciencia importante relacionada con la atención. El estudio de la atención es un campo enorme cubierto de miles de artículos de investigación a lo largo de más de un siglo, que se remontan a William James, considerado el padre de la psicología. Exponer todos los aspectos de la atención que se relacionan con nuestra experiencia en el mundo digital ocuparía volúmenes; por tanto, he restringido mi exposición a solo unos pocos conceptos clave, como la teoría y el papel de nuestros limitados recursos cognitivos, que nos ayudarán a entender nuestro comportamiento cuando usamos nuestros dispositivos. El resto de la Parte I cubre la investigación que he realizado con compañeros, mostrando hasta qué punto la gente realiza multitarea y es interrumpida, y cómo nuestra capacidad de atención ha ido disminuyendo con el auge de los ordenadores personales y los *smartphones*. Abordaré el primer mito demostrando que más que aspirar a mantener una concentración ininterrumpida, es importante considerar un equilibrio de estados atencionales. También analizaré el segundo mito y explicaré que encontrar nuestro propio ritmo atencional es más viable que lograr el flujo. En la Parte II me ocuparé del tercer mito, y revisaré las razones por las que realizamos multitarea y nos distraemos, profundizando en las influencias individuales, sociales, ambientales y tecnológicas en nuestra atención y nuestras distracciones, interrupciones y multitareas en el mundo digital. También me ocuparé del cuarto mito, presentando resultados de investigaciones que muestran cómo las actividades mecánicas son, en realidad, beneficiosas y nos pueden ayudar a reponer nuestros recursos. En la Parte III analizaré las soluciones, basadas en investigaciones que muestran cómo las personas pueden ser sus propios agentes de cambio exitosos, y cómo podemos usar nuestros dispositivos y seguir nuestro propio ritmo de atención.

A lo largo de los años, muchos compañeros, estudiantes y homólogos me han comentado lo mucho que se identifican con mis resultados de investigación. Es probable que nos demos cuenta de que nuestras percepciones sobre nuestra atención han sido verificadas científicamente. Este libro pretende ayudarnos a comprender de forma consciente por qué nos cuesta tanto trabajo mantenernos concentrados, por qué nos distraemos y nos interrumpimos con facilidad, y por qué nuestra atención tiene que ver con comprender por qué nos comportamos como lo hacemos, de modo que podamos autoanalizarnos y corregir nuestra tendencia. Si nuestro objetivo es alcanzar un sano equilibrio psicológico, mantendremos nuestros recursos mentales repletos y, como efecto secundario, seremos más productivos. Conforme nuestro mundo digital continúa acelerando, tengo la idea optimista de que también podemos encontrar el equilibrio en él.

PARTE I

La anatomía de la atención

1

Nuestros limitados recursos cognitivos

La mayoría de la gente está lo bastante familiarizada con sus ordenadores, *tablets* y *smartphones* para saber cómo ajustar la configuración. Es más que probable que tengamos una idea básica sobre cómo funciona Internet, y cuando nuestro dispositivo pierde la conexión con esta, podemos determinar el problema. Aunque la mayoría tiene una idea general de cómo trabajan sus dispositivos, pocos conocen cómo trabaja nuestra atención cuando los utilizamos. Con el fin de entender por qué desviamos nuestra atención con tanta rapidez en nuestros dispositivos, por qué sucumbimos a las distracciones y por qué nuestros días resultan tan agotadores, en este capítulo abriremos la caja negra de la mente y echaremos un vistazo a los procesos psicológicos profundos que explican nuestro comportamiento digital único. Más avanzado el libro, dirigiremos también una mirada holística a las fuerzas subyacentes que pueden explicar por qué realizamos multitarea y estamos tan distraídos. Pero, en primer lugar, empezaremos con los conceptos básicos sobre la atención, cómo trabaja, cuánta energía hace falta realmente para realizar tareas «simples» y cómo las herramientas digitales que usamos casi constantemente reclaman de una forma única nuestros limitados recursos atencionales.

Mi relación cambiante con la tecnología

Mi trayecto en el estudio de por qué nuestra atención se agota con tanta rapidez cuando usamos nuestros dispositivos empezó en el año 2000, cuando comencé mi vida académica. Aunque ya había estallado la burbuja de las «punto com», aquel año dio paso a una nueva década de avances acelerados de las tecnologías digitales. A lo largo de los siguientes diez años se fundaron cinco millones de nuevas *startups*. En 2003 pudimos presenciar el nacimiento de un gigante de los medios sociales, lo que desató una oleada de otros gigantes de los medios sociales que cambiaron la vida no solo de los individuos, sino de la sociedad en su conjunto. En 2007 nos presentarían pequeños ordenadores de bolsillo que cambiarían el cómo, el cuándo y el dónde accedíamos a la información y a la gente.

El año 2000 no fue solo un punto de inflexión de la evolución digital, sino que fue también un punto de inflexión en mi relación personal con la tecnología. Poco antes había regresado a Estados Unidos después de trabajar en un gran instituto de investigación de Alemania, donde había disfrutado de una vida laboral extremadamente bien equilibrada. Allí no había tenido que redactar solicitudes de becas, no había tenido que enseñar ni participar en comités, y pude concentrarme en un único proyecto. Ahora, al empezar mi trabajo académico en la Universidad de California Irvine, me veía arrojada de repente a una cultura distinta: estaba trabajando en múltiples proyectos, impartiendo clases, realizando mentorías, participando en comités y construyendo una nueva red de contactos personales. Sabía que tendría que echar el freno en algunos proyectos, pero ¿cómo podía decir que no a tantas cosas emocionantes?

Acabé pegada a la pantalla de mi ordenador mientras intentaba mantener el ritmo. Me di cuenta de que mi atención al ordenador no dejaba de alternar entre mis diferentes proyectos, y también entre diferentes aplicaciones y sitios web que a menudo ni siquiera estaban relacionados con estos. A veces, esos cambios los provocaban *e-mails* u otras notificaciones, pero también se debían a mis propios pensamientos. Me resultaba muy difícil pasar un tiempo terminando incluso una parte de un proyecto antes de empezar a trabajar en algo diferente. Mi atención parecía desviarse de una pantalla a otra cada vez más rápido conforme avanzaba la década.

Una historia que ilustra esta relación cambiante es la manera en que pasaba mi hora de comer. En Alemania se toma una comida abundante y caliente, el *Mittagessen*. Cuando se acercaba el mediodía, lo normal era que algún compañero recorriera la oficina recogiendo a los demás para irnos a comer. Todos esperábamos con avidez aquel largo y agradable descanso, que duraba alrededor de una hora. Íbamos a la cafetería, tomábamos una comida caliente y pasábamos el tiempo en una conversación animada, poniéndonos al día de los cotilleos y las nuevas tecnologías. A continuación, como un sano añadido a la pausa para comer, mis compañeros y yo dábamos un *Runde*, un paseo de veinte minutos por el campus. Todos regresábamos al trabajo descansados y pensando en nuevas ideas. Una vez que volví a Estados Unidos, mi pausa para comer cambió de forma espectacular. Justo después de impartir mi primera clase iba corriendo a la cafetería y compraba comida para llevar. Volvía a toda prisa a mi despacho y recorría el pasillo pasando ante las puertas abiertas de mis compañeros, por las que, al echar una ojeada, los veía comiendo un sándwich ante la pantalla del ordenador. Entonces me dejaba caer en mi silla, encendía el ordenador y hacía lo mismo. La hora de comer ya no era un descanso del trabajo sino un breve interludio en el que conseguir comida antes de volver a la pantalla.

Cuando empecé a comentar con compañeros y amigos cómo estaba pegada a la pantalla del ordenador y a pesar de ello me costaba mucho mantenerme concentrada en lo que había en ella, descubrí que otros también reportaban ese mismo tipo de comportamiento.

Cuanto más hablaba con la gente, más detectaba que se trataba de una experiencia muy extendida. Contaban que desviaban su atención con frecuencia, a la vez que pasaban más tiempo que nunca con sus dispositivos. Era algo preocupante, pero al mismo tiempo, como científica, me intrigaba. ¿Qué estaba pasando? Empecé a pensar seriamente en estudiar este fenómeno de forma objetiva.

Me considero afortunada por haber estado en el lugar correcto, en el momento adecuado y en el campo apropiado cuando numerosas tecnologías nuevas, tan habituales en la actualidad, se introdujeron por primera vez. Recuerdo la primera ocasión en que usé un teléfono móvil. Fue a mediados de la década de 1980. Yo era una estudiante e iba con un amigo en un taxi a través de Central Park. Motorola había presentado su teléfono DynaTAC 8000X, que pocos poseían ya que costaba el equivalente a unos 10 000 dólares actuales. Además, solo disponía de treinta minutos de tiempo de conversación. Mi amigo, que se enorgullecía de estar a la última en cuanto a tecnología, me pasó el teléfono y me dijo que lo probara. Era un trasto enorme para los estándares actuales. Es difícil describir la emoción que sentí al cruzar Central Park en un taxi cuando oí que se conectaba la llamada. Unos pocos años después sentí la misma emoción cuando vi aquellos ordenadores conectados a red en la sala de reuniones de EDS, en mi primer trabajo, y más tarde en mis primeros encuentros con un navegador web gráfico, el vídeo en *streaming*, los espacios físicos inmersivos de realidad virtual llamados CAVES y los entornos virtuales *on-line*, versiones más reducidas de lo que ahora se denomina metaverso. También tuve la suerte de estar en la profesión adecuada, trabajando como psicóloga equipada con la educación y los métodos necesarios para ser capaz de observar y estudiar cómo nuestra atención y nuestro comportamiento estaban cambiando según esas tecnologías entraban en nuestra vida.

Nuestro control sobre nuestra atención

La psicología es un campo científico relativamente joven comparado con la química, la física o la medicina, que llevan activos siglos e incluso milenios. La persona que fue pionera en el estudio de la atención es conocida también como el «padre de la psicología», William James. Nació en 1842 en la ciudad de Nueva York, en una familia adinerada y cosmopolita; su padrino fue Ralph Waldo Emerson, y su hermano menor, el novelista Henry James. Cuando era joven no estaba seguro de qué camino tomar y fue tanteando diferentes actividades: estudió arte, primero; luego, química, y luego, medicina, hasta que finalmente se decidió por la psicología. Pero a mediados de la década de 1870 no había departamento de psicología cuando lo contrataron como profesor en Harvard —el primer laboratorio de psicología lo creó en 1879 Wilhelm Wundt en la Universidad de Leipzig—, de modo que James también fue alternando entre departamentos académicos, primero en la facultad de fisiología y más tarde en los departamentos de filosofía y el recién creado de psicología. La exposición a estos campos diferentes que trataban con diversos aspectos del cuerpo y la mente hicieron nacer su interés en comprender un aspecto muy básico de los humanos: la atención.

James era un escritor prolífico, y con el tiempo completó su gran tratado, *The Principles of Psychology* (*Los principios de la psicología*), en 1890, que alcanza casi las cuatrocientas páginas. Algo notable: fue capaz de escribir más de dos mil palabras al día. De hecho, utilizó de forma inteligente la psicología para limitar las distracciones y usar su tiempo con eficiencia a la hora de escribir. De una forma que sería muy inusual en la actualidad, programaba sus reuniones de atención a los estudiantes durante la hora de la comida, de modo que no lo interrumpieran mientras trabajaba durante la jornada. La mayoría de los estudiantes eran de hecho demasiado tímidos para ir a su casa, y aquello limitaba el número de los que lo visitaban. Cualquier estudiante que se presentara era conducido al comedor para hablar con James mientras este seguía comiendo [8].

James fue el primero en definir la atención desde un punto de vista psicológico. Su definición no es muy diferente de cómo la mayoría pensamos en la atención en la actualidad: «Todos sabemos lo que es la atención. Es la mente tomando posesión, de una forma clara y vívida, de uno entre los aparentemente varios objetos o hilos de pensamiento simultáneos posibles. La focalización y la concentración de la conciencia son esenciales» [9].

Algo también importante es que James creía que nuestra elección de a qué prestar atención es consecuencial, ya que construimos nuestra experiencia vital de esa forma: «Millones de elementos del orden exterior se presentan ante mis sentidos pero nunca entran propiamente en mi experiencia. ¿Por qué? Porque no tienen interés para mí. Mi experiencia es aquello a lo que acepto atender. Uno de esos elementos en que me fijo da forma a mi mente; sin interés selectivo, la experiencia es un caos absoluto» [10].

En otras palabras: James creía que aquello a lo que decidimos prestar atención se convierte en parte de nuestra experiencia vital. Yo puedo estar paseando por un hermoso jardín y sacar mi teléfono móvil. Escribo un mensaje de texto a un amigo e intento escribir sin faltas y evitar el autocorrector, que a menudo hace propuestas erróneas. Es el texto lo que ha entrado en el registro de mi experiencia, y no la consistencia del terreno, el canto de las currucas o el color escarlata de las azaleas. He concentrado mi atención en el mensaje de texto, y bien podría haber estado en medio de Times Square.

Para James, pues, mientras nos desplazamos por el mundo nos vemos confrontados a un ejército de estímulos de diferentes clases, y seleccionamos por voluntad propia en cuáles nos concentramos. En otras palabras, podemos controlar a qué prestamos atención. O podríamos, si fuera tan fácil como imaginó James.

Nuestras redes atencionales

Podemos imaginar, pues, a partir de la descripción de James, que en el cerebro existe un lugar central donde reside la atención. Pero resulta que la atención es en realidad un sistema de diferentes redes, situadas en diferentes partes del cerebro, que en conjunto conforman el sistema atencional[11]. Es como el sistema financiero, en el que no podemos señalar a una sola entidad, sino que está formado por diferentes servicios financieros y ejecutado por las agencias de inversión, los bancos, las compañías de seguros y otros actores. En el sistema de la atención, nuestras redes atencionales ejecutan diversas operaciones cuando intentamos prestar atención a algo, como concentrarnos en nuestra pantalla o gestionar las interrupciones. En primer lugar, está la *alerta*, que se usa cuando mantenemos la vigilancia durante una tarea, como intentar concentrarnos en escribir un informe o cumplir una fecha de entrega. A continuación, está la *orientación*, que se usa cuando priorizamos y seleccionamos estímulos en los que concentrarnos, como cuando encontramos en la bandeja de entrada un *e-mail* de nuestro superior que debemos contestar en primer lugar, o cuando elegimos responder al zumbido que indica la llegada de un mensaje de texto. Por último, está el *control ejecutivo*, que bloquea los estímulos irrelevantes del mismo modo que un defensa de fútbol corta un ataque, de forma que podemos mantener la concentración[12], como cuando intentamos contenernos para no responder a las distracciones.

Otra forma de pensar en cómo funcionan estos sistemas en la práctica es imaginar que somos miembros de una orquesta. La alerta se usa cuando estamos contando los pasos y observando al director, de modo que no pasemos por alto el momento de intervenir; la orientación es asegurarnos de que estamos en el punto correcto de la partitura, que tenemos la clave y la dinámica correctas, y que sabemos con quién más se supone que debemos estar tocando; el control ejecutivo se usa para evitar distracciones como la causada por el flash de una cámara entre la audiencia o por los demás músicos con los que tocamos, incluso si nos vemos cautivados por un hermoso solo que está tocando otra persona.

Cuando intentamos concentrar la atención y perseguir nuestros objetivos utilizamos un conjunto de procesos mentales conocidos como función ejecutiva, que podríamos considerar como el gobernador de la mente. La función ejecutiva tiene la heroica misión de gestionar diferentes tipos de procesos: priorizar y alternar tareas, tomar decisiones, mantener y asignar la atención, usar la memoria de trabajo y también practicar la autorregulación [13].

El gobernador puede trabajar impecablemente cuando las tareas son fáciles, como cuando echamos un vistazo a Facebook. El problema empieza cuando las tareas se complican y aumenta el esfuerzo necesario para realizarlas. Esto sucede cuando intentamos ocuparnos de múltiples labores y cuando sufrimos muchas interrupciones. Entonces se producen un montón de cosas: necesitamos asignar atención a la tarea que tenemos entre manos, pero de repente atendemos a la interrupción, intentando no perder en nuestra mente la pista de la tarea interrumpida, todo a la vez que resistimos las nuevas distracciones. Cuando hacemos esto estando bajo presión temporal y durante un periodo prolongado, el agobiado gobernador de nuestra mente tiene que esforzarse por mantenernos fijados en nuestro objetivo. Es entonces cuando empezamos a ver un impacto en el rendimiento.

Cuando usamos nuestros dispositivos estamos ante una interfaz que nos desafía a mantener la atención en nuestros objetivos. No son solo las señales visuales como las pestañas del navegador, los iconos de las redes sociales y las notificaciones en el ordenador y el teléfono que representan una puerta a la información; es la *idea* de que existe un inmenso depósito de información al alcance de la mano al que podemos acceder. Puede que no agradezcamos la cercanía de este exceso de información cuando estamos intentando trabajar en una tarea aislada, como puede ser un informe mensual que lleva retraso, de modo que nos obligamos a resistir la tentación de cambiar a cualquiera de esas otras fuentes de información. Pero incluso si tenemos éxito en no desviarnos a otra tarea o distracción, nuestra función ejecutiva sigue trabajando constantemente para inhibir ese comportamiento.

Nuestra reserva limitada de recursos cognitivos

Consideremos ahora por qué nos sentimos tan agotados a las 3 p. m. y por qué nos descubrimos volviéndonos hacia las redes sociales en busca de un descanso. Una antigua y bien aceptada teoría de la psicología, que tiene tras ella más de cincuenta años de investigaciones, afirma que la mente tiene una reserva general de recursos atencionales, o cognitivos, que usamos en nuestro funcionamiento cotidiano [14, 15]. Podemos considerar estos recursos como nuestra capacidad atencional, o más bien como la cantidad de atención que tenemos disponible. Una asunción básica es que estos recursos son requeridos cuando procesamos información, y que esta reserva de recursos es limitada. Los recursos cognitivos se pueden agotar, y esto afecta nuestro rendimiento a corto plazo, por ejemplo, cuando estamos trabajando en una tarea difícil durante una hora mientras nos enfrentamos a interrupciones. Pero a largo plazo, durante el día, la variación homeostática (el tiempo transcurrido desde que nos despertamos) está también asociada a un rendimiento decreciente [16]. El motivo por el que nos sentimos agotados y empezamos a cometer errores es, probablemente, que hemos estado usando estos recursos limitados como si no hubiera un mañana, y nuestra demanda de ellos excede la cantidad disponible. De este modo, comparando con una hora más temprana, cuando llegan las 3 p.m., después de haber atendido *e-mails*, mensajes de texto y llamadas telefónicas y haber participado en reuniones todo el día, sin habernos tomado el tiempo para descansar como es debido, es muy probable que tengamos menos recursos atencionales disponibles para mantener la alerta y para que nuestra función ejecutiva —el gobernador de la mente— nos pueda ayudar a evitar que nos distraigan las redes sociales.

La teoría de los recursos cognitivos limitados puede explicar nuestro rendimiento cuando la carga de trabajo es alta [17]. Esto sucede en la vida cotidiana, como cuando intentamos mantener la concentración pero nos interrumpen, alternamos tareas e intentamos resistir las distracciones en el ordenador o el teléfono. Asignamos selectivamente nuestros recursos atencionales a diferentes actividades: lectura, llamadas telefónicas, manejo de interrupciones o incluso pensamientos internos, del mismo modo que asignamos nuestros recursos económicos para gastarlos en diferentes cosas. Imaginemos que vamos a un cajero automático, tenemos dinero en el bolsillo y vamos a un mercado que solo acepta efectivo. Gastamos en pan artesano, queso de trufas y ternera alimentada en pastos, pero entonces vemos que nos hemos quedado casi sin dinero. Apenas nos quedan unos céntimos, y lo único que podemos comprar ya son unas verduras mustias. Si queremos comprar algo de más calidad, tenemos que volver al cajero y rellenar la cartera. La atención funciona del mismo modo: cuando se han gastado los recursos atencionales no podemos hacer gran cosa, y tenemos que tomarnos un descanso para reponerlos. El rendimiento sufre cuando los recursos cognitivos que necesitamos son superiores a los disponibles [18].

La carga cognitiva que experimentamos debido a nuestras actividades, es decir, nuestro esfuerzo mental, se cree que se corresponde con la demanda de nuestros recursos cognitivos [19]. Desde hace mucho tiempo, la carga cognitiva se ha medido en laboratorio mediante el rendimiento: una persona realiza una tarea, como puede ser buscar una letra objetivo (digamos que la letra *H*), entre otras letras distractoras mostradas en una pantalla. Con el paso del tiempo, el rendimiento se deteriora, y se asume que los recursos cognitivos se han gastado. Otra medida es el diámetro de la pupila, que está demostrado que aumenta con la carga cognitiva. Lo típico es que se mida en estudios de laboratorio mientras las personas realizan tareas cognitivas, como aritmética mental, rendimiento de la atención sostenida o toma de decisiones [20]. Por desgracia no es posible medir la dilatación de las pupilas fuera del laboratorio, debido a que su diámetro varía con la luz ambiental y nunca habrá una iluminación perfectamente consistente en el hogar o en los lugares de trabajo reales. Otra medida de la carga cognitiva es la termografía facial, usando una cámara de imágenes térmicas, ya que los cambios de temperatura en la cara se corresponden con el esfuerzo mental. Pero, de nuevo, este método tiene problemas para ser usado fuera del laboratorio ya que el movimiento de la cabeza de la persona debe restringirse con el fin de que la cámara pueda monitorizarla.

Resulta que existe una base fisiológica real en el cerebro que subyace a la manera en que se están usando los recursos cognitivos. Hay estudios de neurociencia que muestran que cuando la gente concentra su atención, una zona del cerebro se vuelve metabólicamente activa y la concentración de dióxido de carbono en la sangre aumenta. A su vez, el aumento del dióxido de carbono hace que los vasos sanguíneos se dilaten para eliminar desperdicios de esa parte activada del cerebro [21]. Pero cuando la gente pasa más tiempo en concentración sostenida, su vigilancia desciende y la velocidad de la sangre dismunuye [22, 23]. El cambio en la atención y el rendimiento sugiere que los recursos cognitivos no se están reponiendo mientras la tarea continúa. Con el fin de reponerlos, un individuo necesita interrumpir la tarea difícil para tener tiempo para acumular más recursos otra vez. Así, el flujo sanguíneo en el cerebro parece ser un indicador metabólico de cómo son usados los recursos cuando la gente está concentrada. Proporciona evidencia neurocientífica a la teoría de los recursos cognitivos y explica lo que sucede cuando nuestro cerebro se está esforzando para intentar mantener la concentración.

El campo emergente de la neuroergonomía rastrea la actividad cerebral de las personas mientras estas realizan un trabajo, para medir la carga cognitiva; en otras palabras, el esfuerzo mental. Los investigadores han medido la actividad cerebral cuando los individuos mantienen atención sostenida, con técnicas como la tomografía por emisión de positrones (PET) o la imagen por resonancia magnética funcional (fMRI). El problema, sin embargo, es que las personas tienen que mantenerse tendidas inmóviles para la PET o la fMRI, y esto restringe severamente el tipo de actividades que pueden realizar, lo que hace que para los psicólogos sea difícil estudiar su comportamiento de atención. Pero otra técnica ha resuelto este problema: la sonografía Doppler transcraneal usa ondas sonoras para medir la velocidad del flujo sanguíneo en las arterias interiores del cerebro, que proporcionan gran parte del flujo sanguíneo cerebral. Esta técnica se emplea habitualmente para diagnosticar ictus o bloqueos en las arterias, pero también puede medir qué sucede cuando una persona está realizando una tarea que exige atención concentrada. Para medir el flujo sanguíneo mientras prestan atención, las personas acuden a un laboratorio y se colocan una banda en la cabeza con un pequeño transductor encajado, que no restringe los movimientos corporales de la forma en que sí lo hacen la PET o la fMRI. A continuación, realizan tareas como monitorizar una pantalla durante treinta minutos y emitir juicios sobre si una línea es más larga que otra. Otro enfoque prometedor para medir la carga cognitiva basándose en el flujo sanguíneo cerebral es la espectroscopia del infrarrojo cercano funcional (fNIRS), que mide cambios basados en la reflexión de la luz en la hemoglobina oxigenada y la desoxigenada. Un estudio en un entorno de oficina simulado mostró que puede detectar diferencias en la carga de trabajo de distintas tareas de lectura, incluso en medio de interrupciones, aunque no en tareas de escritura[24].

Las interfaces cerebro-ordenador como la sonografía Doppler transcraneal o la fNIRS funcionan bien en entornos restringidos como la cabina de un avión o un entorno de oficina simulado en un laboratorio. Pero fuera de estos entornos restringidos es más difícil medir nuestra atención y los recursos cognitivos usados en la mayoría de las tareas que realizamos. Lo que hacemos típicamente en nuestra vida no está tan controlado como en un laboratorio, y existen demasiadas cosas que pueden afectar nuestro rendimiento. En la vida cotidiana, nuestro rendimiento mental depende no solo de la cantidad disponible de recursos cognitivos, sino también del tipo y la dificultad de la tarea y de cuántas tareas estamos intentando realizar a la vez. Podemos suponer que una tarea fácil, como observar pasivamente un vídeo de YouTube, no utiliza muchos recursos. Pero una tarea difícil, como escribir un informe, exige buscar material, leerlo y resumirlo, y tomar otras decisiones complejas, con lo cual podemos suponer a partir de los estudios de laboratorio que esto requiere el uso de una gran cantidad de recursos cognitivos. También sabemos, a partir de los años de investigación en laboratorio, que dos tareas diferentes se pueden realizar de forma simultánea sin que se deteriore el rendimiento si al menos una de ellas exige poco o ningún esfuerzo, como escuchar música instrumental mientras leemos un texto en el ordenador. Consideremos ahora que estamos alternando entre múltiples tareas más exigentes, como escribir mensajes de texto, actualizar nuestro CV, buscar en Internet, comprobar el *e-mail* y responder llamadas telefónicas. Podemos suponer que se gastan más recursos cognitivos en navegar entre estas tareas diferentes, en comparación con, por ejemplo, hablar por teléfono mientras caminamos, porque podemos caminar de forma automática sin pensar demasiado. Y, por supuesto, con nuestro interés puesto en la llamada telefónica, nuestra atención a lo que nos rodea disminuye.

La teoría de los recursos cognitivos también sostiene que se usan diferentes recursos para diversas tareas. Estaríamos gastando distintos recursos cuando realizamos tipos de operaciones visuales, auditivas o espaciales [25, 26]. Tenemos ejemplos de tales operaciones cuando leemos un artículo de noticias, al hablar por teléfono o al jugar a un videojuego que requiere habilidades espaciales. Las tareas que requieren el mismo tipo de recursos y compiten por ellos, como dos tareas auditivas (escuchar una audioconferencia y al mismo tiempo mantener una conversación telefónica), tendrán más interferencia, especialmente si alternamos entre ellas con rapidez, y nos resultará mucho más difícil realizar ambas sin errores.

Este es el motivo por el que cuando intentamos concentrarnos y nos interrumpen continuamente, con lo que nos encontramos alternando nuestra atención entre múltiples tareas, con el paso del tiempo nos sentimos agotados. La función ejecutiva de nuestra mente trabaja a toda máquina para hacer lo necesario para mantener el rendimiento. Cuando pretendemos mantener este tipo de alternancia de tareas a lo largo del tiempo, es inevitable que el rendimiento se deteriore, y esto se muestra una y otra vez en los estudios de laboratorio. Al cabo de una jornada completa o incluso de unas pocas horas alternando furiosamente entre diferentes tareas, sin un descanso sustancial simplemente no tenemos la capacidad que teníamos en un momento más temprano del día. Estamos hechos polvo, como se suele decir.

Por suerte, los recursos cognitivos se pueden asignar de manera flexible entre tareas. Si estamos hablando por teléfono mientras conducimos y otro coche se nos atraviesa de repente, nuestra atención se reasigna de inmediato y por completo a la conducción, y dejamos de golpe de hablar por teléfono. Si estamos escribiendo un mensaje de texto mientras nuestro compañero de mesa intenta conversar con nosotros, y de repente este eleva la voz hasta un tono irritado, es de esperar que dejemos de escribir y dediquemos nuestra atención al acompañante.

Aunque sabemos que alternar entre responder *e-mails*, atender interrupciones y completar ese informe del trimestre puede agotarnos los recursos, otras actividades pueden reponerlos. Algunas de las formas de recargar los recursos son intuitivas. Si acabamos de volver al trabajo después de un fin de semana relajante en el que hemos recuperado las horas de sueño, deberíamos de tener recursos cognitivos suficientes el lunes por la mañana. Una buena noche de sueño, con una cantidad razonable de sueño profundo, y en especial de sueño REM (que beneficia la memoria y la capacidad de mantener la atención), puede acumular recursos. Cuando la gente se desconecta psicológicamente de una situación estresante, también recupera recursos cognitivos[27]. Ir de vacaciones, especialmente si vamos a un entorno tranquilo, permite que la mente se resetee. Incluso unos meros veinte minutos de contacto con la naturaleza pueden refrescar nuestra mente[28]. Pero de lo que quizá no nos hayamos dado cuenta es de que jugar a un simple juego mecánico como *Two Dots* (una aplicación donde, como indica el nombre, se conectan puntos) puede permitir que nuestra mente se tome un descanso.

El uso de los recursos cognitivos es una antigua e importante teoría que puede ayudar a explicar el rendimiento de nuestra atención. A lo largo de este libro pediré que imaginemos un indicador de combustible que señale cuánto nos queda en el depósito de recursos cognitivos. Cuando nos vayamos sintiendo subjetivamente agotados y nuestro rendimiento se empiece a deteriorar, la aguja señalará «casi vacío». En cambio, cuando nos sintamos refrescados, por ejemplo, al comienzo del día, el indicador señalará «lleno».

Atención sostenida y atención cinética

Nuestra atención puede cambiar de un momento a otro, fluctuando entre estar alertas y dejar que nuestra mente vagabundee. Los psicólogos han medido estas fluctuaciones momento-a-momento mediante el desarrollo de una ingeniosa técnica denominada «inicio gradual de tareas de rendimiento continuo» (gradCPT) [29]. En este test, los sujetos acuden a un laboratorio donde se les muestran diversas fotografías, por ejemplo, de paisajes montañosos o urbanos, que se disuelven y cambian cada ochocientos milisegundos, lo que es prácticamente casi un segundo entero [30]. Los sujetos tienen instrucciones de pulsar un botón cuando ven una escena urbana pero no un paisaje montañoso, y deben hacer esto con cientos de imágenes. Esto permite al investigador discernir momento a momento si el sujeto está prestando atención o está distraído. Quizá de forma no sorprendente, cuando más alterna la mente entre un estado de atención y uno de desatención, peor es el rendimiento medido [31].

Los estudios sobre la atención sostenida, como estos que utilizan la técnica gradCPT, se realizan casi siempre en laboratorio y miden las fluctuaciones momento-a-momento. Pero ¿qué ocurre con la atención cuando estamos en nuestro entorno cotidiano, fuera del laboratorio? En mi propia investigación me he interesado en estudiar la atención en entornos externos. Como se podría esperar, basándonos en los resultados obtenidos con gradCPT, la atención de las personas fluctúa entre estar concentradas y estar distraídas momento-a-momento mientras observan la misma pantalla, y es también el caso de los cambios de atención entre diferentes pantallas y aplicaciones; también he descubierto que, a veces, estos cambios se producen con gran rapidez. A diferencia de los estudios de laboratorio que miden cómo la gente presta atención o no usando estímulos relativamente uniformes, como letras o imágenes, en el mundo real la gente alterna su atención entre tipos de tareas bastante diferentes con estímulos muy distintos. Una persona puede atender a ciertas cosas muy rápidamente en destellos cortos, mientras que puede asignar su atención a otras cosas en periodos de tiempo más largos. Además, a diferencia de los estudios de laboratorio que usan típicamente símbolos neutrales como letras o números, diferentes actividades fuera del laboratorio pueden evocar diversos tipos de emociones: tristeza al leer una noticia, o diversión al leer un mensaje de un amigo.

Pero lo que ocurre también cuando la gente alterna su atención entre diferentes tareas es que necesita reconfigurar su representación interna de una tarea a la representación interna de la tarea siguiente, lo que el psicólogo Stephen Monsell denomina «cambio de marchas mental» [32]. Estas representaciones se conocen como *esquemas* [33], a los que podríamos considerar como guiones internos que describen nuestro patrón de comportamiento para una actividad concreta. Usamos estos esquemas mentales para interpretar el mundo y organizar cómo hacemos las cosas. Cuando escribimos un informe, podemos invocar un esquema de abrir un documento Word y a continuación empezar a teclear. Cuando respondemos un *e-mail*, tenemos un patrón de comportamiento diferente. Quizá hacer clic en el cliente de *e-mail*, ojear la lista de *e-mails* empezando por el más reciente, seleccionar a cuál responder y borrar o archivar los otros. Cada vez que cambiamos de tarea se redirige nuestra atención. Este cambio de tareas es como borrar nuestra pizarra interna y escribir notas relacionadas con la tarea nueva. Cuando nos interrumpen a menudo, nos vemos reconfigurando los esquemas internos a un ritmo rápido: borrar la pizarra, escribir en ella, borrarla de nuevo, y así sucesivamente. Es fácil imaginar lo deprisa que descienden nuestros recursos cognitivos.

Mientras escribía este capítulo me di cuenta de que no existía un vocabulario para describir este tipo de cambios de atención que observamos fuera del laboratorio cuando la gente utiliza sus dispositivos. A veces, el cambio parece realizarse a propósito; otras veces, parece ser caótico. A veces, la gente parece mantener una concentración sostenida, pero en ocasiones, inexplicablemente, parece impulsada a desviarla hacia algo distinto: un proyecto diferente, el *e-mail*, navegar por la web o las redes sociales. Su atención puede estar impulsada por estímulos como una vibración o un *pop-up*, pero también puede dispararse sin que haya una causa discernible para el observador, sino debido a algo interior a la persona: un recuerdo o una necesidad interna. Durante algún tiempo busqué una palabra para denominar este tipo de cambio de atención rápido. Sin duda era un cambio energético. Empecé a buscar términos en la física. De repente, la palabra *cinética* apareció ante mí y pareció apropiada. *Cinética* significa dinámica, en movimiento, marcada por una actividad vigorosa. La atención cinética hace referencia a un estado de atención dinámico caracterizado por cambios rápidos, como entre aplicaciones, redes sociales o sitios de Internet, o entre el ordenador y el teléfono. Aunque en el mundo real es difícil medir si alguien está atento o deja vagar la mente en un momento dado, ya que no usamos estímulos controlados en laboratorio como el test gradCPT, lo que podemos observar son las acciones de la gente, como el hacer clic en un *e-mail*, cambiar de pantalla o navegar por la web. En sí misma, la atención cinética no es buena ni mala; es simplemente un descriptor de un comportamiento de atención en el mundo real. En muchos sentidos se podría decir que la atención cinética es una respuesta adaptativa a la abundancia de información y distracciones creada por los medios digitales, o un intento de asignar atención con más eficiencia. Pero mi investigación ha mostrado también que, en gran medida, no se nos da muy bien utilizarla; nuestro uso de la atención cinética puede dar como resultado un aumento del estrés, cansancio, disminución del rendimiento e incluso desgaste. Y, de nuevo, un motivo de esto es que tales cambios rápidos agotan nuestros recursos cognitivos. A continuación, hablaremos con más profundidad sobre las razones por las que las personas tienen problemas para concentrar su atención.

2

La batalla por nuestra atención

A menudo recibo *e-mails* de gente que describe sus esfuerzos por intentar controlar su atención, y pide consejo. Por ejemplo, no hace mucho recibí lo siguiente: «Intentar articular la dificultad con las distracciones en el trabajo es como intentar coger un cerdo cubierto de grasa. Tengo la impresión de que, cada día, mi trabajo es navegar diestramente y con precisión por las complejidades de este trabajo mientras me bombardean con *e-mails*, apariciones en persona de compañeros de trabajo, llamadas telefónicas y mensajes de texto. Salgo del trabajo agotado. No físicamente, sino mentalmente... Odio estos dispositivos, creo que somos sus esclavos».

Esto es algo que oigo con frecuencia. En este capítulo examinaremos los motivos por los que nos cuesta tanto concentrar la atención cuando usamos nuestros dispositivos.

Cuando la atención no está bajo nuestro control

Cuando estoy conduciendo por un camino nuevo, incluso si cedo la orientación a mi GPS, sigo teniendo que prestar atención para seguir las indicaciones. Cuando realizamos tareas que pueden resultarnos poco familiares o difíciles ponemos en marcha lo que se denomina procesamiento controlado, el cual usa recursos cognitivos. Y a veces usa un montón.

Sin embargo, no toda nuestra atención esta bajo el control de nuestra voluntad. Recordemos la vez en que conseguimos nuestro primer teléfono móvil. La primera vez que respondimos una llamada puede que tuviéramos que dedicar un momento a buscar el botón correcto que había que pulsar o dónde había que deslizar la pantalla. Pero ahora, cuando recibimos una llamada, cogemos el teléfono y pulsamos o deslizamos automáticamente para responder. De forma parecida, tras ver tantas veces notificaciones de *e-mails* en la pantalla puede que pulsemos de forma refleja cuando aparece una nueva. En estas situaciones, nuestro cerebro emplea un tipo de procesamiento cognitivo que es automático.

El procesamiento automático tiene lugar con tareas fáciles y bien aprendidas con las que estamos familiarizados. Cuando realizamos la misma acción una y otra vez, como comprobar el *e-mail* o conducir por una ruta conocida, se desarrolla el procesamiento automático. No agota nuestros recursos atencionales, motivo por el que podemos seguir una ruta directa y conversar al mismo tiempo porque no tenemos que pensar conscientemente en la conducción. Pero si el semáforo se pone de repente en amarillo, asignamos flexiblemente nuestra atención para pisar el freno y dejar de hablar. Este tipo de atención automática se denomina atención exógena [34] y habitualmente la guía algo externo a nosotros, algún tipo de estímulo, como por ejemplo un semáforo.

Debido a que el procesamiento automático es rápido, casi no requiere esfuerzo y no está generalmente bajo nuestro control, tendemos a responder con rapidez a las notificaciones en el ordenador o el teléfono; se trata de respuestas bien aprendidas. Un detalle interesante es que el consumo de alcohol afecta nuestra capacidad para realizar procesamiento controlado pero tiene muy poco efecto en el procesamiento automático [35]. Así es como, si estamos ebrios, probablemente saquemos el teléfono si suena el zumbido que anuncia la llegada de un mensaje, pero puede que tengamos problemas para teclear una respuesta.

De hecho, puede resultar difícil *no* responder a una notificación; en otras palabras: es difícil inhibir la atención automática. Esto lo demuestra un test psicológico clásico conocido como test de Stroop de colores y palabras, inventado por J. Ridley Stroop en 1935 para estudiar la interferencia cognitiva cuando a una persona se le muestran dos estímulos diferentes [36]. Antes de la invención del test de Stroop, en una fecha tan temprana como 1912, se descubrió que cuando los sujetos aprendían a escribir a máquina, si entonces se cambiaban de sitio las letras del teclado, les costaba mucho trabajo resistirse a teclear como si las teclas estuvieran en su posición original [37]. El hábito bien asimilado interfería con la nueva tarea de teclear con teclas diferentes. El test de Stroop trabaja con el mismo tipo de interferencia, pero esta vez con el hábito bien asimilado de la lectura. En este test, al sujeto se le presentan dos conjuntos de nombres de color en un papel o en la pantalla. En un conjunto, el color de las letras corresponde a la palabra escrita (por ejemplo, la palabra *azul* está en letras azules), pero en el otro conjunto, el color escrito es uno y las letras están en un color diferente (la palabra *azul* estará ahora escrita con letras amarillas). La tarea consiste en nombrar el color de las letras, y en el primer caso es fácil ya que los colores y las palabras que los usan coinciden. Pero en el segundo hay una tendencia automática a leer la palabra. Hace falta un esfuerzo para inhibir la respuesta automática que lleva a decir «azul» y dar la respuesta correcta, «amarillo».

Con el fin de realizar con precisión el test de Stroop, es necesario mantener en la mente de forma activa el objetivo de «concentrarse en el color», para así bloquear el impulso que compite por leer la palabra. La función ejecutiva trabaja para inhibir las respuestas en competencia con el fin de resolver la tarea, pero no siempre tiene éxito. En el uso cotidiano de nuestros dispositivos, estos nos desafían constantemente a inhibir las respuestas automáticas. Pensemos, por ejemplo, en nuestra interfaz con el ordenador como en un panel de instrumentos. Si estamos intentando trabajar en un informe mensual atrasado, cuando vemos las pestañas e iconos del navegador, estos representan puertas a actividades más divertidas e interesantes. Necesitamos autorregulación para resistir la tentación de hacer clic automáticamente en, por ejemplo, una pestaña del navegador, y cambiar de pantalla. También tendremos probablemente una respuesta automática a atender a un anuncio que destella en la pantalla cuando estamos en un sitio web. Conforme nuestras acciones se vuelven más automáticas, va resultando más difícil modificarlas y, por tanto, más difícil no distraernos por estímulos como las notificaciones. Más adelante, en el libro, veremos cómo intentar bloquear las respuestas automáticas que pueden estresarnos.

Trabajos recientes sobre la base neural de la atención (los mecanismos del cerebro que gestionan la atención) sugieren que si la gente tiene que usar continuamente control cognitivo para resistir comportamientos durante un largo periodo, con el tiempo acaba tomando más decisiones impulsivas. La mayoría de los estudios de laboratorio han puesto a prueba el control durante periodos cortos, de alrededor de una hora. Aunque mucha gente puede ser capaz de practicar el autocontrol en un lapso así de breve, puede ser muy difícil llevarlo a cabo a lo largo de una jornada de trabajo entera. Con el fin de realizar un test de autocontrol más realista, los investigadores franceses Bastien Blain, Guillaume Hollard y Mathias Pessiglione llevaron a cabo experimentos con participantes en periodos de seis horas. La gente fue a una instalación de laboratorio controlada y realizó tareas difíciles, como escuchar una lista de números y recordar los que les presentaron tres dígitos antes. Por ejemplo, al mostrarles una serie continua de números, digamos 9, 7, 4, 2, 8..., tendrían que recordar el 4, luego el

2, luego el 8, y así sucesivamente, según se iban presentando nuevos números. Al avanzar el experimento, se les pidió periódicamente que declararan su elección entre esperar una recompensa diferida de 100 euros o una inmediata de menor valor. A lo largo de las seis horas, su resistencia se fue rompiendo y tomaron decisiones más impulsivas, medidas por la elección de la recompensa inmediata, pero de menos valor, en vez de esperar una recompensa monetaria más elevada [38]. Sin embargo, cuando en las mismas seis horas se realizaban tareas fáciles, aquel comportamiento impulsivo no aparecía. El experimento demostró que, a lo largo de un periodo de tiempo, cuando ejercemos el control cognitivo intentando estar concentrados en tareas difíciles, nos vamos volviendo más impulsivos y gradualmente renunciamos a nuestra capacidad de filtrar las distracciones. Los datos de la MRI funcional recogidos al principio, a la mitad y al final de la tarea mostraron que el incremento de la impulsividad iba parejo a un descenso de la actividad en una zona del cerebro relacionada con la memoria de trabajo y el cambio de tareas. Los autores lo denominaron fatiga cognitiva, y demuestra que resistir distracciones a lo largo del tiempo es otra forma de agotar nuestro control cognitivo. Pero también, a diferencia de la mayoría de los estudios de laboratorio que ponen a prueba la capacidad de mantener el control cognitivo en experimentos que duran una hora o incluso dos, este estudio demostró que nuestro control se puede degradar de la misma manera en un periodo más largo, semejante a una jornada laboral típica.

Mantener la atención en nuestros objetivos

Hace poco estuve hablando con un amigo y deseando poder tener un periodo de tiempo extenso y continuado para trabajar en este libro sin que me interrumpieran. Mi amigo, que trabaja en uno de los gigantes tecnológicos, se lamentaba, a su vez, de que cada año aparecía una nueva fuente de interrupciones. Así, me explicó: «Ya tenemos que manejarnos con *e-mails*, mensajes de texto, llamadas telefónicas y redes sociales. Si no dejas que te interrumpan, te quedas fuera de onda; según seguimos inventando más canales de interrupción, seguimos empeorando nuestro rendimiento».

De hecho, es demasiado fácil encontrarnos con que nos desvían de nuestros objetivos. Nuestra capacidad para realizar una tarea difícil como escribir ese informe (o escribir mi libro) implica mantener en mente el objetivo. Por supuesto, tareas como escribir un libro tienen un plazo largo, y no es posible detener todas las interrupciones durante el proceso. Cuando nuestra atención está impulsada por un objetivo, tenemos control de ella y decidimos dónde dirigirla, y esto nos protege de distracciones que no tienen que ver con nuestro objetivo; esto era lo que William James quería decir cuando hablaba de que usamos la voluntad para elegir a qué prestamos atención [39].

Cuando dirigimos nuestra atención a un objetivo de manera jerárquica, de arriba abajo, esto se denomina atención endógena [40]. Si mi objetivo es trabajar en un capítulo del libro, asignaré mi atención a escribir, leer, buscar información o hacer cualquier cosa que necesite para alcanzar tal objetivo. Pero cuando nos limitamos simplemente a reaccionar de forma automática a estímulos del entorno, como las llamadas telefónicas o las notificaciones de mensajes, entonces nuestra atención no está orientada a un objetivo sino impulsada por estímulos, de una forma de abajo arriba. Esta atención exógena es el mismo tipo que experimentamos cuando un cambio súbito de la luz del semáforo nos impulsa a pisar el freno.

En nuestra vida cotidiana estamos en negociación constante entre la atención controlada y la atención impulsada por estímulos. Cuando realizamos cualquier acción, intentamos seguir nuestros objetivos internos (como escribir ese informe), pero podemos sucumbir a las influencias externas, como las notificaciones de las redes sociales, o incluso a nuestros impulsos internos, como las ganas de terminar ese crucigrama[41]. Atender las distracciones es algo hacia lo que hemos evolucionado, para mantener flexibilidad para responder a potenciales peligros en el entorno. Hoy día sigue siendo importante. Una persona que está cruzando la calle y escribiendo un mensaje a un amigo puede ser atropellada por un ciclista si no está monitorizando el entorno. Pero resulta que a la gente no se le da nada bien monitorizar el entorno cuando está usando sus dispositivos: puede abstraerse tanto en escribir mensajes mientras camina (y también mientras conduce) que pierde la conciencia situacional y corre un peligro mayor de sufrir daño[42]. Es irónica la manera en que, desde un punto de vista evolutivo, ser capaces de monitorizar el entorno como hacían nuestros ancestros en busca de predadores mientras cazaban y recolectaban era beneficioso para la supervivencia, y ahora, en el mundo digital de hoy, nuestros dispositivos pueden capturar nuestra atención de una forma tan absoluta que pueden hacer que pasemos por alto las señales de peligro en el mundo físico.

De modo que para actuar de acuerdo con nuestros fines debemos mantenerlos activamente en nuestro pensamiento. Cuando nuestra atención está dirigida a objetivos, podemos actuar con un propósito. Es fácil imaginar en el mundo físico las consecuencias de no tener en mente nuestras metas. Tomemos el caso de Andrew Devers, un senderista de veinticinco años, cuya atención se dispersó mientras hacía una ruta en el estado de Washington en 2021. Dejó que su atención se apartara del sendero y acabó perdido durante ocho días. Por suerte sobrevivió alimentándose de bayas y bebiendo agua de los arroyos, y finalmente lo encontraron después de que hubiera sufrido solo algunas heridas de poca gravedad. Pero fue una experiencia terrorífica para él. Lo describió así: «La verdad es que no le estaba dando mucha importancia. Seguí andando por lo que creía que era el camino, y al cabo de cuarenta y cinco o cincuenta minutos de estar sumido en mis pensamientos, miré hacia atrás y ya no había camino ninguno»[43]. De forma parecida, en el mundo digital perdemos a menudo el contacto con nuestros objetivos cuando estamos usando nuestros dispositivos, y acabamos fuera del sendero. Sin un control de arriba debajo de nuestra atención, nos abrimos a estímulos que se encargan de dirigir nuestra atención por nosotros. Nuestra mente se convierte en una bola de *pinball* impulsada de una palanca a otra por los zumbidos de los mensajes, las notificaciones de las redes sociales y los anuncios dirigidos.

Todos tenemos las mejores intenciones cuando nos fijamos objetivos como hacer ejercicio cada mañana, pero es fácil dejar que tales objetivos se dispersen. En cuanto llega el mal tiempo, por ejemplo, perdemos el contacto con él y en vez de eso pasamos media hora en las redes sociales. ¿Qué ocurre exactamente en el cerebro cuando intentamos mantener la atención en nuestros objetivos? Ocurren muchas cosas entre bambalinas, y la parte del león de la tarea la realiza nuestra función ejecutiva[44]. En primer lugar, tenemos que seleccionar los objetivos correctos; esa puede ser la parte fácil. Podemos mirar nuestra lista de cosas por hacer y ver dónde están las prioridades. A continuación, debemos ser capaces de mantener en nuestra mente una representación del objetivo a lo largo del tiempo, lo que es mucho más complicado, y tenemos que protegernos contra las interferencias que la pueden sabotear. Yo puedo desconectar las notificaciones externas, pero es difícil controlar los impulsos internos. El temor de que me puedo estar perdiendo noticias o actualizaciones en las redes sociales lo convierte en un desafío. Este es el papel de nuestra función ejecutiva, que a veces puede tener que trabajar a fondo para resistir las distracciones. Por último, necesitamos ser flexibles para ajustar nuestros objetivos si es necesario[45]. Si no estamos recibiendo esa información esencial que necesitamos que nos pase un compañero, puede que haga falta que cambiemos a un nuevo objetivo en un plan B. Pero aquí está la trampa: intentar aferrarnos a nuestros objetivos y resistir las distracciones vacía poco a poco ese precioso depósito de combustible de recursos cognitivos [46]. Una vez que estamos distraídos y con los recursos bajos, es difícil volver a mantener nuestros objetivos.

Trampas de atención

Fijémonos ahora en algunas razones por las que la gente tiene problemas para gestionar su atención en sus dispositivos. Mediante observaciones, entrevistas y charlas con muchas personas a lo largo de los años sobre su uso de las tecnologías personales, descubrí que había varios patrones de conducta comunes, lo que denomino *trampas de atención*, en los que la gente informa que no tiene control de su atención cuando usa los dispositivos. Puede que algunos de estos patrones nos resulten familiares, lo que puede ayudarnos a reflexionar sobre nuestro comportamiento y, en potencia, a evitarlos.

Errores de encuadre

¿Cómo nos vemos atrapados en tales patrones de comportamiento en los que sentimos que hemos perdido el control de nuestra atención? Todo comienza con cómo encuadramos nuestra elección de las acciones a realizar. El encuadre se refiere a la perspectiva particular que damos al contexto en el que realizamos una elección. Por ejemplo, digamos que se acerca una fecha de entrega en el trabajo y un amigo llama para invitarnos a una escapada de fin de semana en un hotel agradable. Podemos encuadrar positivamente la elección de escaparnos el fin de semana, viéndola como que tomarnos un descanso y relajarnos nos ayudará a rendir más durante la semana, o podemos encuadrarla de una forma más negativa, como algo que nos quita tiempo para trabajar para cumplir la fecha de entrega.

Cuando tomamos una decisión consciente de hacer algo, es probable que encuadremos la elección, pero también que no nos demos cuenta de que estamos realizando dicho encuadre. (En otras ocasiones, reaccionamos automáticamente a estímulos, como pulsar en una notificación, y no tenemos la oportunidad de encuadrar la elección). Nuestra situación, nuestro estado emocional y nuestra energía mental disponen el escenario, y muy probablemente influirán en lo que elijamos hacer. Si estamos al principio de la jornada laboral y no nos sentimos aún muy llenos de energía, podríamos elegir realizar alguna tarea fácil antes de empezar el trabajo duro. Sin embargo, si son las cuatro de la tarde y nos sentimos emocionalmente agotados tras un día de reuniones, nuestra perspectiva podría nacer de qué podemos hacer para aliviar el cansancio.

Hay que tener en cuenta que podemos cometer errores de encuadre cuando elegimos una actividad, al haber juzgado mal cuánto sentimos que merece la pena. Podemos malinterpretar o inflar el valor de la actividad elegida. Por ejemplo, podemos tener la sensación de que ocuparnos con el crucigrama del domingo del *New York Times* será un buen descanso del trabajo, pero darnos cuenta después de que solo ha servido para dejarnos frustrados.

También podemos cometer errores de encuadre cuando valoramos erróneamente el tiempo que creemos que dedicaremos a una actividad concreta. A la gente, a prácticamente *todo* el mundo, se le da notablemente mal estimar el tiempo. Un estudio descubrió que la gente se equivoca en su estimación de cuánto tiempo pasa ante el ordenador en un 32 %; quienes lo usan en abundancia subestiman el tiempo dedicado, y los que lo usan poco, lo sobreestiman[47]. Podemos decidir que queremos tomarnos un breve descanso del trabajo, digamos unos diez minutos, para relajarnos. Nos dirigimos a un blog, pero este enlaza a otro blog interesante, y antes de que nos demos cuenta ha pasado una hora y dentro de cinco minutos tenemos una reunión para la que no nos hemos preparado. Podemos convertirnos con facilidad en víctimas de este tipo de trampas de atención. Más adelante, hablaremos de técnicas que podemos usar para sacarnos de ellas. De momento, sigamos viendo algunos patrones de comportamiento específicos que menciona la gente cuando les falta control de su atención.

La trampa de la atención dispersa

Siempre sonrío cuando señalo en la clase a un estudiante que ha estado con la mirada perdida y se pone a titubear para evitar admitir que no tiene ni idea de qué acabo de preguntarle. Nuestra atención se desplaza de manera natural entre los estímulos externos y los pensamientos internos. En sentido estricto, el vagabundeo mental se da cuando la atención de alguien está enfocada hacia su interior. Es algo tan corriente que la gente puede dedicar entre un 25 y un 50 % de su proceso mental durante las horas de vigilia simplemente a dejar volar los pensamientos[48].

Cuando usamos nuestros dispositivos, la visibilidad de las pestañas del navegador y las aplicaciones proporciona disparadores que pueden hacer que la mente se disperse. De hecho, ni siquiera necesitamos las señales visuales de una interfaz para distraernos; a menudo, basta con la mera exposición a nuestros teléfonos u ordenadores para conseguirlo. Además, Internet facilita los saltos mentales de un tema a otro, del contenido exterior a los pensamientos internos y viceversa. La flexibilidad de la estructura de nodos y enlaces de Internet refuerza estos patrones de dispersión de la atención. (Analizaremos con mucha más profundidad este tipo de comportamiento en el capítulo 6). En sí mismo, este vagabundeo mental no es malo, e incluso puede ser beneficioso: es una actividad de la atención sencilla y no agotadora, e incluso puede reponer los recursos cognitivos. También podemos descubrir y aprender cosas nuevas. A veces, dejar a un lado un problema y permitir que vaguen los pensamientos puede crear nuevas vías para encontrar soluciones creativas [49]. Pero en Internet podemos vernos atrapados en dispersiones de atención hasta un punto tal que nos roben demasiado tiempo de otras cosas que queremos hacer.

Hay sobradas actividades digitales en las que una palabra o un tema claves estimulan los pensamientos internos y arrancan un proceso de dispersión de atención. Por ejemplo, si leemos un artículo de la Wikipedia sobre la historia del movimiento sufragista, puede que empecemos a pensar en el movimiento #MeToo. Entonces, vamos y buscamos un artículo sobre el #MeToo, y ahí, otros temas relacionados capturan nuestra atención. Cuando acabamos en ese tipo de vagabundeo en Internet, es probable que cometamos un segundo error de encuadre o hayamos calculado mal la cantidad de tiempo que vamos a pasar en la Wikipedia cuando tomamos la decisión de visitarla; ya que estamos tan absortos, puede que incluso perdamos la noción del tiempo en absoluto. Las personas con buen control ejecutivo son más capaces de concentrarse en una tarea externa y evitar el vagabundeo mental [50] y la incesante navegación por la web que lo acompaña. Sin embargo, esta capacidad para concentrarse se mantiene cuando la tarea externa es exigente. Cuando dicha tarea no es muy exigente, el control ejecutivo tiene menos importancia, y prácticamente cualquiera puede ser susceptible a la dispersión de atención. Somos especialmente propensos a este tipo de dispersión de atención cuando nuestros recursos cognitivos están bajos. Sucumbimos al impulso de hacer lo que es fácil, y dejamos que nos impulsen estímulos externos, como hacer clic en los enlaces de una página web.

Sin embargo, un estudio descubrió que las prácticas de meditación, como las técnicas de plenitud mental, pueden ser eficaces para controlar el vagabundeo mental: las personas que han realizado un curso de meditación de plenitud mental han demostrado gastar un tiempo significativamente menor en cada tarea, con menos cambios de atención; en otras palabras: realizan menos multitarea[51]. Estas prácticas también enseñan a las personas a obtener una consciencia de sus estados presentes, un conocimiento que por regla general no les es accesible, y sobre el que aprenderemos más en el capítulo 13.

La trampa de la atención rutinaria

Otro patrón de comportamiento habitual tiene lugar cuando la gente menciona no ser capaz de dejar de realizar actividades fáciles y absorbentes en sus dispositivos. Jugar a juegos *on-line* simples como el *Candy Crush* y navegar por las redes sociales absorben de forma ligera nuestra atención y pueden ayudarnos a apartarnos por un momento del trabajo estresante, y así reponer nuestros recursos atencionales. Cuando echamos un vistazo a las publicaciones de Twitter o realizamos las mismas acciones rutinarias una y otra vez en un juego simple, experimentamos poco o ningún desafío. Podemos considerar tales actividades rutinarias como una buena alternativa cuando sentimos que nuestros recursos cognitivos están bajos.

Pero entonces, puede producirse el segundo tipo de error de encuadre. Podemos estimar equivocadamente cuánto tiempo dedicaremos a esa pausa; con tales acciones simples repetitivas, es fácil perder la noción del tiempo. La naturaleza de la actividad en sí atrae a la gente a que realice tales actividades simples y la mantiene abstraída. Nuestra investigación ha mostrado que la gente recibe recompensas emocionales y se siente siempre más feliz cuando realiza tales actividades rutinarias (lo veremos con más profundidad en el capítulo 10). La sensación de felicidad es en sí misma una recompensa y nos mantiene atados a la actividad rutinaria. Por este motivo, la gente pasa tantas horas mirando TikTok (de lo que hablaremos más extensamente en el capítulo 7).

Estas actividades rutinarias involucran un comportamiento del tipo estímulo-respuesta que incluye una gratificación inmediata, esto es: recompensas simples, como reírse, ganar puntos, subir a otro nivel del juego o ganarlo. El psicólogo del aprendizaje Edward Thorndike describió esto en 1911 como su ley del efecto, donde las respuestas que producen un efecto positivo en una situación es probable que se ejecuten otra vez[52]. Además, cuanto mayor es la satisfacción, más fuerte es nuestra conexión con el comportamiento. Ni siquiera es necesario recibir una recompensa tras cada movimiento del juego. Esto se denomina refuerzo intermitente, lo que estudió el psicólogo conductista B. F. Skinner, y explica por qué la gente puede verse atraída una y otra vez a un juego sencillo a pesar de que solo consiga una recompensa de tarde en tarde. El refuerzo intermitente fortalece la costumbre de dedicarse a la actividad hasta que el hábito queda grabado.

En un juego sencillo, las recompensas son fáciles de imaginar: se consiguen puntos o se avanza un nivel. Pero las recompensas también pueden generarse dentro de nosotros a través de nuestra imaginación, lo que dispara emociones positivas. Recorrer una web inmobiliaria puede activar nuestra fantasía de cómo sería vivir en una casa fabulosa. La venta al por menor puede recompensarnos a través de la imaginación, pero también puede ofrecer recompensas intermitentes; a veces, podemos descubrir un chollo al navegar por las webs de compras. El hábito de volvernos hacia actividades simples se puede formar con facilidad y pasar inadvertido, cegándonos al tiempo que pasamos dedicándonos a ellas. Puede que ni siquiera nos demos cuenta de que hemos adquirido esos hábitos hasta que intentamos parar. Como dijo el escritor inglés Samuel Johnson: «Las cadenas de la costumbre son demasiado débiles para que las sintamos, hasta el momento en que son demasiado fuertes para que puedan romperse»[53].

La trampa de las redes sociales

Poca gente comenta tener la sensación de que su atención está atrapada cuando usa las redes sociales. Nos vemos atraídos a ellas y a los mensajes de texto porque somos seres sociales y ansiamos el apoyo social, la conexión social y el capital social, y queremos satisfacer nuestra curiosidad sobre los demás. Idealmente, podemos usar las redes sociales para tomarnos un descanso y conectar con otros que apoyen nuestro trabajo y nuestros objetivos personales. Cuando elegimos acudir a las redes sociales, los errores de encuadre se producen con facilidad. Podemos sobreestimar cuánto valor obtenemos de, por ejemplo, Facebook, ya que en realidad no está diseñado para que desarrollemos relaciones profundas. También podemos subestimar cuánto tiempo pasamos allí porque puede que no nos demos cuenta de lo propensos que somos a dejarnos empujar por las fuerzas sociales que nos llevan a participar y a permanecer en el sitio web. (Hablaremos más de esto en el capítulo 8). En este tipo de patrón de comportamiento, a menudo priorizamos las ganancias a corto plazo, como satisfacer nuestra curiosidad social, sobre la ganancia a largo plazo que representa terminar nuestro trabajo.

El condicionamiento intermitente que proviene de las recompensas sociales también puede funcionar para mantener a la gente atrapada en una red social. Los «me gusta» de Facebook son un gran ejemplo de esto: el número de «me gusta» en una publicación propia puede aumentar la sensación de valía social. De modo que seguimos publicando porque tenemos la esperanza de que una de nuestras publicaciones gane en algún momento la lotería de «me gusta». Cada vídeo de TikTok puede que no sea divertido, pero sabemos que antes o después aparecerá alguno que será hilarante.

Los errores de encuadre, las fuerzas sociales que nos atraen hacia las redes sociales y las recompensas sociales que recibimos de vez en cuando son una tormenta perfecta para atrapar nuestra atención.

La trampa de la identidad

Un patrón de comportamiento que me mencionan más a menudo las personas jóvenes es que dedican un montón de tiempo y atención al diseño y el mantenimiento de sus personas *on-line*. El filósofo Jean Baudrillard escribió que vivimos en un mundo de simulación, donde las personas se definen a sí mismas por las señas y los símbolos de la sociedad[54]. Tales modelos determinan la forma en que la gente se entiende a sí misma y se relaciona con otras personas. Pero en Internet, lo que simboliza lo real se convierte en real. Para algunos individuos, su persona en las redes sociales puede ser una expansión de su identidad real, y para otros, puede llegar a convertirse en algo más importante que su persona en el mundo real. Tener gran cantidad de seguidores en Twitter o en TikTok puede hacer que alguien se sienta más importante que nada que haya experimentado en el mundo físico. Algunos han construido carreras dedicadas a ser *influencers*, y ahí la identidad es primordial. Los «me gusta» de Facebook ayudan a validar la identidad propia, y que un *tweet* propio sea retuiteado puede verse como una medalla de honor. Para los jóvenes, en particular, las identidades *on-line* son importantes ya que es como se presentan a sí mismos a su grupo social y al mundo. Pero la identidad *on-line* es importante para personas de todas las edades, por ejemplo, en la manera en que representan su identidad en su oficio. Todo el mundo desea parecer exitoso. Construimos con mucho cuidado nuestra persona *on-line* porque queremos mostrar nuestra persona en el mundo real bajo la luz más favorecedora posible. Mantener la identidad es un deseo humano básico poderoso. Y dado que la identidad *on-line* es tan valiosa, algunos individuos pueden pasar mucho tiempo construyendo y refinando sus publicaciones y perfiles. Esto puede incluso tomar precedencia sobre la atención dirigida a objetivos de trabajo o estudios.

La trampa del fondo perdido

Podemos vernos atascados en un patrón de comportamiento en nuestros dispositivos si cometemos un error de fondo perdido: hemos dedicado ya tanto tiempo y atención a un sitio web o a jugar a un juego que tenemos la sensación de que sería un desperdicio apartar la atención. Los errores de fondo perdido se cometen a menudo en el mundo físico. Por ejemplo, supongamos que hemos invertido en un negocio para fabricar un producto nuevo esperando conseguir una buena ganancia, pero resulta que nadie lo compra y estamos perdiendo dinero. Ya hemos invertido un montón de dinero y trabajo, y preferimos continuar con el negocio con la esperanza de que al final sea rentable en vez de detener la producción y dar por perdido lo gastado. Las apuestas son otro ejemplo típico de la falacia del fondo perdido; si una persona está jugando en una máquina tragaperras en Las Vegas y ya ha gastado 500 dólares en monedas, no es fácil retirarse. Solo un intento más, y quizá se recupere todo. Los fondos perdidos pueden aparecer en las relaciones: después de llevar años con un amigo, una pareja o un socio, aunque la cosa no esté funcionando, romper la relación parece un desperdicio del trabajo dedicado a construir la relación. Pero si no está funcionando, la elección racional es dar por acabada la relación, considerarla un fondo perdido, aceptar las pérdidas y seguir adelante. Pero los humanos no son siempre tan racionales.

De forma parecida, podemos tener problemas para identificar un fondo perdido en el mundo digital. Podemos haber decidido tomarnos un pequeño descanso para leer un artículo *on-line*, y lo encuadramos como algo que merece la pena. Tras treinta minutos de lectura, nos damos cuenta de que en realidad no tenía mucho valor para nosotros. Hemos perdido el tiempo, eso sí, y no se puede recuperar. Pero podemos tener la sensación de que, si dejamos de leer, el tiempo que hemos dedicado hasta ese momento será un desperdicio, así que continuamos con la esperanza de que el artículo mejore al final. Los juegos como *World of Warcraft* tienen numerosos niveles, y los jugadores intentan ascender a otros nuevos realizando actividades diversas, como misiones. La trampa del fondo perdido es que la empresa creadora hace presión para que la gente continúe jugando. Las empresas que diseñan juegos saben que, en general, la gente no se retira de las situaciones de fondo perdido. Si una persona ha alcanzado un nivel elevado, tras haber invertido ya tiempo, dinero y energía emocional en el juego, no quiere abandonarlo. Un estudio reciente mostró que la cantidad media de tiempo que la gente dedica ininterrumpidamente a un videojuego es de una hora y veintidós minutos[55]. Esto está bien si tenemos una hora y media extra al día para dedicarnos a jugar. Pero no es el caso de la mayoría.

Las actividades descritas aquí no son necesariamente nocivas, y pueden ser positivas al ayudar a aliviar el estrés y reponer recursos —volveremos sobre esta posibilidad luego—. Pero cuando sentimos que ya no tenemos el control de nuestras acciones, si somos incapaces de dejar de mirar TikTok o de pasar demasiado tiempo en la Wikipedia o en webs de compras, entonces son nocivas para nosotros. Consideremos los errores de encuadre que podemos cometer y veamos si somos susceptibles a alguna de estas trampas de atención descritas aquí. Más adelante analizaremos cómo podemos desarrollar albedrío cuando usamos nuestros dispositivos, lo que nos puede ayudar a estar más orientados a objetivos y, por tanto, a concentrarnos mejor.

Cómo elegimos dónde concentrar la atención

Ya que ahora sabemos lo fácil que es que nuestra atención se disperse, y ya que tenemos una capacidad limitada de recursos atencionales, tenemos que tomar decisiones sobre cómo usar voluntariamente nuestra atención. Elegir dónde concentrarnos es en esencia elegir cómo asignamos los recursos. Es como tener dinero en el bolsillo y decidir qué comprar en el mercado. Pero ¿cómo elegimos dónde invertir nuestra atención?

Los modelos tradicionales de la atención proponen que el lugar que elegimos para concentrarla está gobernado por decisiones individuales basadas en nuestras preferencias, nuestras prioridades y los recursos necesarios [56]. Por ejemplo, podemos elegir empezar el día con el *e-mail*; nuestra prioridad podría ser que necesitamos terminar un informe a mediodía, y, algo importante, debemos considerar cuántos recursos exigirá esta tarea.

Sin embargo, mi idea es que, aunque los factores individuales de las preferencias, las prioridades y las necesidades de recursos pueden explicar, a veces, nuestras decisiones sobre dónde dirigir la atención, eso no es la historia completa. Somos criaturas incrustadas en un entorno social, cultural y técnico. Estamos sujetos a una serie de influencias en nuestra atención y comportamiento que van más allá de nosotros. En otras palabras: para entender realmente cómo asignamos la atención en este mundo digital, necesitamos comprender la compleja interrelación entre el mundo social en que vivimos y la tecnología con la que interactuamos. Cómo elegimos dónde concentrarnos involucra nuestras preferencias y prioridades individuales, pero también se basa en el mundo social y tecnológico más amplio del que formamos parte. Nuestra mente y nuestra atención están influenciadas por nuestro mundo exterior, además de por el interior.

Nuestros mundos sociales pueden afectar la manera en que usamos los dispositivos. Por ejemplo, veamos la historia de Google Glass. Se presentó en 2014, tuvo una corta trayectoria como producto personal y, al ser portado como unas gafas normales, su finalidad era que la gente pudiera ver contenido en una pantalla manteniendo las manos libres. Pero también incluía una minúscula cámara montada en el marco, que podía grabar lo que estaba viendo su portador mientras este se desplazaba. A menos que estuviéramos muy cerca del portador, no era evidente que la cámara estuviera en marcha, y la gente se sentía incómoda ante la posibilidad de que la estuvieran grabando. Los portadores podían tener la intención de concentrar su atención en el pequeño display del cristal, pero pronto descubrieron que, al usar esta tecnología en un entorno social, otras personas se sentían vigiladas. La primera versión de Google Glass fracasó por el factor social y no por motivos técnicos. De forma similar, usamos nuestros dispositivos como parte de un mundo social más grande, y como veremos más adelante, las influencias sociales afectan lo que hacemos en nuestros dispositivos, especialmente, nuestra capacidad de concentrarnos.

William James conceptualizó la atención como algo sometido a la voluntad del individuo [57]. Necesitamos ampliar nuestra idea sobre la atención en nuestro mundo digital del siglo XXI para considerar que, mientras usamos los dispositivos personales, ella está sujeta también a influencias de las corrientes subyacentes sociales, ambientales y tecnológicas. Debemos adoptar un enfoque sociotecnológico, una perspectiva más amplia que va más allá del individuo, para entender las influencias en nuestra atención cuando usamos los dispositivos. Así, en un mundo tan complejo que contiene todas esas influencias, ¿cómo podemos controlar plenamente nuestra atención, centrarnos en nuestros objetivos y enjaezar nuestra tendencia a la atención cinética y dinámica para que trabaje a nuestro favor? Antes de responder a esta pregunta, estudiaremos, primero, la investigación dedicada a entender el comportamiento de atención real de la gente cuando usa sus dispositivos en el mundo real. Al estudiar a la gente fuera del laboratorio veremos hasta qué punto alterna realmente la atención y sufre interrupciones, y cómo la atención concentrada sigue un ritmo a lo largo del día. La ciencia puede ser más extraña que la ficción, y es posible que los resultados asombren a los lectores tanto como a mí.

3

Tipos de atención

La gran escritora y poeta Maya Angelou escribió sus memorias *Yo sé por qué canta el pájaro enjaulado*, y el resto de su obra, en una habitación de hotel. La alquilaba por meses y pasaba la noche en su casa, pero iba al hotel a las 06.30 de la mañana, se ponía cómoda en la cama y escribía hasta primera hora de la tarde. No permitía que el personal del hotel cambiara las sábanas por miedo a que tiraran a la basura alguna hoja de papel que contuviera una idea valiosa. Retiraba los cuadros de las paredes, pues eran distracciones no bienvenidas. En cambio, además de las herramientas del oficio como cuadernos de notas, el *Roget's Thesaurus*, un diccionario, una Biblia y una botella de jerez, llevaba distracciones propias, como crucigramas y una baraja de cartas.

Según explicaba, estas distracciones le proporcionaban «algo en que ocupar mi pequeña mente. Creo que me lo enseñó mi abuela. No era su intención, pero acostumbraba a hablar de su "pequeña mente". De modo que cuando yo era muy joven, en algún momento entre mis tres años y los trece, decidí que había una Gran Mente y una Pequeña Mente. Y la Gran Mente nos permite considerar los pensamientos profundos, pero la Pequeña Mente nos entretiene para que no podamos distraernos. Podría hacer un crucigrama o jugar al solitario mientras la Gran Mente profundizaba en los temas sobre los que quería escribir» [58]. Tal como lo describe Angelou, tanto la Gran Mente como la Pequeña Mente eran esenciales en su proceso de escritura.

La Gran Mente puede haber sido la fuerza de inspiración literaria más poderosa, pero necesitaba a la Pequeña Mente para darse un respiro. En mi investigación, supe que la idea de Maya Angelou está realmente respaldada por la ciencia. Se trata de formas de pensamiento complementarias, partes que configuran un todo.

La idea de que tenemos diferentes tipos de atención fue reconocida por primera vez por el filósofo John Locke, hace más de tres siglos. En su *Ensayo sobre el entendimiento humano*, la descripción de Locke de la atención era en cierto modo similar a la de Angelou: registrar pensamientos y fijarse en una idea, además de lo que llamaba vagabundeo mental o ensimismamiento. Locke consideraba estas distinciones como verdades universales: «Esta diferencia de intención, y remisión de la mente al pensar, con gran variedad de grados entre el estudio aplicado y prácticamente no pensar en nada en absoluto, creo que todos la han experimentado en sí mismos» [59]. Locke fue probablemente el primero que describió la atención como algo con más sutilezas que simplemente estar concentrada o desconcentrada.

William James también hizo referencia a diferentes tipos de atención. Para él, el pleno control de la atención era lo opuesto al «estado confuso, aturdido, despistado que en francés se denomina distracción, y en alemán, *Zerstreutheit*» [60]. James también hablaba de la «corriente de consciencia», en la que una procesión de pensamientos y emociones entra y sale de nuestra consciencia, como en el vagabundeo mental.

Nuestro mundo digital dinámico es enormemente diferente de los entornos en los que Locke y James vivieron y trabajaron. La cantidad y la intensidad de las distracciones en nuestra era digital se han amplificado, y nuestra capacidad de atención ha decaído y cambiado hasta un punto en que realmente necesitamos un nuevo modelo para la forma de pensar sobre la atención y la concentración. En este capítulo expondré investigaciones que apuntan a un nuevo marco que presenta diferentes tipos de estados atencionales,

entre los que alternamos y a los que utilizamos con diferentes pro-
pósitos.

El lenguaje de la atención

El lenguaje que usamos para describir la atención revela las diferentes formas en que pensamos sobre ella. Podemos considerar la
atención como algo que ilumina un sujeto y que podemos controlar («foco», «centro de atención»), o como un proceso mecánico
(«filtro», «capacidad», «procesar», «concentrar», «gradiente», «mi-
croscopio», «ordenador»). Cuando decimos que «prestamos» atención, el término sugiere que se trata de un recurso escaso. Otras
expresiones comunican que tenemos albedrío en cuanto a nuestra
atención: la «dirigimos», «mantenemos» o «enfocamos». Pero en la
era digital, este lenguaje no nos ayuda a entender cómo trabaja
nuestra atención cuando pasamos la mayor parte del día ante una
pantalla. Necesitamos un nuevo lenguaje para caracterizar cómo
cambiamos dinámicamente nuestro estado de atención en nuestros dispositivos.

Nuestra sociedad da un gran valor a la capacidad de concentrarse, pero ¿qué significa realmente para nosotros estar concentrados, embebidos o absortos en algo? En latín, *absorbere* significa
«tragar» o «devorar», que es lo que puede pasarle a nuestra atención cuando es capturada intensamente por un libro, un artículo
de la Wikipedia o un videojuego. Los psicólogos consideran la disposición de una persona a quedar profundamente absorta en ese
tipo de estímulos externos como una cualidad individual única,
parecida a un rasgo de personalidad, como ser extrovertidos o introvertidos. Este rasgo de absorción se ha medido con la Escala de
Absorción de Tellegen [61], según la cual se pide a la gente que puntúen cuánto están de acuerdo o en desacuerdo con afirmaciones
como «Cuando escucho música me veo tan atrapado por ella que

no me doy cuenta de nada más». Aquellos que obtienen una puntuación extremadamente alta en este test tienden a emborronar los límites entre lo que perciben y lo que imaginan. Cuando leemos sobre el océano, puede que escuchemos el sonido de las olas en la playa, o si leemos una novela de misterio, puede que oigamos los pasos del asesino en los peldaños crujientes de una escalera de madera. También mencionan más experiencias espirituales y una mayor sensación de presencia cuando contemplan simulaciones de realidad vitual [62].

Mientras que algunos individuos han nacido con tal predisposición a quedar absortos con rapidez en los estímulos, la mayoría no puntuamos tan alto en este rasgo de acuerdo a la escala de Tellegen (aunque las mujeres puntúan significativamente más alto que los hombres) [63]. Pero incluso si no es nuestro caso, esto no quiere decir que seamos incapaces de quedar profundamente absortos en una tarea. Puede que alguien lo sea, pero para la mayoría de nosotros, quedar absortos en algo puede cambiar con la situación; nuestras percepciones y experiencias cognitivas pueden alterarse cuando aparece un estímulo nuevo. Nuestra atención puede incluso cambiar de un momento a otro con los mismos estímulos, pasar de estar concentrada a tener la mente vagando y de vuelta a estar concentrada otra vez, como hemos comentado anteriormente.

También podemos cambiar de estar usando una atención sostenida en una actividad a hacer algo diferente que requiere menos esfuerzo, quizá incluso algo divertido, con lo que apenas estamos levemente absortos [64]. Pero tener el control de la propia atención puede significar no solo mantener una atención sostenida o resistir las distracciones, sino ser capaces de cambiar intencionadamente entre diferentes estados atencionales, como pasar de la Gran Mente a la Pequeña Mente y viceversa. Maya Angelou podría haber estado profundamente absorta en su escritura con la Gran Mente, y a continuación cambiar con facilidad a la Pequeña Mente, donde su atención estaba levemente ocupada con un juego de cartas.

El elusivo flujo

El epítome de la absorción profunda es conocido como *flujo*, término que define una inmersión total en una actividad, en la que de acuerdo al psicólogo Mihaly Csikszentmihalyi [65], «nada más parece importar». Csikszentmihalyi, nacido en Hungría, usó la inmersión total en el ajedrez para ayudarse a sobrevivir mentalmente a la Segunda Guerra Mundial. Al final de la guerra, con once años, pasó un tiempo en un campo de prisioneros italiano con su familia. Su padre había sido cónsul general en Venecia, trabajando para el antiguo gobierno húngaro, que había estado involucrado en la guerra. Durante el internamiento, e incluso antes, para bloquear los horrores de la guerra, el joven Csikszentmihalyi jugaba al ajedrez en el campo, sumergiéndose en ello y creando un mundo separado de lo que lo rodeaba. Al cabo de siete meses, su padre fue exonerado y la familia quedó libre. Csikszentmihalyi abandonó la escuela, pero más tarde, en 1956, emigró a Estados Unidos, pasó un examen de equivalencia con los estudios de secundaria y se inscribió en la Universidad de Chicago para estudiar psicología. Sus experiencias con la inmersión durante su juventud lo llevaron a embarcarse en una carrera de décadas en el estudio de lo que consideraba «la experiencia óptima».

Csikszentmihalyi se dispuso a descubrir por qué las personas realizan actividades sin una recompensa extrínseca, como jugar al ajedrez, o incluso más peligrosas, como la escalada. Todos esos individuos describían la sensación que Csikszentmihalyi denominó flujo. Cuando alguien está en flujo, se ve arrastrado por algún tipo de corriente interna; la actividad misma proporciona la recompensa, y quienes están en flujo son amos de su atención. Existe un equilibrio óptimo entre el uso de las habilidades propias y las exigencias de la actividad. Las personas en flujo son curiosas y alegres, pierden la autoconsciencia y, dado que invierten tantos recursos atencionales en la actividad, no les queda ninguno para pensar en el paso del tiempo [66]. El flujo es una experiencia creativa única y profundamente gratificante en la que las personas se ven desafiadas a usar sus habilidades de forma total.

El flujo es una experiencia subjetiva, y para estudiar lo que ocurría dentro de la mente de las personas, Csikszentmihalyi empleó una técnica llamada muestreo de experiencia [67]. Daba buscapersonas a los participantes del estudio; estos buscas estaban programados para emitir un pitido en momentos concretos, y cuando sonaban, los participantes tenían instrucciones de rellenar un cuestionario sobre su concentración, implicación y disfrute de lo que fuera que estuvieran haciendo. En el momento del pitido, los participantes podían estar realizando cualquier tipo de actividad, como trabajar en el jardín, cocinar o estar en una reunión de negocios, y podían o no estar en flujo. Usaron los buscas durante una semana, lo que proporcionó una buena muestra representativa de lo que experimentaban en un día típico. Como podemos figurarnos, una limitación de este tipo de estudios es que los buscas interrumpían a la gente. Aun así, los resultados ayudaron a Csikszentmihalyi a entender y definir este estado idealizado. Su libro *Flujo* se convirtió en una obra de gran influencia en el estudio de la atención.

Cuando era una estudiante de arte, a menudo entraba en flujo. Podía estar trabajando en mi estudio. Más tarde, por la noche, mi radio de onda corta podía captar «Radio Habana» (tenían la mejor música para trabajar), y yo bailaba ritmos cubanos mientras pintaba. Podía llegar a estar profundamente inmersa y atribuir todo tipo de significados a las imágenes abstractas que creaba. El título de un cuadro que pinté, *Apogeo*, refleja la exuberancia que sentí durante su creación. El tiempo volaba, y a menudo podían pasar horas hasta que me daba cuenta de que eran las 2 a. m. No es difícil entrar en un estado de flujo cuando estamos haciendo algo inherentemente creativo y ambicioso, como pintar, componer música o incluso esquiar. Pero la naturaleza del trabajo que hacemos determina bastante si podremos entrar o no en estado de flujo. Ahora trabajo como académica, diseño planes de estudio, dirijo investigaciones científicas y escribo artículos. Tengo que usar el pensamiento analítico, lo que a veces exige una concentración intensa. Cuando trabajo, alterno entre estados atencionales desde la concentración profunda a una leve absorción, de forma parecida a la Gran Mente y la Pequeña Mente de Maya Angelou. De tarde en tarde puedo entrar en flujo mientras discuto ideas con otros o cuando escribo un artículo, pero en general esto no ocurre. ¿Cambiaría mi vida académica por la de un artista, donde a menudo entraba en flujo? Absolutamente no. Cosecho diferentes clases de recompensas con el tipo de trabajo que hago ahora. Cuando quiera entrar en flujo, sé que puedo pintar o bailar. Cuando quiero investigar algo sobre el mundo, me vuelvo hacia la ciencia y puedo esperar usar la atención concentrada, pero no estar en flujo.

Otros me han contado experiencias parecidas. Hace poco mantuve una conversación con un amigo que es director en una gran empresa de alta tecnología de Silicon Valley. Me dijo que en su trabajo no tiene posibilidad de entrar en estado de flujo; se parece más bien a un número de equilibrismo haciendo girar platos. A veces, cuando está en alguna sesión de *brainstorming* creativo con más gente, el grupo puede entrar en flujo. Pero en su carrera anterior como programador era capaz de entrar en flujo más a menudo.

Incluso Maya Angelou describe su proceso de escritura como algo que utiliza la atención concentrada pero en lo que no necesariamente entra en flujo. Al hablar de su proceso de escritura con el periodista George Plimpton, durante una entrevista para *Paris Review*, Angelou dijo que no siempre le resulta fácil escribir: «Intento tirar del lenguaje con tanta fuerza que salta fuera de la página. Puede que parezca fácil, pero me cuesta una eternidad hacer que parezca tan fácil. Por supuesto, hay algunos críticos —suelen ser críticos de Nueva York— que dicen: bueno, Maya Angelou ha sacado un libro nuevo y por supuesto es bueno, pero, claro, es una escritora nata. A esos me gustaría agarrarlos por el cuello y arrojarlos al suelo, porque me cuesta una eternidad hacer que el lenguaje cante. Me esfuerzo con el lenguaje» [68].

Por desgracia, el flujo es una experiencia mucho menos habitual que lo que muchos de los lectores de la obra superventas de Csikszentmihalyi podrían esperar. En una encuesta realizada por Nakamura y Csikszentmihalyi a mediados de la década de 1990, en la que se le pedía a la gente que contara si había tenido experiencias de flujo, aunque hubo algunos que sí lo experimentaron, un 42 % de los estadounidenses y un 35 % de los alemanes declararon que lo habían experimentado rara vez o ninguna [69]. Y aunque la gente haya tenido experiencias de flujo al crear arte, tallar madera o interpretar música, en nuestros estudios hemos encontrado que rara vez se producen en el entorno laboral intelectual. Gran parte de la naturaleza del trabajo intelectual no es propensa al flujo, la experiencia creativa óptima. Esto no significa que el trabajo no sea gratificante; puede serlo, y mucho. Hay gente que experimenta el flujo mientras maneja sus dispositivos, por ejemplo, al crear un programa complejo, e incluso podríamos experimentar el flujo cuando usamos el ordenador en tareas de escritura creativa. Pero la realidad es que, para la mayor parte de los trabajadores intelectuales, nuestro entorno informático, la naturaleza de nuestro trabajo y nuestra responsabilidad sobre múltiples proyectos y tareas crean una barrera elevada que impide alcanzar el flujo. Sin embargo, necesitamos no sentirnos mal si no podemos alcanzarlo. Es preferible alcanzar un sentimiento de equilibrio y bienestar al trabajar en sincronía con nuestro ritmo natural de estados atencionales.

Un marco teórico de estados atencionales

He tenido la suerte de trabajar como investigadora visitante en Microsoft Research durante los veranos. El verano es hermoso en Seattle, y además de disfrutar de la vegetación frondosa, también tuve la oportunidad de sumergirme profundamente en la investigación sobre la atención. Al entrar en el vestíbulo de Microsoft Research, en Redmond, nos encontramos en un amplio atrio que bulle de actividad. Puede haber obras de arte digital asombrosas, como una gran escultura que usa cámaras y sensores e IA (inteligencia artificial) que hace que cambien los colores cuando la gente interactúa con ella. Es posible oír a gente sentada alrededor de mesas o en sofás mientras charlan sobre redes neurales o las últimas herramientas de visualización. Al llegar al ascensor nos saluda un robot que nos ayuda a encontrar el camino hacia donde queramos dirigirnos.

La idea del flujo me resultaba inspiradora, pero descubrí que en el entorno de trabajo se encuentra raras veces. Mis compañeras Mary Czerwinski, Shamsi Iqbal y yo misma nos preguntamos si existían estados atencionales que pudieran caracterizar mejor lo que las personas experimentan cuando usan sus dispositivos en el trabajo. Cuando la gente alterna rápidamente su atención entre los dispositivos, ¿podrían estar alternando entre diferentes *tipos* de atención, como la Gran Mente y la Pequeña Mente? ¿Hay diferentes tipos de atención asociados con actividades concretas en el mundo digital? Cuando mis compañeras y yo seguimos investigando, descubrimos que no bastaba con describir meramente a una persona como que esté más o menos absorta en algo. Descubrimos que existe otra dimensión muy importante en esa mezcla. De forma similar a la idea del flujo, también importa cómo de *desafiante* es la actividad; es decir, cuánto esfuerzo mental y uso de recursos cognitivos implica. Sin embargo, a diferencia del flujo, la gente puede estar absorta en algo y verse desafiada en distintos grados. Por ejemplo, crear un plan estratégico puede ser desafiante. Otras actividades, como revisar Facebook o Twitter, no lo son en absoluto. Nos dispusimos a entender qué significa realmente estar absorto en algo en el mundo digital. Al igual que le ocurría a Maya Angelou, cuya atención podía concentrarse de formas distintas al hacer un crucigrama o al escribir un poema, una persona puede estar muy absorta jugando a *Two Dots*, algo que no exige en absoluto un gran esfuerzo mental, o puede estar muy absorta en la lectura de un material muy complicado sobre economía, lo que le exige una gran cantidad de ese esfuerzo. En los dos casos, la persona está absorta pero de maneras muy diferentes, correspondientes a diferentes cantidades de recursos cognitivos consumidos. (En el capítulo 10 analizaremos con más profundidad cómo es posible que podamos estar tan absortos en una actividad tan mecánica como jugar a *Two Dots*).

Si consideramos entonces no solo lo absorto que está alguien, sino lo desafiado que está, podemos caracterizar diferentes estados atencionales que cubren un rango de actividades. Obtenemos un marco para describir diferentes tipos de experiencias atencionales en el mundo digital. La figura 1 muestra estas dos dimensiones, la cantidad de absorción y la cantidad de desafío, en un marco de atención teórico [70]. Estos estados son temporales: las personas fluctúan entre estos estados atencionales a lo largo del día, dependiendo de sus objetivos, las tareas, las interacciones, sus pensamientos internos y gran cantidad de factores más. Cada uno de estos tipos de estados tiene una cualidad muy diferente que describiré a continuación.

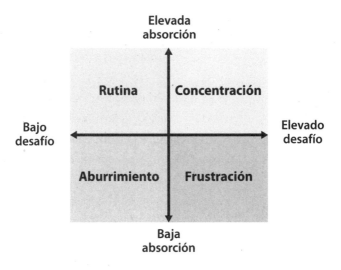

Figura 1. Un marco teórico de cuatro cuadrantes que representa diferentes estados atencionales.

Concentración

Cuando las personas están muy absortas en algo muy desafiante, decimos que se encuentran en un estado atencional de concentración, como aparece en el cuadrante superior derecho de la figura 1. La concentración representa un estado temporal en el que la gente se siente absorta en una actividad y dicha actividad presenta cierto grado de desafío al conjunto de habilidades de la persona. Estar muy absorto y desafiado en el trabajo va emparejado a la motivación, la activación, la concentración, la creatividad y la satisfacción [71]. Pero esto no es lo mismo que lo que consideramos flujo. Podemos estar concentrados, como cuando leemos un manual de instrucciones, sin experimentar las condiciones de flujo: sentirnos profundamente creativos, inconscientes del paso del tiempo, usando de forma óptima las propias habilidades. Sería más apropiado considerar la etiqueta de concentración como un tipo de absorción que puede ser una *precondición* para·entrar en flujo. Además, cuesta gran cantidad de recursos cognitivos mantener la concentración, como insinúa el término «prestar atención».

Rutina

Cuando una persona está muy absorta, pero sin que la tarea le resulte desafiante, hablamos del estado atencional de «rutina», como se muestra en el cuadrante superior izquierdo de la figura 1. La actividad rutinaria es mecánica, es sencilla y puede absorber nuestra atención. Cuando Maya Angelou juega al solitario, su Pequeña Mente está empleando la atención rutinaria. Podemos estar muy absortos en una partida de solitario, aunque nuestras elecciones de cartas involucren muy poco esfuerzo mental. De forma similar, podemos estar muy absortos en actividades digitales mecánicas y repetitivas, como jugar al *Candy Crush* (un juego con más de 273 millones de usuarios activos[72] y más de 9 millones que juegan a esto más de tres horas al día[73]). Dado que la actividad rutinaria involucra tareas que no son desafiantes, este tipo de atención emplea pocos recursos cognitivos. Esto explica por qué la gente puede jugar a un juego como *Candy Crush* durante horas, cada día, sin sentirse agotada.

Aburrimiento

El estado de aburrimiento se da cuando la persona no está muy absorta ni muy desafiada, como se muestra en el cuadrante inferior izquierdo de la figura 1. Navegar por Internet, saltar de un sitio web a otro, y permanecer en cada uno apenas el tiempo suficiente para leer unas cuantas frases, o hacer *zápping* por los canales de televisión porque ninguna capta nuestro interés, son buenos ejemplos de la experiencia del aburrimiento. No hace falta decir que el aburrimiento emplea pocos recursos cognitivos, o, dicho de forma más apropiada, infrautiliza los recursos disponibles. Las dimensiones de bajo desafío y baja absorción son consistentes con lo que se considera tradicionalmente aburrimiento: un estado de baja excitación; actividades aburridas que no son muy estimulantes y hacen que sea difícil concentrarse en ellas[74, 75]. Estar inmóviles o inactivos no es algo que lleve automáticamente al aburrimiento; si una persona disfruta practicando yoga o entrando en un estado meditativo zen, entonces la actividad no es aburrida. Anteriormente mencioné que, en estado de flujo, la gente pierde la consciencia del paso del tiempo. Pero el aburrimiento es algo diametralmente opuesto: al tener todos esos recursos atencionales libres, no podemos evitar pensar en cuánto tiempo faltará para que la actividad se termine y en lo despacio que ese tiempo transcurre. Como curiosidad, la palabra en alemán para aburrimiento es *Langeweile*, que se traduce literalmente como «largo periodo de tiempo».

Frustración

Por último, cuando una persona está bajo un intenso desafío pero no se ve absorta en absoluto, denominamos a este estado frustración, como aparece en el cuadrante inferior derecho de la figura 1. Todos podemos recordar algún momento en que nos hemos sentido frustrados en el trabajo, notando que nos estamos golpeando la cabeza contra la pared y no hacemos progreso alguno. Podemos encontrar la actividad difícil, pero por muchas razones no podemos abandonarla, quizá porque tenemos una fecha de entrega o porque nuestro superior nos ha exigido que trabajemos en ella, o porque una obsesión interna nos obliga a terminarla. Los desarrolladores de *software* comentan sentirse frustrados cuando no pueden resolver un error, y la frustración puede producirse incluso al hacer un rompecabezas difícil que no podemos dejar a un lado, sino que nos sentimos impulsados a resolver. Este estado atencional puede gastar gran cantidad de nuestros recursos.

Cómo los estados atencionales cambian a lo largo del día

El ritmo es parte de la vida. Los ritmos aparecen en la naturaleza —las estaciones, la hora del día, la salida de la luna, las mareas— y también en nuestros sistemas fisiológicos —procesos corporales como el sueño, la temperatura, el metabolismo; el ascenso y descenso de la concentración de la insulina, el neurotransmisor serotonina y la hormona del estrés, el cortisol—. Las personas tienen también diferentes ritmos circadianos, lo que hace que haya tipos mañaneros, o alondras, que están en su mejor forma a horas tempranas del día, mientras que existen otros tipos nocturnos, o búhos, que prefieren comenzar su jornada mucho más tarde. Los ritmos circadianos influyen en la temperatura corporal, que suele ser menor por la mañana y va ascendiendo a lo largo de la tarde. Estos ritmos también parecen explicar las variaciones en el estado de alerta y la atención selectiva de la gente a lo largo del día[76]. Los ritmos homeostáticos, basados en el tiempo transcurrido desde el despertar, están correlacionados con el descenso del rendimiento conforme va pasando el día, como muestran las tareas que requieren memoria[77]. También existe alguna evidencia neurofisiológica que sugiere que el sistema visual está influenciado por los ritmos internos de la actividad eléctrica del cerebro[78]. En un experimento de laboratorio se mostraban a los sujetos señales al lado izquierdo o al derecho de una pantalla de ordenador y se les pedía que dirigieran su atención al lado marcado. A continuación, tenían que indicar si veían un pequeño estímulo luminoso. Los investigadores descubrieron que las oscilaciones de la actividad neural del cerebro influían en que los sujetos percibieran los estímulos en absoluto, y también en la cantidad de respuestas neurales. Es decir: el sistema visual fluctuaba a la vez que la excitabilidad neuronal, esto es, los impulsos eléctricos en el cerebro, lo que indicaba ritmos internos a un nivel muy bajo. Este experimento sugiere que no tenemos una atención sostenida continua, sino que más bien tenemos lo que los autores describen como «momentos perceptuales». Pero también nos lleva a preguntarnos, teniendo en cuenta que existen varios tipos de ritmos humanos, si puede que existan ritmos de atención a lo largo del día mientras las personas se dedican a sus actividades cotidianas. La atención sostenida, ¿sigue un ritmo diario con picos y valles?

Los ritmos de la atención concentrada

Junto a mis compañeras en Microsoft Research, nos dispusimos a descubrir si la atención seguía ritmos mediante el estudio del comportamiento real de la gente en sus lugares de trabajo. Pero nos enfrentábamos a un dilema: ¿Cómo descubrir lo que hay dentro de la cabeza de una persona mientras está trabajando? En estudios anteriores, yo había usado medidas objetivas como registros de actividad en el ordenador y monitores de ritmo cardíaco, pero estos métodos no capturaban la experiencia subjetiva de la atención de las personas. La técnica de Csikszentmihalyi de usar muestreos de experiencia era un buen método para registrar el flujo de experiencia subjetivo de una persona; pero aquí estábamos estudiando a la gente en sus lugares de trabajo, y necesitábamos actualizar la técnica para registrar la atención de la gente ante sus ordenadores. Diseñamos sondas que aparecían como ventanas *pop-up* en los ordenadores de los sujetos y hacían algunas preguntas sobre su experiencia. Estas sondas se enviaban basándonos en su comportamiento natural: después de que una persona usara el *e-mail* durante al menos tres minutos consecutivos, después de que usara Facebook un minuto, en el momento en que alguien desactivaba el salvapantallas, o si habían transcurrido quince minutos sin que se hubiera enviado ninguna sonda. Estas sondas de atención se podían responder en pocos segundos. Cuando un sujeto recibía una sonda, se le pedía que pensara en la actividad que estaba realizando en ese momento exacto y que respondiera a dos preguntas usando una escala de cómo de «absorto» estaba y cómo de «desafiado» se sentía. También les pedíamos que reportaran su estado de ánimo, algo que cubriremos en el capítulo 10. Enviamos sondas a treinta y dos personas alrededor de dieciocho veces en la jornada laboral, durante una semana entera. Tuvimos que hacer equilibrios entre conseguir una imagen detallada de cómo cambia la atención con el tiempo y no sobrecargar a los participantes, que tenían que hacer su trabajo, y sondear a las personas dieciocho veces al día parecía ser el máximo que podíamos esperar. No se nos escapaba la ironía de que interrumpíamos a la gente para preguntarle sobre su nivel de absorción y su sensación de desafío, pero dado que las sondas se podían responder en pocos segundos, los participantes podían volver de inmediato a sus ocupaciones. Dimos instrucciones a los participantes de que si las sondas los molestaban, debían responder a las preguntas basándose en lo que estaban haciendo inmediatamente antes de que la sonda apareciera, y no reflejaran la sensación de irritación. Por suerte, los participantes se prestaron al juego, y aunque unos pocos se quejaron de la frecuencia de las sondas, nos aseguraron que su irritación no influía en las respuestas. También registramos la actividad en el ordenador y medimos las interacciones cara a cara usando SenseCams, unas cámaras ligeras portables de las que hablaré más adelante. La recolección de datos durante una semana entera nos proporcionó una muestra representativa del comportamiento atencional diario de la gente, y también pudimos ver cómo variaba la atención a lo largo de la semana. Estudiamos un abanico de participantes en diferentes campos: auxiliares administrativos, directores, técnicos, ingenieros, diseñadores e investigadores.

Tras recopilar los datos, mapeamos las respuestas sobre los estados atencionales mostrados en la figura 1. Sorprendentemente, los participantes rara vez se sentían frustrados en el trabajo; solo en siete ocasiones las respuestas cayeron en el cuadrante «Frustración» de nuestro marco. Debido a que fueron tan pocas, no fueron incluidas en el gráfico. Quizá un motivo por el que aparecieron tan pocos informes de frustración es que esta agota los recursos con gran rapidez, y las personas intentan evitar ese estado.

Parecen existir ritmos de atención concentrada. La figura 2 muestra que, a lo largo del día, la gente experimenta los estados atencionales de concentración, rutina y aburrimiento[79]. En todos los trabajos aparecieron dos momentos con picos de concentración: ya avanzada la mañana, a las 11 a. m., y a media tarde, a las 3 p. m. Descubrimos que las personas no llegan al trabajo preparadas para ponerse en marcha y concentradas desde el principio. Lleva algún tiempo que se activen hasta alcanzar el estado de concentración. Tras la pausa para comer, la gente vuelve a ascender lentamente la rampa que lleva a la atención concentrada. Después de las 3 p. m., la concentración empieza a decaer, probablemente coincidiendo con la manera en que ha gastado sus recursos cognitivos. La atención rutinaria muestra un tipo de ritmo diferente a lo largo de gran parte del día, empezando alrededor de las 9 a. m., cuando empieza a ascender, y desde ahí continúa hasta alrededor de las 2 p. m., momento en que declina. El aburrimiento tiene su pico alrededor de la 1 p. m., justo después de comer. La buena noticia es que, en conjunto, a lo largo del día, la gente está más concentrada que aburrida en el lugar de trabajo; la noticia no tan buena es que, en general, informan de más aburrimiento que rutina a lo largo del día. Más adelante, analizaremos que el aburrimiento no pone a la gente de buen humor.

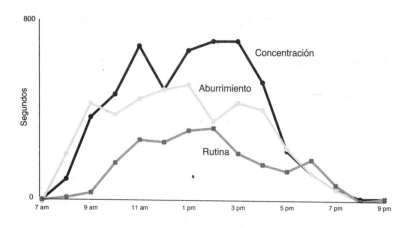

Figura 2. Cómo varían a lo largo de la jornada laboral los diferentes tipos de atención.

Una descripción de cómo la atención tiene ritmos diarios viene de una persona a la que llamaré Mira, que participaba en un estudio relacionado. Mira trabaja en una gran empresa como gestora de documentación, y describe su concentración a lo largo del día en términos de picos y valles. Comenta que está concentrada al máximo en su «pico» entre el mediodía y las 2 p. m., cuando atiende los *e-mails* y se pone en contacto con su supervisor y con la gente a la que ella supervisa. Entonces, de las 2 a las 4 p. m., está en un «valle». Siempre teme que durante su periodo valle pueda aparecer algún «fuego» inesperado, como la necesidad de encontrar con urgencia ciertos documentos. Explicó que en ese caso tendría que rendir al mismo nivel que en su momento pico de concentración, aun sabiendo que ni su cuerpo ni su mente serían capaces. Mira se vería obligada a arañar cualquier resto de los escasos recursos atencionales que le quedaran.

Resulta también que la gente muestra un comportamiento rítmico en lo que hace con sus dispositivos. Dado que registrábamos la actividad en el ordenador, fuimos capaces de medir los tiempos exactos (con precisión de un segundo) de la actividad de las personas en sus ordenadores. A continuación, los sincronizamos con las horas de las respuestas a las sondas. De esta manera, pudimos relacionar los estados atencionales con cada actividad en el ordenador. Mostramos la naturaleza rítmica de diferentes actividades informáticas en la figura 3, y podemos ver cómo varía al transcurrir la jornada [80]. El tiempo que dedica la gente a su buzón de entrada y al calendario alcanza un pico alrededor de media mañana (10 a. m.), y también algo después de mediodía (2 p. m.), y se corresponde aproximadamente con los picos de concentración. El uso de aplicaciones como Word, Excel y PowerPoint también parece seguir los mismos ritmos. La comunicación remota y las búsquedas en la web se realizan continuamente a lo largo del día. Las visitas a Facebook se extienden con bastante uniformidad durante la jornada, aunque los análisis estadísticos muestran que la actividad en Facebook es mucho mayor tras volver de comer comparada con antes de la comida.

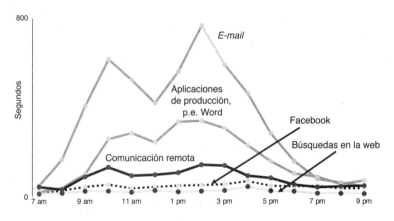

Figura 3. Cómo varía la actividad de la gente en el ordenador a lo largo del día, con base en el momento de conectar.

A continuación, profundizamos más en los datos, observando las correlaciones para ver si lo que las personas hacían en los ordenadores está asociado con los diferentes estados atencionales.

Como sugieren los ritmos, descubrimos que cuando la gente atiende al *e-mail* tiende a estar concentrada. Cuando la gente navega por Internet o alterna entre ventanas en la pantalla, es más probable que esté aburrida. Cuando entra en Facebook, o bien está aburrida o bien muestra atención rutinaria, pero rara vez está concentrada. Estos resultados parecen confirmar nuestras intuiciones.

También descubrimos que existe un ritmo a lo largo de la semana: las personas están más concentradas los lunes, cuando es posible que lleguen al trabajo con el depósito de recursos atencionales relleno tras haber recuperado horas de sueño durante el fin de semana. Tras este estallido de concentración de los lunes, parece que se lo toman con un poco más de calma los martes, el día de menor concentración de la semana. Los miércoles muestran un pequeño aumento de concentración. Quizá el motivo por el que los jueves son el día en el que se realiza mayor actividad rutinaria es que esta es fácil y ayuda a reponer recursos. Esto puede explicar también por qué los viernes vemos otra vez un pequeño estallido de concentración.

Estados atencionales y susceptibilidad a la distracción

¿Por qué las personas pierden la concentración y se distraen? Está extendido el concepto de que la gente puede estar profundamente concentrada en algo, llega una distracción de repente y después resulta difícil recuperar la concentración, lo que lleva al aburrimiento. Pero ¿y si el estado atencional concreto de una persona la hace susceptible a las distracciones?

En un artículo titulado «Concentrado, excitado, pero también distraíble», Mary, Shamsi y yo observamos los datos para examinar tres de los tipos de interrupciones más comunes que nuestros participantes indicaban que experimentaban: *e-mail*, Facebook e interacciones cara a cara[81]. Todas estas interrupciones involucraban de alguna manera la comunicación. Las interrupciones de *e-mail* están relacionadas generalmente con el trabajo, pero también pueden estarlo con la vida social o personal; las interrupciones de Facebook son generalmente sociales, y las cara a cara pueden ser cualquiera de las tres cosas. Anteriormente mencioné que para medir las interacciones cara a cara utilizamos SenseCams, unas cámaras que los participantes llevaban colgadas del cuello y que tomaban fotos cada quince segundos. Aplicamos un *software* que detectaba con bastante precisión si había rostros en las fotografías, y en ese caso, inferíamos que el sujeto estaba interactuando en persona con alguien. Pero el *software* no es perfecto. Un error que descubrimos sin querer fue que los participantes masculinos se olvidaban a menudo de desconectar las SenseCams cuando iban al baño, y el *software* malinterpretaba como rostros la forma redonda de los aseos.

Descubrimos que cuando una persona está aburrida, es más probable que vuelva su atención a Facebook y a las interacciones cara a cara. De forma parecida, cuando alguien está ocupado en una actividad rutinaria, está más predispuesto a desviar su atención a las interacciones cara a cara. En otras palabras: un estado atencional de rutina o de aburrimiento proporciona un punto de entrada fácil para las distracciones. Nuestros resultados apoyan la idea de que el estado atencional en que nos encontremos nos hace susceptibles a las distracciones. ¿Por qué ocurre esto? Cuando estamos aburridos, nuestra atención no está orientada a un objetivo, y cuando nos dedicamos a una actividad rutinaria, puede que solo tengamos un objetivo débil (echar un vistazo a las publicaciones en redes sociales para ver si hay algo interesante, por ejemplo). La atención está dirigida por los objetivos, y sin un objetivo fuerte, como sucede al estar aburridos o realizar actividades rutinarias, nuestra atención es como una hoja al viento.

El ritmo es el nuevo flujo

Nuestros datos desmontan el mito de que deberíamos considerar la atención únicamente como concentrada o desconcentrada, y muestra que en realidad existen diferentes formas en las que una persona puede estar absorta en algo. ¿Por qué la concentración de las personas oscila y fluye, y por qué podemos cambiar a otros estados atencionales? Durante el día, la atención se ve probablemente influida por el nivel de nuestros recursos cognitivos, por nuestro ritmo circadiano, como sugieren algunas investigaciones[82], por el tiempo que llevamos despiertos[83] y posiblemente por las hormonas, aspecto que aún está siendo investigado. Pero aparte de estas razones, puede que exista también una explicación psicológica para el hecho de que nuestra concentración tiende a mostrar un ritmo.

Para explorar esta idea necesitaba encontrar un experto en ritmo. Hablé con el batería Barry Lazarowitz, quien ha interpretado música de géneros diferentes que incluyen el jazz, el folk y el rock con músicos como Stan Kenton, Leonard Cohen, Lou Rawls y Judy Collins, y ha participado en un disco ganador de un premio Grammy y en la banda sonora oscarizada de la película *All That Jazz*. Barry cree que las personas tenemos un ritmo interno: resonamos inherentemente con el tempo de sesenta pulsos por minuto de una marcha de John Philip Sousa o una canción discotequera de Donna Summer porque nuestros corazones tienden a latir alrededor de sesenta veces por minuto y nuestro ritmo al caminar es también de unos sesenta pasos por minuto. Otros músicos tienen ideas parecidas sobre el ritmo interno. Lester Lanin, un director de bandas popular en las décadas de 1950 y 1960, sabía cómo la gente resonaba con el ritmo y componía la música con un tempo consistente, un ritmo de dos tiempos conocido como *businessman's beat*. Incluso si alguien no sabe bailar, sabrá andar, y el paso de marcha es típicamente rítmico[84]. La popularidad de Lanin se atribuye al hecho de que tanta gente se viera atraída a la pista de baile por su ritmo de dos tiempos.

Pero las personas tienen también ritmos internos más profundos y prolongados, y esto se muestra en la forma en que la gente puede mantener ritmos incluso tras una interrupción. Lazarowitz cuenta cómo el saxo tenor John Coltrane, en lo que muchos consideran su obra maestra, *A Love Supreme*, escribió ocho o doce notas de una línea melódica simple, una especie de mantra, e improvisó durante treinta y tres minutos en una trascendencia libre del ritmo inicial, y después, sin saltarse una nota, regresó y retomó el tempo. Coltrane tenía un metrónomo interno y era un maestro del ritmo, pero todos podemos encontrar nuestro ritmo propio. Podemos sentir el ascenso y el descenso del indicador de nuestros recursos cognitivos internos. Si le prestamos atención, podemos saber cuándo recargarlos, de modo que no estemos intentando mantener una concentración ininterrumpida que nos lleve a agotarnos. Nuestra resonancia con el ritmo puede ayudarnos a restaurar el equilibrio psicológico, algo de lo que hablaremos más adelante. Tener el control de nuestra atención consiste en ser conscientes del nivel de nuestros recursos y cambiar el estado atencional de uno que los gasta a uno que los repone siempre que sea necesario.

El flujo puede parecer un antídoto en nuestras vidas digitales, pero la verdad es que resulta especialmente difícil encontrar el flujo en el tipo de trabajo al que nos dedicamos la mayoría. Aunque podemos aspirar al flujo, en nuestros entornos de trabajo actuales puede no ser un objetivo realista, o ni siquiera algo a lo que deberíamos aspirar. Lazarowitz, que trabaja durante su jornada contratando y gestionando músicos, tiene una experiencia parecida a la mía y a la de muchos más en cuanto a que la naturaleza de su trabajo facilita o no que entre en flujo. En su ocupación regular como trabajador intelectual puede estar concentrado pero nunca entrar en flujo cuando telefonea a sus clientes, redacta contratos y mantiene bases de datos. Pero por las noches, cuando toca con otros músicos alimentándose mutuamente con las improvisaciones de los demás, puede entrar en flujo. En nuestro uso cotidiano de ordenadores y teléfonos, en lugar de pensar en experimentar ese idílico pero elusivo estado de flujo, que en mis incontables horas de estudio ha resultado ser raro, deberíamos aspirar a alcanzar un equilibrio entre estados atencionales, lo que significa no agotar nuestros recursos cognitivos. Aunque no podamos entrar en flujo, podemos encontrar nuestro ritmo interno.

De modo que ¿cómo alcanzamos un equilibrio cuando estamos con nuestros dispositivos? Podemos apoyarnos en nuestra conexión inherente con el ritmo para mantener un buen nivel en el depósito de recursos cognitivos, alternando entre estar concentrados y otros estados atencionales a lo largo del día. La técnica Pomodoro usa también el concepto del ritmo, al partir el día en segmentos de veinticinco minutos de trabajo y cinco de descanso. Me resulta interesante no haber encontrado ningún estudio académico que haya puesto a prueba esta técnica. Por lo demás, podemos diseñar nuestro propio ritmo basándonos en nuestro sentido de recursos cognitivos, algo de lo que hablaremos más adelante. La atención concentrada es el rey de la utilización de recursos, mientras que la actividad rutinaria y el aburrimiento requieren muchos menos. Aunque podemos considerar la concentración como un estado ideal en el que podemos ser productivos y creativos, la atención rutinaria (e incluso el aburrimiento) es igual de importante y representa un papel crítico en nuestro bienestar. La idea de que una absorción ligera y fácil, o incluso un estado desconcentrado, puede ser buena para nosotros contradice la idea convencional de que solo la concentración profunda merece la pena. Hay momentos en que podemos desconectarnos por completo de los estímulos, y a veces dejar vagar la mente o estar aburridos es justo lo que necesitamos. Podemos mantener nuestra mente ligeramente absorta, como hacía Angelou con su Pequeña Mente. El cambio es parecido a pasar de correr a caminar tranquilamente, lo que sigue manteniéndonos activos y alerta, pero nos da la oportunidad de recuperar la respiración y reponernos. En nuestra vida fuera de los ordenadores y las pantallas de teléfono, sabemos en general cómo buscar el equilibrio. Cuando las personas se aburren, buscan estímulos; si se sienten sobreestimuladas en medio de Times Square, pueden buscar un refugio tranquilo en Central Park.

Todos los estados atencionales tienen valor y propósito a la hora de ayudarnos a alcanzar un equilibrio de recursos cognitivos. No podemos estar experimentando sin cesar un continuo desafío mental durante todo el día usando recursos cognitivos, del mismo modo que no podemos estar levantando pesos sin cesar todo el día usando nuestros recursos físicos. Idealmente, deberíamos tomarnos descansos y dejar nuestros dispositivos, para así reponer los recursos. También tenemos el poder de controlar cómo cambiamos de estado atencional —y podemos intentar aprovechar la necesidad innata de alcanzar un equilibrio interior— para recuperar y reponer los recursos cognitivos, algo que las actividades rutinarias, mecánicas e incluso aburridas pueden conseguir. Aquí es donde podemos aprender a enjaezar nuestra atención dinámica y cinética para alternar intencionadamente y de manera estratégica entre diferentes estados atencionales para alcanzar el equilibrio, seguir siendo productivos y experimentar el bienestar. Pero sucede que no todos los cambios de atención son beneficiosos, como veremos cuando analicemos la multitarea en el capítulo siguiente.

4

Por qué, cómo y cuánto entramos en multitarea

Una mañana, a mediados de la década de 1990, cuando estaba en Alemania, fui a trabajar y encontré a mis compañeros, todos ellos informáticos, apelotonados alrededor de una pantalla de ordenador. Me acerqué para ver qué era ese jaleo. Estaban contemplando Mosaic, un navegador web completamente nuevo que abría una puerta a la World Wide Web. La interfaz mostraba imágenes además de texto, lo que parecía a años luz por delante de los navegadores de texto puro de la época y preparaba el camino para el audio y el vídeo; ello llevó a Bob Metcalfe, cofundador de la empresa Ethernet, a afirmar que «varios millones se dieron cuenta de repente de que Internet podría ser mejor que el sexo» [85]. Aquellos informáticos estaban maravillados, y yo también. En aquel momento no podríamos haber previsto la manera radical en que nuestra vida cambiaría pronto y de tantas formas: nuestras prácticas sociales, nuestro trabajo, nuestro tiempo libre y, especialmente, nuestro comportamiento de atención. Las herramientas que manejábamos llegarían con el tiempo a resultarnos inseparables. En este capítulo analizaré los cambios a lo largo de los años de nuestro comportamiento de atención conforme la tecnología informática ha ido permeando en nuestra vida, incluyendo cómo la base de la capacidad de concentración limitada se cimenta a muy temprana edad.

Soy una yonqui de las noticias, y en aquella época, estas aún no aparecían en formato digital. Mi periódico favorito, *The New York Times*, resultaba bastante caro si había que comprarlo en otro país. Una antigua estudiante me visitó una vez en Alemania y fue tan amable de traerme un ejemplar de la edición dominical que había comprado en París. Para que tengamos una idea de lo que costaba, no quiso decirme el precio pero comentó que debería considerarlo mi regalo de boda. Cuando pocos años después apareció Mosaic, fue algo que me cambió la vida: podía acceder al *New York Times on-line*, que incluía fotografías. Y cambió más aún cuando pude ver incluso noticiarios de televisión de Estados Unidos por vídeo en *streaming,* aunque fuera una imagen del tamaño de un sello del presentador Dan Rather. Lo que comenzó con pequeñas publicaciones diarias de noticias no tardó en convertirse en programas de una hora y, más tarde, actualizaciones al minuto. Empecé a ver las noticias sin parar. Las comunidades *on-line* estaban proliferando también, y de repente pareció que todo el mundo tenía un blog en el que revelaba en profundidad su vida personal en un foro público. ¿Cómo podíamos no participar?

El mundo digital estaba evolucionando y creando las condiciones ideales para una explosión de la multitarea. A menudo oíamos numerosas quejas sobre la multitarea como si fuera un fenómeno nuevo, pero ciertamente no comenzó en la era digital. En su libro *A Prehistory of Ordinary People* (*La prehistoria de la gente corriente*), Monica Smith afirma que la multitarea apareció hace más de 1,5 millones de años, desde que nuestros antepasados bípedos empezaron a fabricar herramientas[86]. Los humanos dependían de la multitarea para sobrevivir, ya que tenían que monitorizar su entorno continuamente. Cazadores y recolectores recogían comida al mismo tiempo que buscaban recursos para fabricar herramientas, vigilaban a los hijos y, por supuesto, estaban atentos a la aparición de depredadores. Mientras mantenían una atención selectiva en la búsqueda de alimento, también escrutaban señales de peligro. Dado que en la actualidad no necesitamos la habilidad de observar continuamente el entorno para sobrevivir, deberíamos ser capaces de concentrarnos profundamente y durante largos periodos de tiempo en la tarea elegida. Y, sin embargo, no es así.

La manera en que las personas deciden cómo utilizar su tiempo cae dentro de un continuo: desde preferir finalizar por completo una tarea antes de empezar otra hasta preferir hacer malabarismos con muchas tareas a la vez (policronía). Un porcentaje muy pequeño de la gente es lo que podríamos llamar «supertareadores», personas que tienen la extraordinaria capacidad de alternar entre tareas sin que la carga cognitiva los afecte demasiado. Esta capacidad se atribuye a un empleo más eficiente de las partes de su red de control atencional, situadas en la región cingulada anterior del cerebro y responsables de detectar conflictos entre objetivos, y la corteza prefrontal frontopolar posterior, que se ocupa de mantener, alternar y actualizar los objetivos [87].

La mayoría de la gente cae en la zona intermedia de este continuo entre la monocronía y la policronía, según un baremo llamado Inventario de Preferencias de Multitarea; el test pide a los participantes que puntúen afirmaciones como «No me gusta tener que alternar mi atención entre muchas tareas» [88]. Usando una escala similar denominada Índice de Actitud Policrónica, Carol Kaufman, de la Universidad de Rutgers, y sus compañeros encuestaron a más de trescientas personas para estudiar las características de los tipos policrónicos [89]. Descubrieron que aquellos participantes con preferencia por el uso policrónico del tiempo, es decir, aquellos a los que les gusta alternar tareas, tenían una educación superior, trabajaban más horas y eran más flexibles a la hora de hacer planes. Un detalle interesante es que ponían más énfasis en la relación con otras personas que en las tareas. A los tipos policrónicos también les afectaba menos que a los monocrónicos lo que se denomina sobrecarga de papeles, la sensación de que tenemos demasiadas cosas que hacer y no bastante tiempo para hacerlas. Pero al final resulta que la mayoría de las personas —incluso aquellas que son monocrónicas o no intensamente policrónicas— trabajan de forma policrónica en realidad, lo que se debe muy probablemente a las exigencias del lugar de trabajo y a la naturaleza de las comunicaciones electrónicas continuas como el *e-mail*, los mensajes de texto y las herramientas como Slack, además de las redes sociales. En la actualidad, por tanto, se produce una grave discordancia en la vida de la mayoría de la gente: los tipos monocrónicos están trabajando con estilos policrónicos, lo que es como intentar encajar piezas cuadradas en agujeros redondos, y esto dificulta su capacidad de obtener el control cognitivo de su propia atención. Como podemos imaginar, los tipos monocrónicos son los que tienden a experimentar la sobrecarga de papeles, pero se ven obligados a alternar entre múltiples tareas intentando no quedarse atrás. Esto es consistente con el hecho de que muchos participantes en nuestros estudios afirman sentirse sobrecargados en el trabajo.

¿Qué es la multitarea?

En general, las actividades no se pueden realizar en paralelo a menos que una o las dos exijan pocos recursos atencionales o ninguno, como lo que comentamos anteriormente de hablar por teléfono mientras caminamos. Pero si estamos hablando por teléfono e intentando contestar *e-mails*, lo cierto es que no hacemos esas dos cosas simultáneamente. Lo que hacemos, en realidad, es alternar con rapidez nuestra atención entre ellas. En la multitarea, la mente asigna atención alternadamente a diferentes fuentes. El cambio entre actividades puede ser activado por un estímulo externo, como una notificación de *e-mail*, o por algo interno, como recordar algo.

Es casi seguro que hemos tenido alguna vez la experiencia de estar en una fiesta abarrotada, oír nuestro nombre mencionado al otro lado de la sala y desviar de repente la atención para escuchar lo que está diciendo esa persona, a la vez que ignoramos a las que tenemos al lado. Este es el «fenómeno del cóctel», llamado así por Colin Cherry en 1953 [90], un ejemplo de cómo nuestra atención puede activarse con rapidez para atender a otra cosa. En una ocasión me di cuenta de que tenía programadas dos reuniones importantes por teleconferencia a la vez. Estaba demasiado avergonzada para cancelar una de ellas en el último minuto, de modo que me senté con dos auriculares diferentes, uno en cada oreja; uno conectado al ordenador y, el otro, al teléfono. Estuve alternando mi atención entre las dos teleconferencias. Cuando de vez en cuando me pedían mi opinión, la mención de mi nombre captaba mi atención, tal como ocurre en el fenómeno del cóctel. En cada una de esas ocasiones me encogía y tenía que pedirle a mi interlocutor que repitiera la pregunta. Que yo sepa, nadie se dio cuenta de que estaba participando en dos reuniones, pero incluso así, realizar dos tareas que exigen un esfuerzo de procesamiento controlado es algo que a los humanos no nos es posible hacer bien.

Apartar la atención de una tarea difícil puede ser beneficioso a veces. Pasar a una nueva actividad puede sacarnos de un marco mental negativo o puede servir para refrescar los recursos cognitivos. Dejar en incubación una tarea irresoluble puede llevarnos a nuevos pensamientos que nos permitan encontrar la solución. Por otro lado, un exceso de cambio de tareas a un ritmo elevado, donde nos obligamos continuamente a reenfocar la atención, es a menudo dañino debido a las disminuciones de tiempo y rendimiento, y ello lleva al estrés. Sé que mi rendimiento en aquellas teleconferencias fue excepcionalmente malo, a pesar de que conseguí salir del paso.

Multitarea desde dos perspectivas

¿Cómo piensa la gente sobre alternar la atención entre diferentes actividades? En nuestros estudios, a veces alguien nos menciona el cambio de la atención de un proyecto a otro, por ejemplo, cuando deja de trabajar en su proyecto de reestructuración departamental para ponerse con el proyecto de salud mental. Pero a veces nos describen su cambio de atención con detalles mucho más específicos, como cuando dejan de redactar un documento para enviar un *e-mail* a su supervisor. La gente considera su multitarea de manera flexible, viéndola a diferentes escalas, a veces desde una perspectiva amplia en términos de cambio de atención entre distintos proyectos y a veces haciendo zoom sobre el cambio de atención entre pequeños detalles. Estas diferentes perspectivas pueden proporcionarnos una comprensión más holística sobre nuestro comportamiento atencional.

Podemos hacer una analogía con el uso de Google Maps. Si estoy planeando un viaje de Los Ángeles a Boulder, puedo mirar el viaje a diferentes niveles de granularidad. Puedo extender la imagen y observar el mapa entero de Estados Unidos, contemplando el viaje a gran escala más o menos como una diagonal en dirección norte-nordeste que cruza California, luego el sur de Nevada, pasa por el centro de Utah y después entra en Colorado y se dirige hacia Boulder. Pero también puedo hacer zoom y ver las autopistas individuales, las pequeñas ciudades y los parques nacionales por los que pasaré. Con la multitarea, podemos ampliar la perspectiva para examinar cómo las personas alternan entre proyectos (o lo que prefiero denominar «esferas de trabajo»), tales como escribir un artículo de investigación o preparar una propuesta. Pero también podemos hacer zoom y cambiar la perspectiva para considerar cómo la gente alterna su atención entre operaciones de bajo nivel, como escribir un mensaje de texto, leer una publicación en redes sociales o responder un *e-mail*. Ambas perspectivas proporcionan información valiosa sobre la naturaleza de la multitarea.

Recordemos que la atención está orientada a objetivos, y cuando cambiamos la perspectiva de una imagen amplia a los detalles sutiles de nuestras tareas, también alteramos los objetivos de los de alto nivel a los de bajo nivel. Cuando trabajo, me encuentro alternando continuamente entre objetivos de alto y bajo nivel, por ejemplo, del de alto nivel de terminar un artículo al de bajo nivel de hacer una llamada telefónica que tenía pendiente.

La creación de laboratorios vivientes

Tras convertirme en académica y darme cuenta de en qué medida mi propia atención estaba fragmentada, estaba decidida a averiguar hasta qué punto se extendía esa experiencia. Los psicólogos saben cómo medir los cambios de atención en entornos controlados de laboratorio, usando equipo para medir los tiempos de reacción, pero ¿cómo medimos los cambios de atención en un entorno del mundo real en el transcurso del trabajo real de la gente? El estudio de las personas en laboratorio puede proporcionar información valiosa, pero no es posible modelar todos los detalles que experimentamos en la vida real: las presiones cotidianas, los conflictos con los compañeros, las trayectorias profesionales, las cosas que nos hacen reír. Para entender realmente cómo las personas usan la tecnología y cómo les afecta, tenía que ir adonde estuviera la gente cada día. Necesitaba ser capaz de medir cómo usaban y reaccionaban a la tecnología *in situ*, para recopilar detalles sin interferir con su vida normal. Tenía que crear laboratorios vivientes.

Esto era un desafío, pero junto a mi estudiante de posgrado Victor González, obtuvimos inspiración del trabajo de Frederick Taylor, quien a principios del siglo XX se convirtió en uno de los primeros consultores de gestión. Nacido en 1856, comenzó su carrera como obrero en un taller y más tarde progresó hasta convertirse en consultor de ingeniería; ahí desarrolló y publicó su técnica de observación científica en el trabajo, que llegó a ser conocida como taylorismo [91]. Taylor cronometraba la duración de las actividades de la gente y buscaba formas de mejorar su eficiencia, con detalles como, por ejemplo, encontrar el tamaño óptimo de una pala para el carbón. No soporto la idea de que el trabajo de Taylor estaba diseñado para exprimir hasta el último segundo productivo de los obreros, pero descubrimos que este método es útil con fines de investigación. Seguimos de cerca a sujetos en un amplio abanico de profesiones intelectuales y lugares de trabajo, y usamos cronómetros para medir con precisión cuánto tiempo dedicaban a una actividad antes de pasar a otra. Quiero recalcar que no pretendíamos optimizar su trabajo, tal como hacía Taylor, sino solo observarlo. Por ejemplo, cuando una persona abría el cliente de correo, pulsábamos el cronómetro y anotábamos la hora de comienzo. Cuando la persona se apartaba del *e-mail* y descolgaba el teléfono, anotábamos la hora de interrupción del *e-mail* y anotábamos la hora del inicio de la conversación telefónica. Fue un proceso laborioso pero preciso y también fascinante, lo que desconcertaba a los participantes; uno de ellos se volvió hacia mí y comentó: «Es como mirar cómo se seca la pintura, ¿no?». También tomamos nota de todos los detalles posibles sobre el trabajo, como las aplicaciones y los documentos que usaba la gente, e incluso con qué compañeros interactuaban. Era posible que los participantes se sintieran inhibidos al principio y se comportaran de forma diferente al ser observados, de modo que descartamos las observaciones de las primeras horas. Pronto, sin embargo, se fueron acostumbrando a nuestra presencia, y además pasaba algo más importante: tenían que reaccionar a las exigencias de su trabajo, lo que se sobrepuso a cualquier cambio en su comportamiento que pudieran haber realizado inicialmente.

Tras recolectar laboriosamente estos datos, mi estudiante y yo descubrimos que las personas, en su lugar de trabajo, dedicaban por término medio solo tres minutos y cinco segundos a cualquier suceso de bajo nivel, dentro o fuera de las pantallas, antes de pasar al siguiente[92]. Esto incluía las interacciones con los compañeros. Pero si solo teníamos en cuenta el comportamiento de atención ante el ordenador, descubrimos que la gente alterna su atención cada dos minutos y treinta segundos, por término medio. El cambio de atención en todas las actividades cada tres minutos y el cambio en las actividades en el ordenador cada dos minutos y medio parecían incomprensibles en aquel momento. Pero eso no era nada comparado con lo que se iba a descubrir en la siguiente década y media.

Nuestra capacidad de atención está disminuyendo con el tiempo

Seguir de cerca a las personas armados con un cronómetro era agotador, y sabía que tenía que haber una manera más eficiente de recopilar datos fuera del laboratorio. Afortunadamente, mi interés por comprender el comportamiento humano en la vida real coincidió con una revolución en el desarrollo de la tecnología de sensores. Eran innovaciones sofisticadas y emocionantes: nuevos sensores como los monitores de frecuencia cardíaca sujetos al pecho con cintas y, más tarde, en las muñecas, podían medir el estrés. Con sensores actígrafos, que miden la actividad física, podíamos ver cuánto se movía la gente por su lugar de trabajo. Los aparatos portables también podían medir el sueño. Nuevos métodos de registro informático podían grabar con precisión cuánto tiempo permanecía fijada en la pantalla la atención de una persona y cuándo alternaba entre aplicaciones, sitios web y pantallas de ordenador. La duración del periodo dedicado a la pantalla de un ordenador o un teléfono sirve como representación de cuánto tiempo está concentrada la atención en esa pantalla. Cuando una persona cambia de pantalla, está realizando un desplazamiento cognitivo para concentrar su atención en algo distinto.

A continuación, podemos sincronizar todas estas mediciones distintas recopiladas en el laboratorio viviente basándonos en etiquetas temporales precisas, y crear una imagen holística de cómo las personas usan la tecnología en sus entornos de trabajo reales. Estos nuevos métodos eran no intrusivos: los sujetos podían trabajar sin tener al lado a un investigador observando. Lo mejor de todo es que estas mediciones eran objetivas y exactas, con precisión de un segundo.

El seguimiento de precisión era una nueva frontera en la medición del comportamiento. Los participantes eran totalmente conscientes de que se estaba midiendo su comportamiento; todos nuestros estudios fueron aprobados por la comisión de revisión de los sujetos humanos, todos los participantes habían firmado formularios de consentimiento, los datos se almacenaban anónimamente y los sujetos podían abandonar el estudio cuando quisieran sin sufrir penalizaciones (nadie lo abandonó). Los participantes consintieron en que su actividad en el ordenador fuera registrada, y nosotros no grabábamos ningún contenido; solo recolectábamos etiquetas temporales de las aplicaciones que usaban y las URL que visitaban. Con la excepción de un puñado de participantes que no cumplieron del todo (por ejemplo, no llevaron todo el día los medidores de frecuencia cardíaca o no recargaron los dispositivos), la mayoría de ellos participó plenamente.

Cuarenta y siete segundos de atención

Para entender cómo la capacidad de atención de la gente ha cambiado con el ascenso de la informática, he estado siguiendo la pista a la atención de las personas durante años, utilizando técnicas de registro informáticas cada vez más sofisticadas y menos intrusivas. He estudiado un amplio abanico de participantes, todos ellos trabajadores intelectuales, pero dedicados a diferentes oficios y en distintos lugares de trabajo. La mayoría estaba en el rango de los veinticinco a los cincuenta años, pero también he investigado con estudiantes universitarios más jóvenes. Nuestras observaciones duraban de varios días a varias semanas. Cada estudio reunía miles de horas de observación.

Los resultados de este seguimiento de la atención muestran que la duración media de la atención a una pantalla antes de cambiar a otra ha ido disminuyendo con los años (ver figura 1). En 2004, en el primero de los estudios, descubrimos que la media era de ciento cincuenta segundos (dos minutos y medio) ante una pantalla de ordenador antes de desviar la atención a otra; en 2012, la media había bajado a los setenta y cinco segundos antes de cambiar. En los años posteriores, de 2016 a 2021, la media de tiempo ante una pantalla antes de cambiar a otra fue relativamente consistente entre los cuarenta y cinco y los cincuenta segundos. Otros investigadores han replicado nuestros resultados, también los de conexión al ordenador. André Meyer y sus compañeros de Microsoft Research descubrieron que la capacidad de atención media de veinte desarrolladores de *software* a lo largo de once jornadas laborales era de cincuenta segundos[93]. Para su disertación, mi estudiante Fatema Akbar encontró que la capacidad de atención media de cincuenta oficinistas dedicados a distintos trabajos a lo largo de periodos de tres o cuatro semanas fue de unos escasos cuarenta y cuatro segundos[94]. En otras palabras: en los últimos años, cada día y todos los días en el trabajo, la gente alterna su atención ante las pantallas de ordenador cada cuarenta y cinco segundos, por término medio. De hecho, en 2016 descubrimos que la mediana de la duración de la capacidad de atención era de cuarenta segundos[95]. Esto significa que la mitad de las observaciones de la duración de la atención ante cualquier pantalla era *menor* de cuarenta segundos.

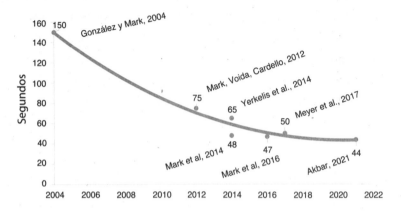

Figura 1. Duración media de la atención ante una pantalla de
ordenador, 2004-2021[96].

El *e-mail*, al que muchos de los participantes se referían como la pesadilla de sus vidas digitales, muestra un aumento con los años de su duración en conjunto. El tiempo pasado utilizando el *e-mail* saltó de una media de cuarenta y siete minutos al día en 2004 a ochenta y tres minutos al día en 2016. Esta estadística no tiene en cuenta otras herramientas de comunicación como Slack, de modo que podemos imaginar que se pasa incluso más tiempo al día intercambiando mensajes con los compañeros (probablemente con pequeños estallidos de atención debido a la naturaleza de los mensajes de texto). En el capítulo siguiente mostraré el efecto que tiene el *e-mail* en el estrés.

Así, nuestra capacidad de atención individual con las tecnologías personales se está haciendo, por término medio, significativamente más breve con el tiempo. Estos resultados aparecen en todo tipo de trabajos: gerentes, auxiliares administrativos, analistas financieros, técnicos, investigadores, desarrolladores de *software* y otros. Pero junto a esta reducción de la capacidad de concentración suceden también otros tipos de cambios: en las relaciones sociales, las influencias ambientales, los hábitos individuales y los comportamientos sedentarios de la gente (de los que hablaré en breve), todo ello a la par con el rápido ascenso del uso de la tecnología. Si observamos retrospectivamente los últimos quince años, no solo era ya breve la capacidad de atención cuando empecé a estudiar este fenómeno, sino que ha seguido acortándose con el tiempo.

Modo de trabajo y modo de distracción

¿Qué pensaban nuestros participantes sobre su comportamiento atencional? Describían razones comunes para su rápido cambio entre tareas: costumbre, aburrimiento, sentirse abrumados por una tarea, un impulso de contactar con compañeros y amigos, evitar hacer algo que no les apetecía, y otros motivos. A menudo, hablaban de alternar del modo de trabajo al modo de distracción: una persona llegó a describir la situación como tener dos identidades. En uno de los estudios, un *millennial* que ponía música en YouTube mientras trabajaba explicó que estaba acostumbrado a alternar continuamente la atención entre el trabajo y la letra de las canciones. A otra persona le gustaba denominar sus frecuentes entradas a las redes sociales como «dar un picoteo». Muchos participantes describían el momento en que su atención se desviaba del trabajo y perdían la noción del tiempo como entrar en «la madriguera del conejo» o en un «túnel»; estos caían en una trampa de atención. Una participante, Helen, comentó lo difícil que era «salir de esa zona».

Chloe, una investigadora treintañera que trabaja en una empresa tecnológica, explicaba lo muy a menudo que su atención se dispersaba cuando estaba ante el ordenador. Decía que la más mínima incitación a pensar en algo que no fuera «la fría realidad del trabajo» la impulsaba a buscar esa idea en la web. Navegar por la web y saltar de un enlace a otro le resulta estimulante y llena un vacío en su vida laboral. Ella justifica este cambio de atención como algo productivo, ya que aprende cosas nuevas. Aun así, como muchos de los participantes, a menudo se siente culpable cuando se da cuenta del tiempo que ha perdido en actividades no relacionadas con el trabajo.

Otro participante, Ron, un desarrollador de *software* de poco más de cuarenta años, es una persona «de tarde», y su mayor rendimiento tiene lugar entre las 2 p. m. y las 9 p. m. Sin embargo, su trabajo es de nueve a cinco. Dado que las mañanas no son su pico de rendimiento, le cuesta más trabajo mantener la concentración durante esas horas tempranas, y es más susceptible a desviar rápidamente su atención. Describe sus mañanas como rondas entre sitios web, Twitter, sitios de noticias y otras redes sociales.

Steve, otro cuarentañero que trabaja como analista para la misma empresa, dice que tiene muy poco autocontrol cuando utiliza sus dispositivos. De forma parecida a Chloe, cuando se encuentra con un problema difícil en el trabajo tiende a desviar la atención: juega a algún juego simple o publica en las redes sociales, lo que le permite sentir que está logrando algo sencillo. Steve también se siente culpable cuando se da cuenta de que ha pasado demasiado tiempo con actividades no laborales.

Al igual que muchos participantes, Steve describe su comportamiento de cambio de atención como «inconsciente». De hecho, algo que escuchamos con frecuencia de los participantes en el estudio es que no son conscientes de que entran en un modo de desvíos rápidos de su atención, hasta que llegados a cierto punto se dan cuenta de que llevan algún tiempo haciéndolo. Este tipo de cambio de atención inconsciente contrasta con el concepto de William James de la atención volitiva, en la que tenemos el control.

Los cambios rápidos de atención repercuten en nuestra capacidad de procesar información. Lo que estábamos mirando precisamente puede interferir con lo que estamos mirando en este momento, y se convierte en lo que la investigadora Sophie Leroy denomina residuo de atención [97], especialmente si el contenido actual no nos atrae. Las emociones pueden dejar también un residuo, y una reacción emocional, por ejemplo, una punzada de tristeza al leer una noticia trágica en Twitter puede mantenerse si en ese momento pasamos la atención a una aplicación de trabajo. Los residuos atencionales y emocionales hacen que sea más difícil todavía concentrar la atención.

Capacidad de atención decreciente y comportamiento sedentario creciente

Otro de los cambios sorprendentes que van a la par con la disminución de la capacidad de atención es que la gente pasa más tiempo en su mesa de trabajo y se vuelve más sedentaria con el tiempo (ver figura 2). Estudios tempranos sobre cómo pasan su tiempo en el lugar de trabajo los trabajadores intelectuales (en estos estudios, los investigadores anotaban el tiempo mirando relojes y no usando cronómetros), realizados entre mediados de la década de 1960 y mediada la de 1980, antes del auge del *e-mail*, descubrieron que las personas pasaban por término medio solo entre un 28 y un 35 % de su jornada en su mesa de trabajo [98, 99, 100]. El resto del tiempo lo pasaban en reuniones programadas o informales. En 2004, cuando el uso de Internet y *e-mail* ya había crecido vertiginosamente, descubrimos que nuestros participantes pasaban una media del 52 % de la jornada en su mesa de trabajo (con el ordenador y el teléfono), bastante más que en los estudios anteriores [101]. En un estudio de 2019 en el que recogimos datos de 603 personas durante un año entero, usando rastreadores de muñeca para detectar la actividad ambulante y pequeños transmisores *wireless* para detectar su situación en las oficinas, descubrimos que los empleados pasaban casi un 90 % de su tiempo en su mesa [102].

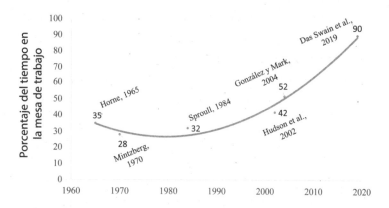

Figura 2. Porcentaje del tiempo transcurrido en la mesa de trabajo, 1965-2019. El estudio del trabajo de despacho en González y Mark (2004) incluye uso del teléfono fijo y el teléfono móvil. Los estudios entre 1965 y 1984 fueron realizados antes de la aparición del e-mail en esos lugares de trabajo [103].

Por supuesto, no podemos afirmar que el ascenso del *e-mail* y de Internet *causen* el aumento del tiempo pasado en la mesa de trabajo y del comportamiento más sedentario. Pero encontramos que ocurría algo más, que quizá podría proporcionar alguna pista sobre lo que estaba sucediendo: con el paso de los años, la gente también pasaba menos tiempo en reuniones programadas formales, cara a cara (estos estudios se realizaron antes de la pandemia), en las que las personas acudían a una sala de reuniones o al despacho de alguien para verse. En el periodo de 1965 a 1984, los trabajadores intelectuales pasaban un 34 % de su jornada en ese tipo de reuniones cara a cara, pero en 2004 descubrimos que el tiempo había disminuido hasta una media del 14 % [104]. ¿Cómo se podía interpretar este cambio? Podríamos inferir de los datos que buena parte del trabajo que antes se realizaba en reuniones cara a cara, en la actualidad se estaba haciendo por teléfono o mediante el ordenador, ya fuera vía *e-mail*, mensajes de texto o videoconferencia. Al pasar más tiempo delante del ordenador surgían más oportunidades de desviar la atención por la pantalla. Pero, además, al realizar más reuniones utilizando el ordenador, especialmente como hemos visto durante la pandemia con las reuniones por Zoom, también existe un tiempo de transición menor entre el trabajo y la reunión, y entre una reunión *on-line* y la siguiente. (Por supuesto, la gente puede, además, realizar multitarea, respondiendo *e-mails* o navegando por la web mientras participa en una reunión *on-line*). El pequeño paseo hasta la sala de conferencias permitía realizar al menos un poco de movimiento y daba un respiro mental para desconectar de la última actividad realizada y prepararse para la siguiente. Ahora, estamos perdiendo la capacidad de recuperar el aliento entre reuniones. Volví a pensar en mi época en Alemania, cuando de hecho dábamos largos paseos después de comer, y cómo aquello nos proporcionaba un agradable descanso y servía de transición antes de empezar el trabajo de la tarde.

Alternar la atención entre esferas de trabajo

Descubrimos que, en los últimos años, la capacidad de atención ante cualquier pantalla ha alcanzado un estado uniforme de alrededor de cuarenta y siete segundos. Pero ¿sería posible que alternar entre sucesos de bajo nivel no sea tan malo si todos ellos entran dentro de la misma esfera de trabajo, por ejemplo, si todos tienen que ver con el mismo proyecto? Como académica, cuando trabajo en un artículo estoy alternando constantemente mi atención entre escribir, usar *e-mail* o Slack, buscar información en la web, reunirme por Zoom, hablar con compañeros y realizar análisis. Sin embargo, a través de todo ello estoy usando típicamente una perspectiva de alto nivel, pensando en la esfera de trabajo incluso a pesar de que esté alternando mi atención entre operaciones de bajo nivel dentro de aquella. Siempre que los cambios de atención tengan que ver con la misma esfera de trabajo, podría ser que la alternancia no resulte tan problemática, ¿no?

En otro estudio en lugares de trabajo, mi estudiante de posgrado Victor González y yo observamos los cambios de atención entre esferas de trabajo [105]. En el estudio descubrimos que las personas manejan una media ligeramente por encima de doce esferas de trabajo al día. De hecho, mi propia cantidad de esferas de trabajo parece rondar alrededor de esta cifra. También descubrimos que no solo el tiempo dedicado a cualquier operación de bajo nivel es corto, sino que la media de la duración del tiempo utilizado en una esfera de trabajo es también corta (diez minutos y veintinueve segundos) antes de que las personas pasen a una esfera de trabajo diferente. En otras palabras: los días de la gente se caracterizan por desplazamientos de la atención entre esferas de trabajo cada diez minutos y medio. Pero si nos enfocamos y analizamos este comportamiento más de cerca, vemos, por supuesto, que su atención a las operaciones más pequeñas (como usar *e-mail*) es incluso más breve.

Pero tengamos en cuenta que no todas las interrupciones son iguales. Consideremos, por ejemplo, que el que alguien nos interrumpa para que firmemos un documento no distrae demasiado. Otras interrupciones causan una perturbación mayor: imaginemos que un compañero nos pide ayuda para resolver un problema de planificación. De modo que decidimos dejar al margen los datos que consideramos como sucesos de dos minutos o menos, que no causarían mucha perturbación, y conectamos los datos a lo largo del tiempo como si esas breves interrupciones no hubieran tenido lugar. Sorprendentemente, descubrimos que la gente seguía pasando por término medio solo doce minutos y dieciocho segundos en una esfera de trabajo antes de cambiar a otra. En otras palabras: cada doce minutos, aproximadamente, la gente se enfrentaba a una perturbación significativa que duraba dos minutos o más.

Esto no es bueno. Necesitamos tiempo para concentrar los procesos cognitivamente exigentes que nos hacen falta para cada tarea. Cada vez que alternamos entre esferas de trabajo (o, incluso, entre sucesos de bajo nivel, para el caso), necesitamos acceso al conocimiento de esa tarea almacenado en nuestra memoria a largo plazo, lo que consume recursos cognitivos. Si ha transcurrido algún tiempo desde que accedimos a una esfera de trabajo, nos harán falta más recursos para recuperar o desarrollar un esquema de esa tarea, incluso si solo trabajamos en una pequeña parte de ella, como escribir un *e-mail*[106]. Si retomo un artículo que dejé a un lado durante algún tiempo, necesito aplicar un montón de esfuerzo para recuperar mi comprensión de lo que ya llevaba escrito y de cuáles deben ser los siguientes pasos. Incluso si estamos concentrados en una esfera de trabajo en curso, después de hacer algo diferente seguimos necesitando recuperar el esquema de la memoria a largo plazo. Hacen falta unos cuantos recursos cognitivos para ponerse al día, ya que necesitamos reconstruir el estado exacto del trabajo incompleto. Si consideramos lo muy a menudo que las personas tienen que cambiar su atención, y también el esfuerzo necesario para volver a una tarea interrumpida, no es de extrañar que nuestros recursos cognitivos se agoten.

Reanudación del trabajo interrumpido

¿Qué ocurre cuando se interrumpe a una persona? ¿Cuánto tiempo hace falta para reanudar el trabajo en la tarea interrumpida? Respecto a esto hay buenas y malas noticias. Primero la buena: un 77,2 % de las esferas de trabajo interrumpidas se reanudan en la misma jornada. Pero la mala es que a la gente le lleva una media de veinticinco minutos y veintiséis segundos volver a trabajar en la esfera de trabajo interrumpida. Y hay otra realmente mala: cuando se interrumpe a una persona, esta no se limita simplemente a atender la nueva tarea y a continuación volver de inmediato a la original, la que fue interrumpida. Por término medio, la gente se mueve por 2,26 esferas de trabajo interpuestas antes de volver a la original [107]. La figura 3 muestra este patrón general a lo largo de la jornada. Esto quiere decir que las personas están trabajando en una esfera, entonces cambian a otra, luego a otra más, y de nuevo a otra antes de volver por fin a la esfera de trabajo original interrumpida. Estos cambios pueden deberse a interrupciones externas (por ejemplo, una llamada telefónica) o surgir del propio individuo, algo que analizaremos con más detalle en el capítulo siguiente. Recordemos que cada vez que una persona cambia de tarea debe recuperar el esquema de la memoria a largo plazo, y esto aumenta la carga cognitiva. También se va acumulando tensión al dejar tareas inacabadas, lo que aumenta el estrés, algo de lo que también hablaremos en el capítulo siguiente.

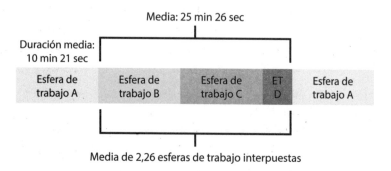

Figura 3. Patrones de alternancia entre esferas de trabajo de trabajadores intelectuales a lo largo de la jornada.

Multitarea, estrés y rendimiento

Algunas personas pueden creer que la multitarea beneficia su productividad. Sin embargo, las pruebas han demostrado desde hace mucho tiempo lo contrario: la productividad sufre cuando la gente trabaja en modo multitarea. Hace casi cien años, en 1927, el psicólogo infantil estadounidense Arthur T. Jersild demostró que cuando la gente trabaja en modo multitarea, el rendimiento se ralentiza. Jersild estudió esto para entender cómo los jóvenes se adaptan a situaciones complejas.

En un experimento específico, quiso ver qué ocurría cuando las personas realizan un «cambio» mental de un elemento de una tarea a otro. Dio a niños (de grados seis a ocho de enseñanza básica) y a estudiantes universitarios una lista de números y les pidió que restaran tres de cada número. A continuación, les dio una lista de palabras y les pidió que nombraran la palabra opuesta (por ejemplo, decir *frío* cuando les mostraba la palabra *caliente*). Jersild descubrió que cuando los números y las palabras estaban intercalados, y los participantes tenían que alternar entre operaciones numéricas y textuales, aparecía un coste por la alternancia[108]. A los niños les llevaba más tiempo realizar el ejercicio que a los universitarios, pero en todas las edades aparecía el mismo coste por la alternancia. Pensar en una tarea mientras se está realizando otra aumenta la carga mental porque la gente está usando recursos cognitivos adicionales, no solo para realizar la tarea en curso sino para conservar en mente la otra[109].

En un estudio más reciente, se les daban a los participantes varias tareas y podían alternar entre ellas a voluntad. Cuanto mayor fuera la frecuencia de cambio, peor era el rendimiento en la tarea principal[110]. El resultado de que las personas rinden peor cuando realizan multitarea se ha encontrado una y otra vez en los estudios de laboratorio: tardan más tiempo en completar las tareas y cometen más errores[111]. El mal rendimiento se ha encontrado también en los estudios en el mundo real. Por ejemplo, cuando realizan multitarea, los médicos cometen más errores en las prescripciones [112], y los pilotos cometen más errores en vuelo [113]. Todos hemos experimentado cómo la multitarea afecta a nuestro rendimiento incluso estando en casa. Imaginemos que estamos cocinando, enviando mensajes de texto e intentando evitar que los niños se peleen.

Otro coste de la multitarea es el ya mencionado residuo de atención de la tarea previa, que interfiere con la actual [114], del mismo modo que beber vino tinto interfiere en nuestro paladar con el sabor de un delicado lenguado de Dover. De hecho, descubrimos que, en el trabajo en el mundo real, cuantos más cambios de atención realiza una persona, menor es la productividad medida al final del día [115].

Pero no solo sufre la productividad. Los estudios de laboratorio muestran de forma consistente que la multitarea está asociada a un estrés mayor. La multitarea lleva a una disminución de reactividad de la secreción de inmunoglobulina A, un indicador del estrés [116]; a un aumento de la carga de trabajo mental percibida, medida según la escala del Índice de Carga de Trabajo de la NASA (NASA-TLX) [117], y a una mayor tensión sanguínea sistólica y diastólica [118]. Los resultados obtenidos en entornos del mundo real son consistentes con lo que han descubierto los estudios de laboratorio: una mayor multitarea tiene una correlación positiva con una mayor autopercepción del estrés [119]. De hecho, cuanto más rápidos son los cambios de atención entre dispositivos, mayor es el estrés, como hemos descubierto en nuestros propios estudios usando monitores de frecuencia cardíaca fuera del laboratorio [120, 121].

Niños pequeños, generación Z y multitarea

Los cimientos para la multitarea se colocan a las edades más tempranas. Los niños de dos a cuatro años ya pasan por término medio dos horas y media al día con pantallas, y no tarda en subir a una media de tres horas y cinco minutos para las edades entre cinco y ocho años. Aunque la mayor parte de ese tiempo de pantalla consiste en mirar la televisión y YouTube, los niños entre los cinco y ocho años pasan unos cuarenta minutos al día con videojuegos [122]. Aún no sabemos cuáles son los tiempos de atención de los niños cuando miran YouTube (por ejemplo), pero por los estudios de laboratorio sabemos que los niños pequeños son más susceptibles a la distracción que los mayores, y que cuando se distraen, les cuesta más trabajo volver a concentrarse en el objeto original [123]. La exposición a tantos medios digitales a edades tan tempranas acostumbra a los niños a pensar que pasar largos periodos delante de una pantalla de algún tipo es un comportamiento normal.

Algo que debe preocuparnos sobre que los niños muy pequeños usen tanto los medios digitales es que el autocontrol y la función ejecutiva aún no han madurado. Estas funciones se desarrollan durante la infancia, y alcanzan una capacidad similar a la de los adultos a los diez años de edad [124]. Quizá el autocontrol de un niño pueda no tener mucha importancia mientras mira un vídeo en YouTube, pero sí es importante en el trabajo en la escuela, ya que cada vez más enseñanza se imparte digitalmente. Durante la pandemia, en 2020, la enseñanza *on-line* fue prácticamente ubicua, e incluso ahora se está volviendo más habitual. El autocontrol es una capacidad necesaria para aprender *on-line*, ser capaces de buscar información, resolver problemas de matemáticas y leer y escribir *on-line* sin distraernos. A los adultos ya les cuesta bastante resistir los impulsos de la distracción, pero los niños están siendo arrojados a un mundo digital antes de que ciertas funciones mentales críticas se hayan desarrollado lo suficiente para ser capaces de afrontar el desafío. Entretanto, los niños están pasando cada vez más horas ante ordenadores y teléfonos, entornos que no son apropiados para desarrollar capacidades de atención sostenida.

Las redes sociales también establecen un escenario para que los jóvenes entren en multitarea. Aunque se ha escrito mucho sobre los peligros potenciales de las redes sociales para los jóvenes (por ejemplo, sobre el ciberacoso o la influencia de comportamientos dañinos [125]), también representan un papel importante para los adolescentes en desarrollo: los ayuda a conectar socialmente con otros y les permite explorar diferentes aspectos de su identidad. Los jóvenes construyen sus propios patrones de uso de redes sociales ajustándolos a sus necesidades crecientes. Los miembros de la generación Z son usuarios prolíficos de las redes sociales: en el momento en que escribo esto, el 85 % de los jóvenes entre trece y diecisiete años usa YouTube, el 72 % usa Instagram y el 69 % usa Snapchat [126]. El uso de las redes sociales no se desvanece con el aumento de edad, y en el grupo de los dieciocho a los veintinueve años, el 84 % usa un amplio abanico de redes sociales. Durante la pandemia, el uso de TikTok creció un 180 % en ese grupo de edad [127], comprobándose que lo empleaba un 55 % de los jóvenes [128]. Un mayor número de plataformas de redes sociales significa mayores oportunidades para la multitarea. En un estudio en el que hicimos un seguimiento del uso de ordenadores y teléfonos entre estudiantes universitarios durante todas sus horas de vigilia, descubrimos que por término medio comprobaban sus redes sociales 118 veces al día [129]. Los que las comprobaban con más frecuencia (el cuarto superior de nuestra muestra) entraban en redes sociales una media de 237 veces diarias, una frecuencia aproximadamente seis veces mayor que los que las comprobaban menos (el cuarto inferior de la muestra, que tenía una media de 39 veces al día). De hecho, en nuestros estudios, y al igual que ocurrió con los adultos de más edad, descubrimos que los estudiantes universitarios tenían una capacidad de atención corta, con una media de cuarenta y ocho segundos ante una pantalla de ordenador o de teléfono antes de cambiar la atención. Los diez mayores «multitareadores» de nuestra muestra alternaban su atención cada veintinueve segundos, y los diez menores, cada setenta y cinco segundos, lo que no deja de asombrarme. Cuanto más rápidamente cambian los estudiantes su atención, mayor es su estrés medido [130].

Los jóvenes usan habitualmente dos o más tipos diferentes de medios al mismo tiempo, por ejemplo, escribir mensajes de textos mientras hacen los deberes *on-line*; esto se conoce como multitarea de medios. En un estudio de laboratorio se descubrió que quienes practican una multitarea de medios intensa tienen más dificultad para filtrar información no relevante para su tarea [131]. Dicho de forma sencilla: estos individuos están acostumbrados a alternar un montón su atención y se distraen con más facilidad que otros, incluso cuando no están usando sus dispositivos. La investigadora de comunicaciones Susanne Baumgartner y sus compañeros de la Universidad de Ámsterdam se dispusieron a descubrir qué ocurre con la multitarea de medios a lo largo de un periodo de meses. 2390 adolescentes holandeses rellenaron una encuesta sobre multitarea de medios, en la que se les hacían preguntas como: «Mientras miras la televisión, ¿con qué frecuencia usas redes sociales al mismo tiempo?». Los adolescentes rellenaron también una encuesta sobre varios síntomas asociados a la falta de atención que están asociados, a su vez, con el TDAH según el *DSM-5*, el *Manual diagnóstico y estadístico de los trastornos mentales*. Los investigadores descubrieron que los adolescentes que tenían problemas de atención realizaban mayor multitarea de medios que los que no tenían problemas atencionales. Pero al estudiar los efectos a lo largo de meses, la multitarea de medios tenía efectos adversos en la atención solo en los adolescentes de menos edad, y no en los mayores [132].

¿Pueden aprender los jóvenes a concentrar mejor su atención? Los videojuegos son bastante populares entre los jóvenes, y cuando juegan a juegos de acción como *Monster Hunter Rise*, los jugadores tienen que monitorizar y seguir la pista a un montón de actividad diferente que ocurre al mismo tiempo. Shawn Green y

Daphne Bavelier, de la Universidad de Rochester, se preguntaron si es posible que las personas que juegan a juegos de acción tengan mejores capacidades atencionales [133]. Estos investigadores realizaron experimentos con jóvenes de una media de edad de veintiún años, entre los que había jugadores y no jugadores. En estos experimentos, los participantes tenían que reaccionar tan deprisa como pudieran para identificar formas objetivo (un cuadrado, un rombo) dentro de círculos en una pantalla, ignorando formas colocadas para distraer que aparecían fuera de los círculos. Resultó de hecho que los jugadores eran mejores en estas tareas de selección visual, y podían detectar mejor formas que aparecían tanto en el centro como en los márgenes de la pantalla. Los autores plantearon que los jugadores de videojuegos disponen de más recursos atencionales. Los juegos, por tanto, parecen hacer que las personas sean más aptas cuando usan la atención cinética. ¿Significa esto que los niños y los adolescentes deberían jugar a videojuegos de acción para convertirse en «multitareadores»? Diré que deberíamos tomarnos un momento antes de salir corriendo a comprarles *Deathloop* a los niños. Investigaciones más recientes cuestionan si son realmente los videojuegos los que llevan a tener mejor rendimiento de atención, o si no será más bien que las personas que los juegan tienen capacidades cognitivas innatas que los llevan a preferir jugar a esos juegos [134]. Quizá es que son supertareadores *a priori*. En cualquier caso, si estamos pensando en pasarles videojuegos a los niños, debemos considerar que la cantidad de horas del día es limitada. Dedicarse a los videojuegos significa menos tiempo para estudiar, trabajar e interactuar en la vida real con otros seres humanos. Nuestros hijos (o nosotros) pueden de hecho ganar velocidad al reaccionar a mensajes de texto, pero a todos nos quedará menos tiempo para otras cosas de la vida que tienen más importancia.

Todavía queda mucho por descubrir sobre el comportamiento atencional de los jóvenes con sus dispositivos. Los niños y adolescentes son frágiles; sus procesos atencionales y su capacidad de autocontrol todavía están desarrollándose. Aun así, los niños pequeños obtienen un montón de tiempo de pantalla, a veces incluso animados por los padres, que quizá crean que eso mejorará sus capacidades de lectura y motoras, y la presión social para que la gente joven utilice Instagram, Snapchat, TikTok y muchas redes sociales más es inmensa.

En nuestra cultura digital, la multitarea comienza cuando las personas son muy, muy jóvenes. El mundo policrónico con rápidos cambios de atención se ha convertido en la nueva normalidad. Un participante en un estudio que comentó que su vida es «una locura constante de multitarea» tiene de hecho base para darse cuenta del aumento de su estrés psicológico. Los cambios de atención resultan en que el trabajo se vuelva fragmentado, agotan los recursos cognitivos, son malos para la productividad y pueden llevar a la acumulación de estrés, lo que afecta negativamente a la salud. Un ceramista experto, por la naturaleza de su trabajo, puede ser capaz de trabajar secuencialmente en sus proyectos. Sin embargo, para los trabajadores intelectuales, un estilo monocrónico puede ser un lujo en nuestras vidas profesionales y personales. Habitamos en un mundo que nos exige realizar multitarea, y si no lo hacemos, nos arriesgamos a quedarnos atrás. La multitarea se ha convertido en parte de nuestro estilo de vida moderno, y en el siguiente capítulo profundizaremos en la investigación de otro aspecto de la atención: cómo afectan a nuestra vida las interrupciones.

5

Las consecuencias de las interrupciones constantes

No hace mucho, uno de mis médicos, que sabía de mis investigaciones, me confesó que cuando tenía que redactar una solicitud de subvención, para evitar meterse en Internet compraba un billete de ida y vuelta de California a Washington DC. Decía que la dificultad de tener acceso wifi en el avión le impedía conectarse *on-line*. Le pregunté si no sería más fácil desconectar Internet y quedarse en casa; me estaba imaginando todas las distracciones durante un vuelo: anuncios, gente hablando y moviéndose, bebés llorando… Me dijo que esas cosas no lo distraían ni lo interrumpían, el problema era Internet. Me explicó que no tenía la disciplina necesaria para mantenerse desconectado cuando estaba en casa, pero del mismo modo que hacen los adictos cuando cambian su entorno para eliminar la sustancia problemática y cualquier cosa que se la recuerde, un avión le permitía crear una barrera para entrar en Internet. En su libro *Superficiales* [135], que trata de cómo Internet afecta a nuestra forma de leer y de pensar, Nicholas Carr mencionaba también a un médico (dudo que fuera el mismo) que decía que le era más fácil concentrarse en un avión. El tirón psicológico de las distracciones de Internet es tan fuerte que estos médicos optaban por trabajar a centenares de metros sobre el suelo.

El coste de las interrupciones está bien documentado. Martin Luther King Jr. se lamentaba de ellas cuando hablaba de «ese encantador poema que no fue escrito porque alguien llamó a la puerta»[136]. Quizá el ejemplo literario más famoso se produjo en 1797, cuando Samuel Taylor Coleridge empezaba a escribir su poema «Kubla Khan» a partir de un sueño que había tenido y lo interrumpió un visitante. Para Coleridge, la casualidad hizo que la interrupción llegara en un momento especialmente malo[137]. Olvidó su inspiración y la obra quedó inacabada. Aunque existen numerosos casos documentados de interrupciones que han tenido repercusiones en profesiones donde hay mucho en juego, como en los casos de médicos, enfermeras, operadores de salas de control, agentes de bolsa y pilotos, también nos afectan a la mayoría en nuestra vida cotidiana. La productividad laboral sufre debido a las interrupciones[138], y el golpe de gracia, como ocurre con la multitarea, es que en general inducen estrés.

Pero las interrupciones también pueden ser beneficiosas. Pueden ofrecer una pausa mental del trabajo, lo que ayuda a reponer los recursos cognitivos; pueden servir como una pausa social para conectar con otros, y pueden llevarnos a generar ideas nuevas. Cuando le pedíamos a la gente que mantuviera un diario de las interrupciones y de las correspondientes emociones que sentían, el 80 % informó que las interrupciones les generaban emociones positivas además de negativas, especialmente si consideraban que la interrupción estaba relacionada con algo que mereciera la pena[139]. Por lo tanto, aunque no todas las interrupciones son malas, necesitamos aprender cómo controlar nuestra atención, de modo que no quedemos abrumados por las que no son bienvenidas.

La tensión de las tareas interrumpidas

Para realizar su tesis, Bliuma Zeigárnik interrumpía a la gente. Su trabajo es importante ya que ayuda a explicar por qué nos molestan tanto las interrupciones. Nacida en 1901 en una familia judía secular de clase media, en la ciudad de Prienai (Lituania), Zeigárnik tenía grandes dotes intelectuales y se saltó los primeros cuatro cursos escolares, con lo que empezó la escuela en el quinto curso [140]. No obstante, su propia vida fue interrumpida. Contrajo meningitis, permaneció en casa durante cuatro años y finalmente se recuperó, en una época en la que solo sobrevivía el 20 % de los enfermos. Anhelaba ir a la universidad, pero la educación en el instituto femenino era limitada. Entre las clases de matemáticas, ciencia y literatura, su instrucción incluía «la ley de Dios» y la costura. Pero ella tenía coraje. Estudió largas horas en la biblioteca, superó el examen de entrada a la universidad y en 1922 fue admitida para estudiar filosofía en la Universidad de Berlín, que resultó ser un punto central de la psicología de la Gestalt. La teoría de la Gestalt sostiene que percibimos las cosas como un todo en vez de como constituyentes separados (pensemos en el logo de IBM: vemos letras en vez de líneas horizontales individuales). Las conferencias de famosos teóricos de la Gestalt como Max Wertheimer y Wolfgang Köhler la cautivaron, y cambió sus estudios a la psicología.

En 1927, Zeigárnik descubrió lo que más tarde sería conocido como el efecto Zeigárnik [141]. En su laboratorio de Berlín realizó una serie de experimentos en los que daba a los sujetos una veintena de tareas diferentes: en la mitad de ellas los interrumpía, y en la otra mitad, no, siguiendo un orden aleatorio. Al final del estudio, se les pidió a los sujetos que recordaran las tareas en las que habían trabajado. En un artículo titulado «El recuerdo de las tareas completadas y no completadas» demostró que las personas recuerdan mejor las tareas interrumpidas que las que han completado. Cuando se interrumpe una tarea, se crea un estado de tensión que nace de la necesidad insatisfecha de finalizarla, estado que permanece con nosotros y sirve para recordarnos —una y otra vez— que volvamos a la tarea.

Mientras estaba en la Universidad de Berlín, Zeigárnik estudió con Kurt Lewin, más tarde considerado el fundador de la psicología social (un campo que estudia la forma en que nuestro contexto social afecta nuestra manera de pensar, sentir y comportarnos). Lewin es mi psicólogo favorito, y su trabajo es muy relevante en nuestra vida en la era digital. Al igual que Zeigárnik, nació en una familia judía de clase media en Mogilno (Alemania; formaba parte de Prusia en 1890). Comenzó como estudiante de medicina en la Universidad de Friburgo; después pasó a estudiar biología en la Universidad de Múnich, donde se involucró en el movimiento socialista y en el de los derechos de las mujeres, y por último se asentó en la Universidad de Berlín, donde recibió su doctorado en Psicología en 1914. Permaneció allí y era muy popular entre los estudiantes, que no eran mucho más jóvenes que él. Sin embargo, tuvo que desplazarse de nuevo en 1933, en esa ocasión a causa del ascenso del nazismo. Se instaló en Estados Unidos, uniéndose a otros emigrados europeos como Theodor Adorno, Fritz Heider y Gustav Ichheiser, que eran la primera línea del desarrollo de las teorías sociales sobre el comportamiento. El campo de la psicología social debe en gran medida su nacimiento a la emigración y confluencia de grandes personalidades como aquellos que se vieron obligados a huir.

En la época en que Lewin estaba en Berlín, la idea generalizada entre los psicólogos era la observación del individuo en términos de atributos psicológicos separados y diferentes, como sus percepciones, pensamientos y emociones. Sin embargo, al igual que Zeigárnik, Lewin se vio inspirado por las ideas de la psicología de la Gestalt y contemplaba al individuo como una Gestalt o un «todo», integrado con su entorno social cotidiano e influenciado por este; lo que denominó el «espacio vital» [142]. Era una perspectiva radicalmente diferente del pensamiento común de la época, que no tenía en cuenta cómo el entorno y el contexto afectaban a las personas. La noción de un «campo» incluía a la persona en relación con su entorno. Según la teoría del campo de Lewin, las necesidades insatisfechas crean una tensión en nosotros, y reducimos esa tensión cuando avanzamos hacia un objetivo. Si el objetivo de una persona es ir a la oficina de correos, la droguería y la floristería, cuando completa esos recados se libera la tensión. Si el tráfico le impide llegar a cualquiera de esos sitios, se crea tensión. La teoría del campo de Lewin explicaba que todo lo que hacía la gente se podía explicar como la lucha por reducir la tensión.

El trabajo de Zeigárnik proporcionó apoyo a la teoría del campo de Lewin: una tarea interrumpida crea una necesidad insatisfecha, o una tensión, que empuja a completarla. Esta tensión que permanece con nosotros también hace que sigamos pensando en la tarea inacabada. Por eso la recordamos; el recuerdo de la tarea interrumpida burbujea en una olla al fondo de la mente. Poco podrían haberse imaginado Zeigárnik y Lewin lo relevante que sería la teoría del campo para explicar nuestras experiencias atencionales y emocionales con nuestros dispositivos en la actualidad. Es interesante señalar que pocos años después de que Zeigárnik consiguiera su doctorado, ocuparía un puesto a su medida en el Instituto para la Actividad Nerviosa Superior, en la Universidad Estatal de Moscú [143].

Interrupciones externas e interrupciones internas

La mayoría de la gente tiende a considerar las interrupciones como algo que origina otra persona o nuestros dispositivos, por ejemplo, al recibir una notificación. Pero en nuestros estudios sobre las personas en su entorno natural de trabajo observamos un fenómeno extraño y regular que se presenta típicamente así: una persona está trabajando en una tarea en su ordenador. Entonces, sin ningún motivo aparente para el observador, la persona interrumpe de repente lo que estuviera haciendo y comprueba su *e-mail* o coge el teléfono. No hay ningún estímulo discernible que haya causado que la persona se interrumpa; se trata más bien de algún disparador interno, quizá un pensamiento, un recuerdo o la fuerza de la costumbre. Estas interrupciones se originan en nuestro interior. Uno de los resultados más sorprendentes de nuestra investigación fue descubrir que es tan probable que la gente se autointerrumpa debido a algo interno como que le interrumpa algo externo a ella [144].

Puede que ni siquiera seamos conscientes de lo muy a menudo que nos autointerrumpimos. Hace poco, en medio de la lectura de un artículo sobre IA, entró de repente en mi mente la idea aleatoria de averiguar si era seguro comer fresas de cultivo no orgánico. No me podía sacar la cuestión de la cabeza, abrí el navegador e hice una búsqueda sobre *fresas* y *pesticidas*. A continuación, me pasé un buen rato leyendo sobre el tema (había puntos de vista en conflicto, de modo que queda como una tarea no acabada). Muchos de nuestros participantes comentan que estos impulsos internos no tienen conexión con el trabajo. Incluso los impulsos humanos básicos pueden hacer que nos autointerrumpamos: una de mis estudiantes de posgrado dijo que cuando sentía hambre, se autointerrumpía y se ponía a mirar recetas.

¿Qué lleva a la gente a autointerrumpirse? Jing Jin y Laura Dabbish, de la Universidad Carnegie Mellon, se dispusieron a responder a esta pregunta, y siguieron de cerca a personas en su lugar de trabajo durante una hora a cada una, tomando nota de las interrupciones y preguntándoles luego por qué se habían autointerrumpido. Descubrieron que las personas se autointerrumpen por una serie de motivos que podemos imaginar: para cambiar su entorno para ser más productivos (por ejemplo, cerrar ventanas que los distraen), para hacer algo menos aburrido, para buscar información, para ocuparse de algo que recuerdan que deben hacer, o para matar el tiempo (por ejemplo, mientras esperan un *e-mail*). Su tarea actual puede también indicarles que se interrumpan, por ejemplo, para enviar un *e-mail*. Y la causa de la autointerrupción también puede ser un hábito, como al seguir una rutina que incluye echar un vistazo a las noticias al empezar a trabajar [145].

La autointerrupción puede ser de ayuda para gestionar el estrés, de forma parecida a la apertura de una válvula de vapor. Lea, una joven de veinte años, era una participante en uno de nuestros estudios que estaba haciendo su doctorado al mismo tiempo que realizaba un trabajo exigente en una empresa de *software*. Necesitaba ser ultradisciplinada, pues tenía que ocuparse de proyectos tanto en el trabajo como en los estudios. Sin embargo, se quejaba de su dificultad para concentrarse debido a que se autointerrumpía muy a menudo, principalmente para entrar en las redes sociales. Tras reflexionar más, explicó que las autointerrupciones la ayudaban a soportar cognitivamente esa programación de tareas tan abrumadora. Lea se autointerrumpía para alternar entre la concentración y la atención rutinaria. Entendía bastante bien su ritmo personal de atención y su nivel de recursos cognitivos disponibles, de modo que podía sentir cuándo necesitaba autointerrumpirse. Sin embargo, como ella misma admite, no se le daba bien volver a la tarea en curso.

No hace mucho estaba buscando un apartamento en la ciudad de Nueva York para pasar mi periodo sabático de la Universidad de California Irvine. Hice algunas indagaciones. Aunque no era un tema verdaderamente urgente, no dejé de consultar mi bandeja de entrada y los sitios web inmobiliarios para ver si había llegado alguna respuesta. El estrés creado por la expectativa fue creciendo, y me costaba concentrarme en el trabajo. Tuve suerte con mi primera opción, pero incluso después de tener reservado el apartamento, a mi mente le costaba relajarse y yo no podía dejar de autointerrumpirme para mirar el *e-mail*. Son necesarios entre 18 y 254 días para que se forme un hábito [146], y mi hábito de buscar vivienda de alquiler se desarrolló en cerca de dieciocho días.

Me había acostumbrado a autointerrumpirme, lo que es consistente con las pruebas que mi estudiante Victor González y yo encontramos en un estudio previo de 2005. Observamos a treinta y seis personas en tres empresas diferentes durante tres días mientras realizaban su trabajo cotidiano, usando la técnica de cronometraje de Frederick Taylor que he descrito en un capítulo anterior. Los observadores registraban todas las actividades momentáneas a las que se dedicaban los participantes. Además de cronometrar las actividades con precisión de un segundo, también observamos y tomamos nota cuando las personas se veían interrumpidas por algo externo (otra persona, una llamada telefónica, una notificación de *e-mail*) o por algo interno (es decir, en ausencia de estímulo observable). A continuación, analizamos las interrupciones desde la perspectiva amplia de las esferas de trabajo. Descubrimos que el 40 % de los cambios entre esferas se debía a interrupciones. En las demás ocasiones en que las personas cambiaban de esfera de trabajo, la causa era la finalización de una tarea. Según avanzaba el día, experimentaban gradualmente menos interrupciones.

De los sucesos que provocaban la interrupción, el 56 % se debía a causas externas, y el 44 % eran autointerrupciones. A continuación, contamos el número de interrupciones internas y externas en cada hora. Queríamos ver si existía alguna relación entre esos dos tipos de interrupciones en la vida cotidiana de la gente. De hecho, encontramos un patrón estable en el que cuando las interrupciones externas se reducían o desaparecían en una hora concreta, las interrupciones internas seguían un patrón similar durante la hora siguiente[147]. Y de la misma manera, si las interrupciones externas aumentaban, en la hora siguiente aumentaban también las internas. Pero solo las interrupciones externas predecían las autointerrupciones; el condicionamiento parece representar un papel aquí. Si una persona no está siendo interrumpida externamente, da la impresión de que empezará a autointerrumpirse para mantener un patrón consistente de interrupciones (y lapsos de atención breves). Estamos tan acostumbrados a que nos interrumpan que lo hacemos nosotros mismos.

Cuando empezamos a sufrir interrupciones externas, es como ir conduciendo por una carretera pequeña y entrar en una autopista atestada. Vamos conduciendo de forma relajada y de repente tenemos que vérnoslas con autos que se nos pegan detrás y con los otros conductores. De la misma manera que conducir por una autopista congestionada es diferente de ir relajadamente por una carretera campestre, cuando nos las vemos con interrupciones, las operaciones cognitivas que usamos cambian, y también nuestros objetivos. Dado que el objetivo más activo en nuestra mente gobierna la atención [148], para mantenernos centrados en una tarea necesitamos realizar una danza cognitiva en la que intentamos mantener el control endógeno (interno) del objetivo para no despistarnos de nuestro proyecto, a la vez que atendemos a objetivos exógenos como responder a los mensajes por Slack de nuestros compañeros y conseguirles la información que necesitan. Pero sabemos, por el trabajo de Zeigárnik, que tenemos tendencia a recordar las tareas incompletas, por pequeñas que sean. De ese modo ocurre que nuestro objetivo principal puede quedar enterrado bajo el desorden mental que crean todas las tareas no finalizadas.

Recordemos del capítulo 1 que, para reanudar una tarea interrumpida, las personas tienen que reescribir su pizarra interna, reconstruir el esquema de la tarea, los objetivos y los procesos de pensamiento, y esto exige recurrir al depósito limitado de recursos cognitivos, que habría convenido ahorrar para realizar el trabajo en sí. Hace falta tiempo y esfuerzo para reconstruir nuestro modelo mental de la tarea [149]. Las interrupciones se quedan remoloneando en nuestra mente, y esto puede crear una interferencia estática mientras intentamos trabajar en la tarea en curso. No es extraño que al final de un día ajetreado nos sintamos agotados, especialmente si ha habido muchas interrupciones externas.

El coste de las interrupciones

En 2005 había recibido una beca Fulbright y estaba viviendo en Berlín. En aquella época residía en el antiguo Berlín Occidental e iba cada día al departamento de psicología del campus de la Universidad Humboldt, situado en el antiguo Berlín Oriental. El Muro de Berlín había caído hacía más de quince años, pero al dirigirme hacia el este, el cambio de contexto resultaba impactante: los carteles de neón y el tráfico ajetreado del vibrante Berlín Occidental mudaba a la arquitectura estalinista del antiguo Berlín Oriental. Mientras que el Oeste mostraba un aspecto vanguardista en las calles, el Este parecía atascado en la década de 1950. Me sacudía la ironía de estar estudiando la atención y el uso de la tecnología del siglo XXI en un laboratorio situado en aquella cápsula del tiempo, en la misma ciudad donde comenzó todo con Bliuma Zeigárnik.

En aquel laboratorio estuve midiendo el coste de disrupción de las interrupciones: cuánto tiempo roban realmente del trabajo. Trabajando con una estudiante aplicada, Daniela Gudith, y el posdoctorado Ulrich Klocke, preparamos un estudio para simular un entorno de oficinas. Asignamos a cuarenta y ocho participantes una tarea simple en la que respondían *e-mails*, todos los cuales trataban el tema de los recursos humanos. En una condición, un conjunto de participantes realizaba la tarea sin interrupciones. En otra, otro conjunto era interrumpido (vía teléfono y mensajes de texto) con preguntas relacionadas con el tema de los recursos humanos. En una tercera condición, otro conjunto era igualmente interrumpido (también por teléfono y mensajes) con preguntas sobre algún tema completamente diferente (por ejemplo, pedir la comida para un pícnic de la empresa). Para descubrir el coste temporal de tratar con las interrupciones, restamos el tiempo usado atendiéndolas del tiempo total usado para realizar la tarea en cada una de las condiciones.

Encontramos un resultado sorprendente: cualquier interrupción, tuviera que ver con el mismo contexto de la tarea principal o con otro diferente, provocaba que los participantes realizaran su tarea con el *e-mail más deprisa* que si no los hubieran interrumpido [150]. Cuando los interrumpían usaban menos palabras en los *e-mails*, pero no había diferencias en el nivel de cortesía ni en el de precisión. Quizá cuando las personas se encuentran bajo una lluvia de interrupciones externas, trabajan más deprisa (y escriben menos) para compensar el tiempo que saben que van a perder atendiendo a las interrupciones. El tiempo durante el trabajo es finito. Si sabemos que tenemos que dejar la oficina a las 5 p. m. para, por ejemplo, recoger a los niños de la guardería, trabajamos proactivamente más rápido para compensar la atención a las interrupciones. También resulta que la gente reanuda una tarea más rápido cuando sufren más interrupciones, en comparación con cuando sufren menos [151]. En conjunto, los dos resultados sugieren que cuando se producen interrupciones frecuentes, la gente acelera su trabajo y rinde con más eficiencia. Quizá las tareas con interrupciones frecuentes se recuerdan mejor y por ello las personas las reanudan más deprisa. Sin embargo, antes de que nos emocionemos demasiado con estos resultados, tengamos en cuenta que además descubrimos que la eficiencia en el trabajo conlleva un precio. También comprobamos la carga mental y el estrés de los participantes con la escala NASA-TLX, que proporciona una buena medida de la utilización de recursos cognitivos. Esta escala fue desarrollada por la NASA para medir la carga mental de las personas en entornos como aeronaves y cabinas de naves espaciales, y ha sido validada con un gran número de trabajos mentales como tareas de memoria a corto plazo, aritmética mental y tareas duales [152]. Utilizando esta escala, las personas puntúan sus experiencias de muy bajo a muy alto a lo largo de varias dimensiones de carga de trabajo y estrés. Las mediciones de NASA-TLX mostraron que cuando se producen interrupciones, las personas reportan experimentar niveles significativamente elevados de carga de trabajo mental, frustración, presión temporal, esfuerzo y estrés. Experimentar interrupciones todo el día, cada día, se cobra sin duda su precio en términos de un mayor agotamiento de recursos y un estrés elevado; es un precio muy alto.

Cuán a menudo nos interrumpen

El *e-mail* no fue siempre el demonio disruptor que es en la actualidad. Cuando era una estudiante de posgrado podía recibir quizá uno o dos *e-mails* al día, y eran entretenidos; normalmente se trataba de chistes que hacían circular los estudiantes. En Columbia, mi universidad entonces, los ordenadores estaban situados en una sala común. Mi tutor y yo trabajábamos codo con codo en los ordenadores, y en vez de interrumpirlo verbalmente con una pregunta, podía mandarle un *e-mail*. Un poco más tarde me enviaba otro con la respuesta; los intercambios se realizaban sin que pronunciásemos una palabra. Pero entonces, el *e-mail* creció como una bola de nieve rodante hasta lo que es en la actualidad.

En nuestros estudios a lo largo de los años, la causa número uno de interrupciones (tanto externas como internas) que mencionan los participantes es el *e-mail*. Si este era realmente un problema tan grande, queríamos descubrir cuán a menudo exactamente la gente se ve interrumpida por él. En un primer estudio registramos la actividad informática de treinta y dos personas durante cinco días para obtener una medida precisa. Descubrimos que los participantes en el estudio comprobaban su bandeja de entrada una media de setenta y cuatro veces al día[153], resultado que se replicó un año más tarde en otro estudio en el que registramos la actividad informática de cuarenta personas durante doce días laborables y descubrimos que la media de comprobaciones del *e-mail* era de setenta y siete veces al día[154]. Una persona muy aplicada comprobaba su *e-mail* trescientas setenta y cuatro veces al día. También pudimos obtener una buena estimación de lo a menudo que las comprobaciones se debían a causas externas o internas cuando los participantes usaban notificaciones de *e-mail*. La mayoría de los participantes, el 41 %, comprobaba el *e-mail* sin notificaciones, es decir, se autointerrumpían para mirarlo, y el 31 % lo comprobaban principalmente cuando recibía una notificación, lo que se consideraban interrupciones externas. El 28 % restante tenía activadas las notificaciones, pero señaló que las comprobaciones se debían a la par a interrupciones externas y a autointerrupciones. A veces, las personas pueden comprobar el *e-mail* sin interrumpir su tarea, por ejemplo, cuando lo consultan a primera hora del día o al volver de comer. Pero en cualquier caso, descubrimos que la gente tiende a comprobar su *e-mail* a lo largo del día un montón de veces, principalmente debido a autointerrupciones. Lo que nos decían los participantes sobre que el *e-mail* era una perturbación daba en el clavo y quedaba científicamente demostrado.

Pero, por supuesto, el *e-mail* no es la única fuente de interrupciones. La red social más comúnmente usada en aquella época por nuestros participantes en el lugar de trabajo era Facebook. En 2016, cuando se realizó el estudio, el 68 % de los adultos estadounidenses eran usuarios de Facebook, y esta tasa de uso se ha mantenido estable, pero a partir de 2018 ha sido sobrepasada por YouTube como el medio social más comúnmente usado, llegando al 73 % [155]. Cuando registramos el uso de redes sociales durante cinco días, descubrimos que las personas que eran usuarios activos de Facebook realizaban una media de treinta y ocho visitas diarias; ¡una persona llegaba incluso a entrar doscientas sesenta y cuatro veces al día! No solo la gente entra en Facebook muy a menudo, sino que lo hacen en breves estallidos de unos dieciocho segundos; realmente se trata de un picoteo en las redes sociales.

Escapar de los zombis del *e-mail*

En 2010, un artículo del *New York Times* se refería a los *e-mails* como zombis: podemos matarlos (borrarlos), y siguen viniendo [156]. Estaba decidida a averiguar si al desconectar el *e-mail*, la gente podría estar más concentrada cuando trabajaba con medios digitales. ¿Qué pasaría si eliminábamos a los zombis por completo? Tardé seis años en encontrar una organización dispuesta a desconectar el *e-mail* de algunos empleados, pero al final di con una gran organización de investigación y desarrollo científicos que accedió a participar, donde los altos directores tenían la sensación de que la sobrecarga de *e-mails* era un problema grave.

Estuve a punto de no recibir permiso para realizar este estudio. Me invitaron a dar una charla en la organización, y mientras estaba allí pregunté si podía poner en marcha el experimento. El comité ejecutivo se reunió en una sala con una mesa larga, y me planté ante la pantalla del proyector. La directora de la organización era una excapitana del ejército y estaba sentada a la cabecera de la mesa, mirándome de frente, y los diferentes jefes de departamento se sentaban a lo largo de los lados. Era evidente que todos estaban pendientes de su opinión y no dejaban de echarle miradas. Mientras yo presentaba el experimento, ella empezó a mover la cabeza negativamente, y observé que las demás cabezas que rodeaban la larga mesa empezaban a hacer también gestos de negación. Me aferré a un clavo ardiendo y balbuceé que una oficina era un poco como una unidad militar. Si un soldado caía en campaña, el equipo se tendría que reconfigurar. ¿Qué ocurriría si el *e-mail* no estaba disponible? ¿Podrían los miembros del equipo reconfigurarse rápidamente para poderse comunicar? La analogía funcionó. De repente, la excapitana, pensando tácticamente, empezó a asentir. Siguiendo la indicación, el resto de cabezas empezaron a asentir al unísono. Aunque reconfigurar la comunicación es una perspectiva interesante, lo que me interesaba realmente era descubrir si, sin *e-mail*, las personas serían capaces de concentrarse en el trabajo durante más tiempo. El trabajo, ¿quedaría menos fragmentado? ¿Se estresarían menos?

Con permiso para realizar el estudio, y trabajando con Stephen Voida, mi estudiante de posdoctorado, registramos primero la actividad informática típica y el uso de *e-mail* de los participantes durante tres días, para obtener una línea de base. A la semana siguiente, desconectamos el *e-mail* cinco días, una semana de trabajo entera. Para medir directamente el estrés pedimos a los participantes que llevaran monitores de frecuencia cardíaca mientras estaban en el trabajo. Los monitores de frecuencia cardíaca miden el estrés psicológico usando la variabilidad del ritmo cardíaco, es decir, cuánto tiempo transcurre entre latidos. Si la variación entre latidos consecutivos es baja (es decir, si el pulso es muy regular), el sistema nervioso autónomo indica que estamos en un estado de estrés lucha-o-huida. Pero si existe una variación grande, el sistema nervioso autónomo está tranquilo y preparado para responder a cambios. Consideremos la situación de estar realmente relajados: el sonido más minúsculo puede hacernos saltar, pero a continuación nos calmamos de nuevo.

Aunque estaban desconectados del *e-mail*, los participantes podían seguir reuniéndose con los compañeros y recibir llamadas telefónicas. Incluso con el *e-mail* bloqueado, aún persistían en intentar comprobarlo debido a la fuerza de la costumbre, pero al final rompieron el hábito alrededor del quinto día. Descubrimos que cuando el *e-mail* se desconectaba, la capacidad de atención de las personas se alargaba significativamente mientras trabajaban en sus ordenadores; en otras palabras: alternaban la atención con menos frecuencia. El hecho de que la gente pueda concentrarse durante más tiempo muestra que el *e-mail causa* que la capacidad de atención disminuya. Pero quizá el mejor resultado fue que sin *e-mail*, los monitores de frecuencia cardíaca revelaron un estrés significativamente menor al final de la semana.

En las entrevistas, el contraste entre cómo los participantes describen su trabajo con *e-mail* («me arruina la vida», «interfiere con mi felicidad») y sin *e-mail* («una experiencia liberadora», «me siento liberado», «puedo trabajar a un ritmo humano») era clarísimo. El último comentario nos llevó a titular el artículo «Un ritmo no dictado por los electrones»[157]. Descubrimos que también se obtenía un beneficio social al no tener *e-mail*. Cuando se desconectaba, los participantes sustituían las interacciones digitales con las interacciones cara a cara. Aunque también podían telefonear, con frecuencia elegían ir a los otros despachos, y a veces incluso a otros edificios para reunirse con alguien. Comentaban que estaban disfrutando más su vida social en el trabajo, vida social que el *e-mail* parecía haber reemplazado.

Algunos supervisores de los participantes en el estudio (pero que no participaban personalmente en él) también cambiaron su comportamiento. Una de las participantes comentó que su jefe se había vuelto mucho más impaciente al no poder contactar con ella por *e-mail*; dijo que podía entrar en su despacho cuando necesitaba algo y «agitaba delante de mí un papel como si estuviera loco». Otro participante, Rich, comentó que antes de que le cortaran el *e-mail*, su supervisor lo interrumpía a menudo con mensajes delegando trabajo en él. Cuando el *e-mail* no estuvo accesible, el supervisor dejó de repente de delegarle trabajo, aunque no le habría costado nada cruzar el pasillo y encargárselo cara a cara. Si bien el estudio demostró que parte de la delegación jerárquica de trabajo se interrumpió al no tener *e-mail*, la directora estuvo contenta con el resto de los resultados y quedó especialmente satisfecha al saber que la gente podía reconfigurar sus redes de comunicación sin *e-mail* si alguna vez surgía la necesidad.

En 2012, cuando publicamos el artículo, éramos optimistas sobre el resultado de que eliminar el *e-mail* reducía el estrés y recomendábamos que las organizaciones usaran el *e-mail* por lotes, por ejemplo, mandándolo dos o tres veces al día. Sin embargo, en un estudio posterior que realicé en 2016 pusimos a prueba si la lectura del *e-mail* en lotes estaba realmente asociada con un estrés menor. Por desgracia, descubrimos que no era el caso. En ese estudio, realizado en Microsoft Research junto a May Czerwinski, Shamsi Iqbal, Paul Johns y Akane Sano, al usar registros informáticos del *e-mail* y monitores de frecuencia cardíaca para medir el estrés de cuarenta personas durante doce días laborables, descubrimos que las personas que leen el *e-mail* en lotes no mostraban diferencias en los niveles de estrés comparadas con las que lo comprobaban continuamente. Lo que tenía efecto en el estrés era la duración del tiempo dedicado al *e-mail*: las personas que lo utilizaban más tiempo al día estaban más estresadas, incluso después de controlar las exigencias del trabajo y la autonomía que tenían en este [158]. Pocos años después, en la Universidad de California Irvine, unos compañeros y yo replicamos este resultado con sesenta y tres personas usando una cámara de imagen térmica para medir el estrés. De nuevo nos encontramos con que la lectura del *e-mail* en lotes no lo reduce, pero apareció un giro argumental: las personas que puntuaban alto en un rasgo de personalidad neurótica resultaban *más* estresadas cuando el *e-mail* iba en lotes [159].

El estudio sugiere pues que, sin *e-mail*, aumentamos la concentración en el trabajo, reducimos la carga cognitiva de gestionar el correo, ahorramos recursos cognitivos al no tener que resistir las distracciones que provoca, creamos un entorno de trabajo más relajado y con menos estrés, y quizá alimentamos interacciones sociales más satisfactorias. Desconectarnos del *e-mail* tendría que ser obvio. Sin embargo, los individuos por sí solos no pueden resolver el problema del *e-mail* desactivándolo sin más, pues entonces quedarían injustamente al margen del círculo de comunicación. El *e-mail* es un problema mucho más grande que necesita ser abordado a nivel organizativo e incluso a nivel social, algo de lo que trataremos más adelante en este libro.

Diferencias de género en las interrupciones

Intentemos un experimento mental en el que imaginamos quién sería mejor a la hora de gestionar interrupciones: los hombres, las mujeres o ningunos. ¿Qué opinamos? Si imaginamos que las mujeres son mejores gestionando interrupciones, acertamos. En los estudios que hemos realizado, las mujeres eran por término medio responsables de gestionar más esferas de trabajo al día que sus homólogos masculinos. Aun así, las trabajadoras experimentaban también un número menor de interrupciones y era menos probable que se autointerrumpieran ellas mismas, en comparación con sus compañeros. Además, aunque no es una diferencia muy grande, las mujeres presentan una probabilidad mayor de reanudar en el mismo día las tareas interrumpidas (87 %) que los hombres (81 %). En conjunto, los datos sugieren que las mujeres de nuestro estudio estaban más concentradas y presentaban más resiliencia tras las interrupciones que los hombres. Después de todo, se afirma que las mujeres eran las recolectoras al principio de la historia (aunque no está claro que ese fuera realmente un papel de ellas). Sin embargo, mi propia interpretación se basa en la época actual y en lo que los participantes han comentado. Las mujeres de nuestra muestra explican con frecuencia que para ser consideradas del mismo nivel que sus homólogos masculinos (especialmente por sus jefes) sienten la necesidad de rendir por encima de estos.

Ganar albedrío sobre las interrupciones

Se dice que el químico orgánico Albert Kekulé, mientras se esforzaba por resolver el problema de la forma de la molécula de benceno, fantaseaba sobre una serpiente que se mordía la cola y formaba un círculo, lo que le dio la idea de la forma de anillo para la molécula. Este es un excelente ejemplo de cómo, al seguir sus pensamientos internos, Kekulé fue capaz de usar su vagabundeo mental para encontrar una solución.

Consideremos nuestra atención como una linterna que se puede enfocar en un punto o ampliar el haz para iluminar un área mayor. Cuando la atención al entorno es difusa, podemos estar alertas y procesar más señales, en lo que los investigadores Yoshiro Miyata y Don Norman describen como un estado de procesamiento dirigido por interrupciones [160]. Esto puede ser beneficioso, por ejemplo, cuando estamos atentos a sucesos o tareas importantes, como esperar la llegada de un presupuesto urgente mientras estamos trabajando en otra cosa. Con la atención difusa y dirigida hacia nuestro interior también podemos estar abiertos a nuevas ideas, como le ocurrió a Kekulé.

Por supuesto, hay un toma y daca, como describen Miyata y Norman. Es cierto que cuando estamos concentrados intensamente en algo se nos puede pasar por alto información importante del entorno. Pero si nuestra atención es muy difusa, utilizamos demasiado procesamiento dirigido por interrupciones y puede que no avancemos demasiado en la tarea en curso. Necesitamos encontrar un equilibrio y permanecer flexibles, adaptándonos a nuestro entorno y nuestra situación. Lo ideal sería ser capaces de ajustar dinámicamente el haz de la linterna. En otras palabras: necesitamos llevar las riendas de nuestra capacidad para usar la atención dinámica y cinética para ser capaces de responder a las cosas importantes, ya sean externas o de nuestro interior, y para dirigir nuestra atención a cosas menos exigentes cuando nuestros recursos cognitivos están bajos. Ser capaces de estrechar o dispersar nuestro campo de foco según cambien nuestra tarea y nuestras necesidades emocionales es tener albedrío de nuestra atención. Queremos ser capaces de controlar esa linterna.

¿Cómo podemos gestionar con eficacia ese toma y daca? Para empezar, puede ser de ayuda saber que existe de hecho evidencia de que tener control sobre las interrupciones, al menos las externas, ayuda a la gente a ser más productiva. En un experimento de laboratorio dirigido por el investigador Daniel McFarlane, los sujetos podían ser capaces o incapaces de controlar cuándo eran interrumpidos. Se les indicó que jugaran a un videojuego estilo Nintendo (aunque con una premisa seria: atrapar cuerpos que caían de un edificio) y se los interrumpía con una tarea en la que tenían que casar colores o formas. Cuando a los sujetos se les daba la posibilidad de elegir cuándo permitían que los interrumpieran (aun a riesgo de que se les escapara un cuerpo que caía), su rendimiento era el mejor. El peor rendimiento se daba cuando tenían que atender a las interrupciones inmediatamente[161]. Este experimento muestra que ser capaces de tener control sobre cuándo actuar respecto a la interrupción es beneficioso para el rendimiento y la productividad. Cuando podemos redirigir nuestra atención de forma intencionada, también gestionamos mejor nuestros recursos cognitivos.

Un buen momento para redirigir intencionadamente la atención es cuando alcanzamos un punto de ruptura en una tarea[162], como terminar de escribir un capítulo o completar un presupuesto; son lugares naturales donde hacer una pausa. En los puntos de ruptura se están usando menos recursos cognitivos que cuando estamos trabajando a todo gas. En mitad de una tarea, la carga de memoria es alta y las interrupciones causan la mayor perturbación. Esto es exactamente lo que los investigadores Piotr Adamczyk y Brian Bailey, de la Universidad de Illinois, encontraron en un experimento de laboratorio. Cuando las personas son interrumpidas tras finalizar una tarea de búsqueda en la web, o de editar u observar videoclips, rinden mejor y experimentan menos molestia, frustración y presión temporal que si son interrumpidas en puntos aleatorios de la tarea[163]. Podemos convertir en una prioridad hacer una pausa en el trabajo en un punto de ruptura natural, por ejemplo, al terminar de escribir una sección de un informe. También es más fácil reanudar la tarea tras un punto de ruptura.

Existe una forma de descargar esa tensión que Bliuma Zeigárnik descubrió hace un siglo, la creada por un trabajo interrumpido y no finalizado. Según se acumulan las tareas interrumpidas, arrastramos con nosotros esa tensión, que va agotando cada vez más nuestros recursos. Ciertamente, queremos limitar el estrés al final de la jornada, pues existen efectos remanentes al llevar estrés de la oficina a la vida personal[164]. Esas tareas no finalizadas bullen en nuestros pensamientos, y lo que podemos hacer para reducir esa ebullición es externalizar el recuerdo de la tarea incompleta; esto quiere decir grabar información sobre la tarea interrumpida de alguna manera externa a nuestra mente, como escribir una nota o grabar un recordatorio de voz sobre las tareas inacabadas más importantes, su prioridad, su estado de terminación y un plan para el siguiente paso. Hay que intentar hacer esto tan pronto como sea posible después de la interrupción, o cuando se dispone de un largo descanso al final del día. Hay que hacerlo para las tareas más importantes. De otro modo, cuando seguimos pensando en la tarea inacabada nos dedicamos a repasarla en nuestra mente para que no se nos olvide; se trata del efecto Zeigárnik a máxima potencia. Pero si lo anotamos, estamos trasladando toda la tensión indeseada de nuestra mente a algo externo a nosotros.

Michael Scullin y sus compañeros de la Universidad de Baylor realizaron un experimento interesante que apoya la idea de que descargar tareas inacabadas a una memoria externa puede aliviar la tensión. Realizaron un estudio con cincuenta y siete participantes que acudieron a un laboratorio del sueño. A la mitad se les indicó que anotaran sus tareas inconclusas: todo lo que necesitaran para acabarlas al día siguiente y en unos pocos de los posteriores. A la otra mitad se les dijo que anotaran las tareas que habían finalizado aquel día y en unos pocos de los anteriores. Los que anotaron las tareas no finalizadas se quedaron dormidos significativamente más deprisa que los del otro grupo. Un detalle interesante es que cuanto más detalladas eran las listas de tareas inconclusas, más rápido se quedaba dormido el participante [165]. Este descubrimiento puede ser explicado por el efecto Zeigárnik: cuando las personas se acuestan, las tareas no finalizadas dan vueltas y vueltas en su mente, agitando la tensión. En cuanto a las personas que anotaron las tareas finalizadas, ¿por qué no se dormían antes? Una explicación es que quizá sus tareas inconclusas (de las que no tomaban nota) permanecían en su mente y creaban tensión.

Las interrupciones son parte integral del mundo digital. Podemos autosecuestrarnos y desconectar las notificaciones, lo que puede sernos de ayuda para hacer acopio de recursos cognitivos a corto plazo, pero las personas (especialmente los trabajadores intelectuales de nuestra época) que se desconectan de la oficina y la comunicación social se penalizan a sí mismas al no recibir información importante. Además, resistir o responder a las interrupciones drena recursos cognitivos más allá de los necesarios para realizar el trabajo. Cuando entramos en el mundo digital, nos abrimos a una avalancha de interrupciones procedentes de una miríada de fuentes: bots, anuncios *pop-up*, notificaciones automáticas, otras personas y, por encima de todo, nosotros mismos. Recordemos que Lewin veía a los individuos como inseparables de su entorno, lo que llamaba espacio vital. Usando sus términos, el mundo digital es ahora parte de nuestro espacio vital. Necesitamos aprender cómo existir en este espacio vital y tener el control. Podemos actuar encontrando nuestros propios puntos de ruptura para hacer una pausa en el trabajo, poniendo las bridas a nuestra atención cinética para desarrollar control de nuestra linterna atencional, y externalizando el recuerdo de las tareas inconclusas para reducir el efecto Zeigárnik y la tensión descrita por Lewin. Ser interrumpidos es parte de la vida, y en los siguientes capítulos aprenderemos sobre las fuerzas subyacentes en nuestro espacio vital amplio que atraen nuestra atención, y cómo podemos desarrollar albedrío de modo que podamos conservar mejor nuestros preciosos recursos cognitivos, utilizar nuestra atención con más eficacia y no dejar que nuestras tareas se retrasen demasiado.

PARTE II

Las fuerzas de distracción subyacentes

6

El auge de Internet y el deterioro de la concentración

Antes de la aparición de los *smartphones,* lo único que necesitaba para hacer una desintoxicación digital era quedarme en casa de mi suegra, ya que ella no tenía wifi. Nunca era capaz de abstenerme durante mucho tiempo, así que solía pasear por su pequeña ciudad de Austria buscando una zona activa; seguro que tenía un aspecto curioso mientras recorría las calles cargada con mi portátil abierto, a la espera de que aparecieran barras de señal. Un día de 2006 encontré una zona activa y me senté en el borde del patio delantero de alguien para atender el *e-mail*. Al cabo de poco rato, dos ancianos austríacos salieron de la casa con unas sillas plegables, las abrieron y se sentaron justo delante de mí. No dijeron una palabra, solo se quedaron mirándome con atención: una extranjera comportándose de una manera muy rara. Desde mi punto de vista, solo quería acabar con el *e-mail* antes de que me pidieran que me marchara, y a juzgar por su expresión, no lo harían con amabilidad. Siguieron mirándome en silencio y yo seguí despachando el *e-mail*. Por último, me señalé con el dedo y dije: «California». De repente, se echaron a reír y dijeron: «Schwarzenegger», asintiendo con energía para mostrar su aprobación hacia el actor nacido en Austria y ahora gobernador de mi estado. Supe que podía quedarme y terminar con el *e-mail*.

¿Cómo hemos llegado a un extremo en el que es tan difícil desconectarse de Internet? Y ¿cómo hemos llegado a una situación en la que, una vez estamos *on-line*, nos cuesta tanto trabajo permanecer en un sitio web incluso durante periodos razonables? ¿Por qué nuestra atención vagabundea tanto cuando estamos en Internet?

Antes de que el documental *Summer of Soul* ganara el Óscar en 2022, recibí un *e-mail* de un amigo recomendándome que lo viera. De inmediato tecleé «Summer of Soul» en Internet. La película documenta las seis semanas del festival cultural de Harlem de 1969. Me asombró no haber oído nunca hablar de este festival, en el que participó gente como Stevie Wonder, Mahalia Jackson, Sly and the Family Stone y Nina Simone. Empecé a leer el artículo de la Wikipedia y entonces hice clic en el nombre «Mahalia Jackson», lo que me llevó a otra página de la Wikipedia para leer sobre su historia. Pasó apuros mientras se dedicaba a una serie de trabajos diferentes, y me impresionó su resiliencia. Empecé a preguntarme con más interés cómo Jackson consiguió su lanzamiento como cantante. Las palabras «Apollo Records» saltaron en la página ante mí, e hice clic en ese enlace. Mientras leía, mis ojos fueron atraídos por el enlace «Apollo Theater», quizá porque la palabra *Apollo* estaba fresca en mi mente, y cliqué el enlace. Ahora estaba leyendo más extensamente sobre Harlem, la música y el teatro y las palabras *Harlem Renaissance* destacaron, con lo que me apresuré a clicar. Seguí haciendo eso durante un rato, haciendo clic en diversos enlaces, siguiendo lo que me resultaba interesante, antes de darme cuenta de lo lejos que había penetrado en la madriguera del conejo. Más tarde analicé qué había estado haciendo. Mi mente había viajado por un camino asociativo de ideas enlazadas en lo que, desde fuera, podría parecer al azar pero que en mi mente estaba profundamente ligado. Al seguir el camino asociativo de ideas había entrado profundamente en la Wikipedia. Mi experiencia sirve de ejemplo de una influencia poderosa que afecta nuestra atención: el propio diseño de Internet. Para entender completamente este tema, tenemos que empezar por el principio: una ingeniosa idea denominada Memex.

El Memex fue propuesto en 1945 como una idea para un dispositivo personal de escritorio donde las personas podían almacenar y recuperar toda su información personal. Lo que impulsó la idea del Memex, el antecedente de Internet y de la totalidad del mundo digital que lo siguió, era sencillo: no podemos conseguir información porque no está organizada de una forma que tenga sentido para los humanos. El creador de esta poderosa idea era en realidad una persona sencilla. Vannevar Bush nació en 1890 y encarnaba la formalidad de la cultura del cambio de siglo. Era el hijo de un reverendo, vestía de manera inmaculada, era rarísimo verlo en público sin corbata y hablaba con tono mesurado. No lo atraían las humanidades ni las ciencias sociales; no eran ciencias duras, y él era un ingeniero hasta la médula. Visto desde la perspectiva de la cultura de alta tecnología de la actualidad, parece totalmente anacrónico. A diferencia de los emprendedores tecnológicos modernos, no era vegano como Biz Stone, no hacía yoga como Sergey Brin, no meditaba como Jeff Weiner y no caminaba descalzo ni tomaba LSD como Steve Jobs. Vannevar Bush era bastante mojigato, al menos visto desde fuera. En su interior era increíblemente poco convencional.

Reverenciado por la comunidad científica y por el público, había obtenido los galardones civiles más elevados de Estados Unidos, Gran Bretaña y Francia. Concibió la Fundación Nacional de Ciencia de Estados Unidos, inventó la computadora analógica y fundó la compañía Raytheon. Pero su idea del Memex no era consistente con su rigor científico. Parecía algo hipotético, realismo mágico.

Para alguien que desdeñaba las ciencias sociales, resultó paradójico que titulara «Como podemos pensar» su revolucionario artículo sobre el Memex cuando fue publicado en *The Atlantic* en julio de 1945 [166]. Alemania se había rendido poco antes en la Segunda Guerra Mundial, las Filipinas habían sido liberadas y se había firmado la Carta de las Naciones Unidas. El mundo avanzaba cautelosamente de puntillas hacia el optimismo. Durante los últimos cinco años, Estados Unidos había invertido intensamente en investigación para el esfuerzo bélico. Pero ahora, la guerra estaba llegando a su fin. ¿Qué hacer con todo ese talento científico? Estados Unidos y buena parte del resto del mundo empezaban a volverse hacia el futuro. Para Bush, la respuesta era evidente: hacían falta nuevas instituciones que garantizaran la continuación de la investigación científica.

Algunos años antes, en 1938, Bush había inventado un instrumento para referenciar microfilms a alta velocidad, una especie de biblioteca automática llamada «selector rápido». En apariencia, la idea del Memex era solo una continuación de su invención anterior. Pero la auténtica genialidad del Memex no era el medio usado, sino la manera en que la información se almacenaría y se localizaría. Bush tenía la idea de usar lo que denominó «indexado asociativo», según el cual los documentos se enlazarían juntos. Si accedíamos a un documento, seríamos capaces de recuperar otro conectado al primero. Podríamos sentarnos a la mesa y ser capaces de recuperar toda nuestra información: registros, libros, fotos, mensajes. Amplificaría la memoria humana.

Los sistemas de indexado de la época eran «artificiales». El sistema decimal Dewey, el más comúnmente usado, organizaba la información por temas. En el momento de su invención por Melvil Dewey, 1876, fue una innovación y una mejora sobre el sistema predominante en la época, que colocaba los libros en los estantes, lo creamos o no, según su altura y el momento en que fueron adquiridos [167]. Aunque guardar los libros del más grande al más pequeño podría ser estéticamente agradable en una biblioteca, podemos imaginar lo difícil que sería encontrar un libro concreto que buscásemos. El sistema decimal Dewey fue un gran salto adelante, ya que organizaba el conocimiento en una jerarquía. La información se clasificaba en categorías estáticas como historia y geografía, y a continuación en subcategorías como historia mundial, geografía de Europa, etc. Pero las personas no piensan automáticamente de esa forma, y además, esas categorías eran arbitrarias. Quien buscara un libro tenía que retorcer su pensamiento para ajustarlo a categorías rígidas determinadas por otros.

Vannevar Bush sostenía que los sistemas de indexado convencionales deberían ser rediseñados para funcionar de la forma en que funciona la memoria humana. Según la teoría de redes semánticas, desarrollada por los psicólogos canadienses Endel Tulving y Wayne Donaldson, nuestra memoria está estructurada como conceptos asociados unos con otros. Si una persona piensa en pizza, su mente puede conectar con facilidad los conceptos de queso, cerveza o «pizzería Ray». Una estructura de asociaciones hace que sea más fácil recuperar la información. Cuando los documentos se enlazan unos con otros mediante relaciones, si un usuario accede a un documento, es fácil pensar en conexiones a otros documentos relacionados. En la actualidad, la estructura de red de la Wikipedia facilita estas asociaciones rápidas en nuestra mente: cuando consulto la entrada sobre Leonardo da Vinci hay un enlace a la *Mona Lisa*, que a su vez enlaza con el Louvre, este con la ribera derecha del Sena, y así sucesivamente. Antes de Internet habría sido imposible seguir esas conexiones, pues hacía falta acudir a una biblioteca, buscar el número de clasificación de un libro, buscar en los estantes ese libro, leer un párrafo, encontrar una referencia a otro libro, buscarlo, etc.

Pero con el modelo electrónico del Memex sería fácil. La idea de Bush plantó las semillas de la Internet actual, donde la información está organizada por y para las masas. La idea del Memex fue revolucionaria y nos llevaba del sistema de recuperación de información de Dewey del siglo xix a la era informática moderna. Pero el Memex permaneció como idea y no se puso en práctica; aún se necesitaban muchas más innovaciones para que fuera tecnológicamente posible.

Entonces, entrada pocos años la década de 1949, apareció Edmund Berkeley, quien escribió un libro con un título que parecía más apropiado para la ciencia ficción: *Giant Brains, or Machines that Think* (*Cerebros gigantes, o máquinas que piensan*) [168]. Berkeley había sido actuario en la compañía de seguros Prudential Insurance, pero abandonó el trabajo cuando la compañía no le permitió trabajar en proyectos que abogaban contra la guerra nuclear. De modo que se convirtió en escritor, y con *Giant Brains* amplió la idea de acceder a información de solo nuestro repositorio personal, como era el caso del Memex, a acceder a información de toda la sociedad. Poco a poco se fueron colocando las piedras angulares de la fundación conceptual de Internet. Berkeley escribió proféticamente:

Podemos prever el desarrollo de maquinaria que hará posible consultar información automáticamente en una biblioteca. Supongamos que vamos a una biblioteca del futuro y deseamos buscar formas de hacer galletas. Seremos capaces de marcar en la máquina de catálogo «hacer galletas». Se producirá un aleteo de película cinematográfica en la máquina. Pronto esta se detendrá y, en una pantalla ante nosotros, se proyectará la parte del catálogo que muestra los títulos de tres o cuatro libros que contienen recetas de galletas. Si estamos satisfechos, pulsaremos un botón; se realizará para nosotros una copia de lo que vemos y saldrá de la máquina [169].

Mientras que el Memex de Vannevar Bush fue una idea tan profunda e importante como la máquina de combustión interna, fue Ted Nelson, en 1960, quien desarrolló el cigüeñal, por decirlo así. Nelson fue el creador práctico del hipertexto, el nombre que se dio a los documentos e imágenes interconectados que también podían incluir resúmenes, anotaciones y notas al pie[170]. Nelson fue otra persona que parecería improbable que hubiera representado un papel en impulsar adelante Internet. Había estudiado filosofía y sociología en Swarthmore y en Harvard. Estos campos lo animaron a pensar con amplitud; concibió la estructura de archivos subyacente que proporcionó el diseño programable para los hipermedios, es decir, la red informática de información. Imaginó un cuerpo de información que, en sus propias palabras, «podría crecer indefinidamente, incluyendo gradualmente más y más del conocimiento escrito del mundo»[171].

El mundo digital estaba despegando. Alrededor de la misma época en que estaba trabajando Nelson, Doug Engelbart, un informático del Stanford Research Institute, en Menlo Park, tuvo la visión idealista de movilizar la inteligencia colectiva de la humanidad para resolver los problemas del mundo. Los ordenadores serían la forma de acumular información de tanta gente como fuera posible de todo el mundo y ofrecerla libremente. Sin saber del trabajo de Ted Nelson, Engelbart presentó una demo del primer sistema de hipertexto, el NLS («oN-Line System»), que expuso en 1968 y más tarde el periodista Steven Levy denominó «la madre de todas las demos»[172]. En aquella época, los ordenadores tenían el tamaño de una habitación y se usaban como supercalculadoras; la idea de usar hipertexto en un ordenador personal era revolucionaria. Para la mayoría de la gente era inconcebible pensar que, en las dos décadas siguientes, los ordenadores personales se convertirían en algo común en los hogares. Pero esas bases de datos seguían almacenando solo información personal, y para la gran mayoría, sus datos no se compartían públicamente. En 1969 se desarrolló la

Advanced Research Projects Agency Network (ARPANET), que permitía la conexión en red entre cuatro nodos de alojamiento: la UCLA, el Stanford Research Institute, la Universidad de California Santa Bárbara y la Universidad de Utah. Harían falta dos décadas más para que la visión de Engelbart se hiciera realidad.

Entonces, en 1990, un ingeniero de *software* que trabajaba en el CERN (el Consejo Europeo para la Investigación Nuclear), en Suiza, escribió una solicitud a su supervisor para trabajar en un proyecto secundario. Su supervisor le negó el permiso la primera vez, considerando que el proyecto no valía la pena. Más tarde cambió de opinión, lo que fue una suerte, porque aquel proyecto de Tim Berners-Lee consistía en escribir *software* de hipertexto para compartir información, y se convirtió en la World Wide Web. Los documentos compartidos podían verse en cualquier navegador individual, y aquel programa se convirtió en la piedra angular para permitir la compartición de información a gran escala entre cualquiera en cualquier lugar del mundo. La carretera de entrelazamiento y la estructura de superautopista de Internet habían sido pavimentadas.

A mediados de la década de 1990, Internet había estallado. Su diseño técnico estaba basado en una estructura de red descentralizada, lo que significaba que la arquitectura era abierta y democrática, permitiendo a cualquiera, tanto individuos como grandes empresas, contribuir y enlazar a otra información. La gente lo hizo. Y el mundo cambió.

Internet creció de forma exponencial hasta que, en 2000, estalló la burbuja de las «punto com». La gente había conseguido ordenadores y acceso a la red, y ahora buscaba nuevas formas de usarlos. No faltaban ideas. En 2001, Jimmy Wales y Larry Sanger tuvieron la idea de crear una moderna Biblioteca de Alejandría, y lanzaron una enciclopedia gratuita *on-line* llamada Wikipedia en la que cualquiera podía contribuir y monitorizar el contenido. Ahora también parece inevitable que arrancaran los sitios de redes sociales como Friendster y Myspace, al igual que las comunidades sociales *on-line* anteriores como LambdaMOO y el Internet Relay Chat habían sido muy populares y activas desde la década de 1980. Entonces, en 2004, un estudiante de segundo año escribió en su dormitorio de Harvard un programa para que los estudiantes puntuaran la apariencia de sus compañeros. Esto no le gustó a la administración de Harvard, y cerraron el programa. Pero el estudiante perseveró y nació Facebook. Facebook abrió las puertas a un nuevo paradigma de interacción social, y pronto Internet quedó inundada de sitios de medios sociales. Más redes sociales significan más alternativas para enlazarse e interactuar con gente e información. En sus tumbas, Melvil Dewey estaba horrorizado y Vannevar Bush sonreía.

Asociaciones dichosas

La idea de Vannevar Bush sobre los trenes de pensamiento asociativos se puede rastrear hasta el siglo XVIII, con el filósofo escocés David Hume, y luego hasta el siglo XX, con el filósofo y lógico británico Bertrand Russell. Russell era un pacifista y tenía ideas lo bastante radicales para costarle el despido de varias universidades. Su contrato de enseñanza en la City University of New York en 1940 fue cancelado, según una sentencia de la Corte Suprema de Nueva York en la que se afirmaba que era moralmente inadecuado para enseñar, ya que abogaba por el derecho a practicar el sexo antes del matrimonio y a la homosexualidad. Diez años más tarde, Russell ganaría el premio Nobel de Literatura por el conjunto de su obra, que promovía los principios humanitarios.

Russell tenía una intuición excelente sobre la forma en que pensamos por asociación. Para él, cada palabra que leemos u oímos evoca un significado expandido de esa palabra con todas sus asociaciones [173]. Nuestra mente es flexible. Al presenciar un suceso, oír o leer una palabra o incluso tener un recuerdo puede iluminar senderos en nuestra mente que llevan a pensar en otros conceptos relacionados. Hace poco vi un gato que se metió en medio del tráfico de la calle Varick, en la ciudad de Nueva York, y mientras los coches lo esquivaban, asocié inmediatamente a aquel gato con el mío, Buster. También de inmediato pensé en «accidente», «coches», «bicicletas» y «niños». Por suerte, el gato fue rescatado por su propietario. Los conceptos no solo tienen asociaciones uno-a-uno, sino que están entrelazados por asociaciones muchos-a-muchos.

La teoría de la memoria semántica describe a la memoria humana organizada como una red de tales conceptos interconectados. Si pensamos en la lluvia, la asociamos con un paraguas; o si pensamos en Disneylandia, pensamos en California. Incluso conceptos aparentemente dispares pueden estar asociados, por ejemplo, si resulta que los hemos experimentado en la misma situación. Si perdemos el *smartphone* en un partido de los Yankees, cada vez que oigamos hablar de un partido de los Yankees es posible que evoquemos un recuerdo de nuestro *smartphone*. Lo bien que un concepto evoque la idea de otro depende de cuán estrechamente estén enlazados en nuestra memoria. Si simplemente oímos la palabra *estadio*, quizá no nos lleve a pensar en el *smartphone* perdido de la misma manera en que lo haría la combinación «estadio de los Yankees».

La estructura de nodos y enlaces que imaginó Vannevar Bush para organizar la información en su Memex sigue un patrón creado de acuerdo a la idea de la memoria semántica humana. La estructura de Internet es una simulación del modelo de la mente como red semántica de Tulving y Donaldson, y con su inmensa red de nodos y enlaces, no tiene ningún orden prescrito en el que verla. Cuando estaba leyendo sobre Mahalia Jackson podría haber hecho clic en cualquier otro enlace y viajado por cualquier ruta. Cuando la información está organizada en una estructura de red, podemos viajar por los enlaces y contenidos de cualquier modo que queramos. De forma similar, la idea de la memoria semántica humana es que es flexible, y podemos recuperar cosas y crear asociaciones de cualquier modo que queramos, ya sea serendípicamente o basándonos en el contexto y en lo que encontremos en el entorno [174], tal como hice con el gato de la calle Varick.

A mediados de la década de 1990, con el aumento de la popularidad de la web, realicé un experimento que mostraba cómo la estructura de nodos y enlaces hipermedia de la web animan a la gente a pensar en asociaciones. Con compañeros del Centro Nacional Alemán de Investigación de las Tecnologías de la Información, en Darmstadt (que, estrictamente hablando, se traduciría como «villatripas»), realizamos un experimento hipermedia. Llevamos a cuarenta y ocho personas a una sala de reuniones en grupos de tres. Se les dieron instrucciones de discutir ideas para una «biblioteca del futuro». La sala de reuniones disponía de una pizarra electrónica donde los grupos podían anotar ideas sobre qué aspecto tendría una biblioteca así. La mitad de los grupos podía usar la pizarra electrónica como una pizarra normal sin la funcionalidad electrónica, y podían anotar las ideas de cualquier manera que quisieran. La mayoría las apuntaron en listas. La otra mitad podía usar la misma pizarra con la funcionalidad informática añadida que les permitía organizar las ideas en formato hipermedia. Cuando una persona rodeaba con un círculo una idea en la pizarra, el ordenador reconocía automáticamente la idea como un nodo, y cuando trazaban líneas entre ideas, el ordenador las reconocía como enlaces. Esto permitía a los participantes seleccionar y mover ideas por toda la pizarra, a la vez que los enlaces permanecían intactos, creando así una estructura hipermedia. Recuerdo bien este experimento; estaba embarazada de ocho meses, era un verano muy caluroso y el experimento se realizaba en una sala sin aire acondicionado llena de ordenadores que calentaban el aire como un sauna. Pero el sudor valió la pena, pues realizamos un descubrimiento interesante:

los grupos que tenían la oportunidad de usar hipermedia para organizar sus pensamientos creaban ideas de más profundidad, las elaboraban más y añadían más relaciones y conceptos asociados entre ellas. Produjeron el doble del número de ideas comparados con los grupos que no disponían de la funcionalidad hipermedia. También encontraron relaciones inesperadas entre ideas. Unos redactores expertos independientes, desconocedores de las condiciones experimentales, juzgaron que los grupos hipermedia habían generado más ideas originales, posiblemente debido a que las elaboraron con más profundidad [175]. Estos resultados sugieren que el uso de hipermedia facilitaba más asociaciones entre ideas, lo que a su vez llevaba a más ideas en conjunto, como una chispa que esparce llamas en un bosque seco.

Por supuesto, leer un libro o una revista también puede encender nuestra imaginación, pero debido a su estructura de nodos y enlaces, Internet permite además que nuestra mente sea flexible. Por comparación, el formato lineal de un libro nos constriñe a seguir el contenido en una secuencia concreta, página a página. Cuando navegamos por Internet, tenemos la libertad de seguir cualquier camino asociativo. A veces, el contenido de una página web inspira nuestro pensamiento, o nuestros pensamientos internos nos llevan a hacer clic en nuevos enlaces; los dos procesos funcionan en tándem. La estructura de Internet pone en marcha nuestra imaginación.

Vagabundeo mental por Internet

¿Qué ocurre con nuestra atención cuando navegamos por Internet? Puede que la atención empiece orientada a un objetivo, como fue mi caso cuando busqué *Summer of Soul*. Pero a continuación empezó a desviarse mientras yo hacía asociaciones y clicaba en esos enlaces, lo que envió a mi mente por caminos inesperados.

Cuando navegamos por Internet sin un objetivo específico, nuestra mente está abierta y es oportunista, permitiéndonos realizar asociaciones libremente en nuestra red semántica interior, siguiendo cualquier dirección e impulsada por la información de cada página web.

El vagabundeo mental se produce cuando nuestra atención está desconectada del entorno exterior. Cuando dejamos vagar la mente, generamos pensamientos que no están relacionados con la tarea en curso; esto puede incluir pensar sobre experiencias pasadas, o metas futuras, o simplemente cualquier cosa surgida de la nada. Las personas dejan vagar la mente un montón. Un estudio que usaba muestreo de experiencias sondeó a 2250 personas en momentos aleatorios en su entorno natural y descubrió que la mente de las personas vagaba alrededor del 47 % de las veces en el momento en que se realizaba el sondeo [176]. Aunque técnicamente no es lo mismo, navegar por Internet tiene paralelismos con el vagabundeo mental. En primer lugar, el vagabundeo mental no está orientado a un objetivo, de forma parecida a cuando navegamos por Internet y permanecemos abiertos a saltar libremente entre conceptos, facilitados por los enlaces que encontramos. Otro paralelismo es que el vagabundeo mental ocurre incluso sin que seamos conscientes de que nuestros pensamientos están vagando [177]; también podemos estar tan concentrados en seguir un camino de conceptos en Internet que ni siquiera nos damos cuenta de que llevamos horas metidos en una trampa de atención.

Nuestro ordenador es un tesoro de señales de imprimación

Internet nos ofrece numerosos puntos de entrada para acceder a contenido de nuestra red mental. La imprimación tiene lugar en nuestra mente cuando la exposición a algún estímulo que vemos u oímos nos facilita responder a otro estímulo. En la imprimación cognitiva, la exposición a un contexto o una palabra activa conceptos en nuestra memoria que están relacionados semánticamente o están asociados con la palabra inicial (como, por ejemplo, *aguja* e *hilo*). En las tareas simples de estímulo-respuesta en un laboratorio (después de ver la palabra *gorrión*, respondemos más deprisa cuando vemos la palabra *mirlo* comparando con la velocidad de respuesta si vemos la palabra *silla*), los efectos duran apenas unos pocos segundos. Pero hay pruebas de que cuando el material está más meditado y procesado con más profundidad, los efectos de la imprimación pueden durar más tiempo, más de dos minutos, incluso cuando intervienen otras palabras[178]. Así, por ejemplo, supongamos que voy a la página de la Wikipedia sobre los juegos olímpicos de invierno. Según empiezo a leer, todo tipo de ideas relacionadas surgen en mi mente, como el patinaje, el *bobsleigh* y los saltos de esquí, y cuando veo el enlace «esquí alpino» me veo atraída a hacer clic en él. Si estamos leyendo sobre un tema e imprimados con todo tipo de ideas sobre este, los enlaces pueden atraer nuestra atención como un cartel de neones.

La imprimación puede llevarnos a pensar en cosas, y a veces incluso a hacerlas, automáticamente en respuesta a alguna señal, activando nuestros objetivos internos sin que ni siquiera tomemos una decisión consciente de hacer eso[179]. Es algo que los publicistas saben desde hace mucho tiempo: la exposición a conceptos puede afectar lo que llevamos a la mente y también a las elecciones que hacemos. Esto se muestra en un experimento donde a los sujetos se les pidió primero que valoraran frases que incluían nombres de marcas («Irish Spring es un detergente para la ropa»). Después, cuando se les pidió que dijeran su marca favorita de varios tipos de productos, era más probable que eligieran un nombre mencionado en alguna de las frases de la primera parte[180]. El motivo es que el acto de evaluar las frases llevó esos nombres al frente de la mente de los sujetos. Cuando vemos en la televisión un anuncio de cerveza, quedamos imprimados a pensar en cerveza y puede que vayamos a por una durante la pausa de los anuncios.

Cuando un enlace en una web imprima a una persona para que piense en una idea, ¿hasta qué punto la persona está haciendo conscientemente esa asociación? El psicólogo John Anderson ha pasado décadas estudiando la memoria asociativa, y afirma que la activación de conceptos que están asociados en la red semántica de nuestra mente es un proceso automático [181]. Ser imprimados por una idea en una página de la Wikipedia y a continuación hacer clic en un enlace resaltado es probablemente una combinación de procesos de pensamiento automáticos y procesos de pensamiento controlados [182]. Es como llegar a un bufé sin haber pensado con antelación en tarta de chocolate, pero una vez la vemos, la imagen de ese trozo apetitoso se enciende en nuestra mente y enlaza a asociaciones del sabor del chocolate o a un recuerdo de comer tarta en el cumpleaños de nuestro hijo. Podemos colocar ese trozo de tarta en nuestro plato conscientemente (o impulsivamente), pero hay todo un iceberg de asociaciones automáticas bajo la acción que nos impulsan a coger la tarta. De forma parecida, puede ser difícil resistirse a clicar en un enlace a otra página de la Wikipedia. Cuando analicé mi comportamiento en Internet mientras leía sobre la película *Summer of Soul*, me di cuenta de que el clicar en los enlaces fue algo bastante espontáneo.

Por supuesto, puede que el hacer clic en un enlace esté motivado por auténtica curiosidad y no necesariamente por una imprimación. Pero puede ser difícil separar las dos cosas; puede que vayan mano a mano. El psicólogo George Loewenstein explica que la curiosidad es un ansia de llenar un hueco en nuestro conocimiento, y que nos vemos atraídos a información que pueda ayudarnos a satisfacer nuestra curiosidad [183]. Incluso una pequeña cantidad de información puede despertarla, asegura Loewenstein, y eso pueden ser enlaces que encontramos en una página web. Entonces actuamos —a veces impulsivamente— para saciar esa sed de la curiosidad, y clicamos el enlace, conscientemente o no. La curiosidad queda satisfecha y nos sentimos recompensados. De hecho, los estudios de fMRI muestran que la curiosidad dispara una expectativa de recompensa, como muestra la activación del núcleo caudado y el córtex prefrontal lateral, las regiones del cerebro asociadas con la anticipación de recompensas y con un valor intrínseco de aprendizaje [184]. Cuando vemos un enlace en una página web, enciende nuestra curiosidad. Al saber que ese enlace es una puerta a nueva información, anticipamos una recompensa, y hacemos clic. De modo que mientras viajamos por Internet leyendo contenidos, esto activa asociaciones y/o estimula nuestra curiosidad, seleccionamos enlaces, leemos más contenidos, nuestra mente se estimula aún más, clicamos nuevos enlaces, y caemos con facilidad en la madriguera del conejo. La curiosidad es la droga de Internet.

El diseño de Internet y la desviación de la atención

Internet parece funcionar como la magia, pero nuestra memoria, también. La estructura de Internet, en su formato hipermedia de nodos y enlaces, es paralela a la manera en que en teoría el conocimiento se organiza en nuestro cerebro, y también refleja la manera en que las personas asocian conceptos flexiblemente en la vida cotidiana. Su diseño abre las compuertas a la distracción; es tan irresistible perseguir las ideas en Internet como nuestros propios pensamientos.

Para detener nuestro vagabundeo mental descontrolado por Internet son necesarias tres cosas. Primero, necesitamos ser conscientes de nuestro comportamiento, lo que no es fácil porque significa llevar comportamientos automáticos a un nivel consciente. Más adelante, en este libro, aprenderemos cómo podemos desarrollar una metaconsciencia de nuestro comportamiento, para ayudarnos a ser más conscientes de que podríamos estar vagando por Internet. Segundo, tenemos que estar motivados a detener ese comportamiento. Y tercero, necesitamos tener recursos cognitivos suficientes para resistir esos impulsos.

Internet, al hacer accesible tanta información interconectada, ha creado lo que Andy Clark, autor del libro *Natural-Born Cyborgs* (*Cíborgs natos*) [185], denomina la mente cíborg. Podemos considerar la mente cíborg como tener implantados electrodos para aumentar el almacenamiento de memoria o incrementar la velocidad de procesamiento. Pero Clark argumenta que también puede significar una extensión de nuestra propia mente. Los humanos llevan mucho tiempo usando tecnologías para extender la memoria, desde escribir a hacer fotos. Pero Internet las sobrepasa a todas como una extensión computerizada de nuestra mente, donde podemos marcar texto, imagen, vídeo y audio de modo que no los olvidemos. Además, tenemos todo eso al alcance de las manos en nuestros teléfonos. De hecho, hay estudios que han demostrado que cuando las personas usan Internet para realizar búsquedas, les cuesta bastante distinguir si el conocimiento ha llegado de Internet o era algo que ya sabían [186]. Se está volviendo más difícil distinguir nuestra propia memoria del cuerpo de información de Internet. Nuestra dependencia de esta puede incluso estar reduciendo nuestra propia capacidad de memoria, como sugiere un estudio. Realizar búsquedas en Internet seis días seguidos disminuye realmente algunas funciones cerebrales, reduciendo la conectividad funcional y la sincronización de regiones del cerebro asociadas con la recuperación de la memoria a largo plazo [187].

Los pioneros de Internet soñaron con hacer la información del mundo fácilmente accesible. Con cada gran innovación, se producen consecuencias no intencionadas, tanto buenas como malas. Los automóviles llevaron al desarrollo de la infraestructura de carreteras y autopistas, lo que con el tiempo llevo a la aparición de los suburbios, que sirvieron para disponer de más espacio habitable pero también introdujeron impactos económicos, sociales y ambientales, como la emisión de gases invernadero de los vehículos, lo que causa el calentamiento global. En las visiones de los pioneros de Internet estaba implícita la asunción idealista de que la gente contribuiría con información significativa y buscaría información con un fin, y que esta información sería beneficiosa para la humanidad. Es muy probable que no concibieran el atractivo de pasar incontables horas navegando por Internet o en las redes sociales, o los comportamientos nocivos relacionados con la web oscura, las cámaras de eco o el ciberacoso. Y al igual que los primeros automóviles no tenían cinturones de seguridad ni airbags, tampoco se han construido funciones en Internet para prevenir estafas, información maliciosa o anuncios dirigidos.

El teórico de los medios Marshall McLuhan escribe: «La tecnología lleva a nuevas estructuras de sentimiento y pensamiento» [188]. Describió cómo el desarrollo del medio impreso llevó a la gente a ordenar sus percepciones para ajustarse a la página impresa. En la era digital, de forma parecida, la tecnología ha llevado a nuevas estructuras de atención. La organización de Internet, con sus nodos y enlaces y su contenido siempre cambiante, ha modelado no solo adónde prestamos atención sino también a la frecuencia a la que desviamos nuestra atención. Las personas organizan sus percepciones para ajustarse a los estímulos proporcionados por los hipermedios digitales, y para procesarlos. En un irónico acuerdo recíproco, la gente está añadiendo cosas a la estructura de Internet y desarrollándola, y a cambio, la estructura de Internet está influenciando y modelando un nuevo tipo de atención cinética cambiante. McLuhan tiene razón: Internet ha llevado a nuevas estructuras de pensamiento, coincidiendo con la manera en que nuestra capacidad de concentración en nuestros dispositivos ha ido acortándose con el paso de los años.

El uso de Internet se puede asociar con algo más que el cambio en nuestra capacidad de atención. El cambio en la manera en que el cerebro está organizado estructural y funcionalmente es parte del desarrollo humano normal, y esa organización puede cambiar a lo largo de la vida[189]. Al igual que el efecto sobre la memoria, algunas investigaciones sugieren incluso que el uso de Internet puede cambiar la respuesta funcional del cerebro, especialmente en áreas relacionadas con el razonamiento complejo y la toma de decisiones[190].

La idea del Memex de Vannevar Bush eliminó los obstáculos para encontrar información, pero también preparó el escenario para vagabundear por la web. Lo que Bush no predijo fue cómo su diseño simple de rutas asociativas de información evolucionaría más tarde hasta influenciar poderosamente nuestra susceptibilidad a la distracción. Como Internet es digital, no lineal, y tiene elementos discretos, nuestra atención ha llegado a reflejar esto y se fragmenta con facilidad. Internet está construida por gente normal; cualquiera, en cualquier parte, puede añadir contenido, y sin duda lo hace. La naturaleza improvisativa del crecimiento de Internet ha dado paso al comportamiento improvisativo de sus usuarios.

Para cuando empecé a estudiar el comportamiento de multitarea en la década de 1990, me di cuenta de que estaba abordando un fenómeno inmenso. Al intentar entender cómo funciona nuestra atención mientras estamos con nuestros dispositivos, era como si estuviera intentando entender la ruta de un barco basándome solamente en el viento, cuando otros factores como las corrientes oceánicas también estaban afectando a la nave. Las visiones idealistas de los pioneros de Internet han sido suplantadas por nuevas visiones de las empresas que han inventado formas de mantenernos pegados a la pantalla para sacar un beneficio. A continuación, hablaremos sobre cómo se han realizado estas nuevas visiones, y cómo afectan nuestra atención.

7

Cómo la IA y los algoritmos influencian nuestros pensamientos

Me persigue un par de botas. Estas botas llevan siguiéndome un mes y aparecen en los lugares más inesperados. Son lo primero que asoma por la mañana y a veces son lo último que veo por la noche. Cuando estoy leyendo *The New York Times*, las botas aparecen; cuando voy a Facebook, las botas están allí, y cuando voy a comprar auriculares, las botas me tientan. Cuando las veo, no puedo evitar sentirme atraída hacia ellas. No soy paranoica, pero sé que no es casualidad que las botas me sigan. Existe un motivo. Saben que las deseo. Parece que no puedo escapar de ellas. La única forma de detener esta persecución es comprarlas.

No solo somos nosotros los que observamos Internet. Internet también nos observa a nosotros. Su estructura no es solo un mecanismo tecnológico que afecta nuestro comportamiento *on-line*, nuestra atención también es alterada por los algoritmos. Estos algoritmos que nos encontramos a diario en el mundo digital son manipuladores casi perfectos de la atención.

Los algoritmos no nos resultan desconocidos a los humanos: la selección natural, o la supervivencia de los más aptos, se puede modelar como un algoritmo. La palabra *algoritmo* proviene del matemático persa del siglo VIII Muḥammad Ibn Mūsā Al-Jwarizmī, latinizado como Algorithmi. Un algoritmo, en su definición básica, es simplemente un conjunto de instrucciones. No es forzar demasiado el término afirmar que, teniendo en cuenta la adaptabilidad genética, la propia humanidad está basada en un algoritmo natural. Todas las actividades cotidianas se apoyan en algoritmos: cocinar siguiendo una receta, seguir instrucciones del GPS o montar una estantería de IKEA. Los algoritmos informáticos se usan para diseñar flujos de tráfico, orientar a los coches autónomos, tomar decisiones de negocios, diagnosticar enfermedades, asignar fianzas y determinar sentencias a delitos. Los algoritmos pueden estar diseñados para beneficiar a un grupo (usar un modelo de decisión para seleccionar un proyecto), o quizá a una organización (a quién contratar en una empresa o admitir en una universidad), o incluso a una sociedad entera (identificar sucesos climáticos extremos), pero también se los aplica a un nivel mucho más personal e individual: para programar la atención de la gente.

Dado que las personas tienen una capacidad limitada de recursos atencionales, las empresas de Internet que se especializan en ofrecer medios sociales, mensajería y comercio electrónico intentan atrapar tanta atención nuestra como les sea posible. Existe una intensa competición para ocupar el territorio inmobiliario de nuestra mente. Estas empresas invierten muchísimos recursos humanos y económicos en el desarrollo de algoritmos sofisticados para empujarnos a que dirijamos nuestros recursos atencionales a sus ofertas.

Se paga por nuestra distracción

Existe de hecho un plan detrás de la cacería implacable a la que me someten esas botas. Analicemos qué está pasando. No hace mucho, visité un sitio web de compras e hice clic en esas botas para verlas con más detalle. El sitio de compras es parte de una red de publicidad, un intermediario entre publicistas y editores de contenidos. La red de publicidad ejecuta en el sitio de compras un *software* que registra lo que he visto y coloca esta información en mi ordenador en una *cookie* (datos almacenados en un archivo en mi navegador), o si no, en un perfil que se almacena en la base de datos de la red de publicidad [191]. Cada vez que voy a otros sitios de Internet que forman parte de la misma red de publicidad, me reconocen por mi navegador, y saben que eché un vistazo a aquellas botas.

Así que me están rastreando, y las botas me siguen por Internet en lo que se denomina «remarketing publicitario». Cuanto más las veo, más ubicuas parecen, y sé que cuanto más estamos expuestos a algo y más aumenta nuestra familiaridad con ello, más nos gusta [192]. Esto también ayuda a explicar por qué las botas me distraen tanto. La mayoría hemos oído alguna vez una canción que suena continuamente en la radio y acabamos dándonos cuenta de que se nos ha grabado en la mente. De hecho, la activación cerebral, medida mediante fMRI, muestra que cuanto más familiar nos es una canción, más emocionalmente ligados a ella nos volvemos [193]. El poder de la familiaridad con las marcas en el comportamiento de compra es algo que también se conoce desde hace mucho tiempo en publicidad [194]. Por eso vemos anuncios de cerveza o de enjuague bucal repetidos en televisión. Pero lo que está ocurriendo también en el entorno digital es que estas botas se me presentan en diferentes contextos. Hace poco hice clic para leer en *The New York Times* un homenaje al batería de los Rolling Stones Charlie Watts, y aparecieron las botas. En este contexto, mi atención (y mi imaginación) fue imprimada por la asociación con los Rolling Stones para pensar en las botas como unas botas roqueras. El algoritmo que da instrucciones a las botas para que me sigan está jugando con mi mente.

En el capítulo anterior analizamos cómo la estructura de Internet de nodos y enlaces ha sido diseñada sin querer para distraernos. Por supuesto, no podemos hablar de nuestra capacidad de atención en Internet sin mencionar también la distracción intencionada mediante anuncios dirigidos. Manipular la atención de la gente no es algo nuevo; la publicidad lleva aquí desde los babilonios, en el 3000 a. C.[195]. Su incidencia aumenta en la Revolución Industrial cuando los medios impresos, especialmente la prensa, se hacen más populares. El objetivo de la publicidad es, en primer lugar, atraer la atención de la gente, y a continuación, convencerla de que necesita un producto o servicio concreto. Esta idea básica no ha cambiado en la era digital. La publicidad empezó dirigiéndose al público en general. Por ejemplo, si creemos que los suplementos naturales aparecieron en la década de 1960, debemos saber que, en la Inglaterra del siglo XIX, las «sales de fruta Eno» se anunciaban de forma que atrajeran a todos por su capacidad de eliminación de «materia fétida y venenosa de la sangre»[196]. Los anuncios que atrapan la atención empezaron como difusiones uno-a-muchos: una talla vale para todos. Todo el mundo veía el mismo anuncio de Coca-Cola.

Pero no todos somos iguales, y los anunciantes inteligentes llevan creyendo desde hace mucho que el negocio se puede reforzar creando anuncios a medida que atraigan hacia aquello en lo que la gente está interesada personalmente. La publicidad empezó a ser dirigida. Un ejemplo de publicidad más a medida fue la orientada a asmáticos en la década de 1890, irónicamente con el fin de vender cigarrillos Joy[197]. Empezando con la televisión, se presentó un montón de patentes describiendo cómo la publicidad podía ser configurada para los telespectadores dependiendo de factores como su localización o la hora a la que veían la televisión[198]. Pero los anuncios dirigidos a las audiencias de la televisión y la radio eran bastante toscos comparados con lo que es posible en la era digital. Existe mucha más información detallada que se puede cosechar de los usuarios de Internet, ya que estos dejan rastros digitales de su comportamiento *on-line*. Las patentes de publicidad dirigida para los sitios *on-line* empezaron a aparecer ya en 1993; veinte años más tarde se habían presentado 2900 patentes[199], y desde entonces la cantidad se ha disparado. El gasto en anuncios publicitarios digitales estalló hasta cerca de 400 000 millones de dólares en 2020.

Además, los anuncios dirigidos se han vuelto más sofisticados. Los creadores de anuncios despliegan algoritmos para descubrir cosas sobre la gente para así poder personalizarlos con más precisión. La empresa que vende esas botas sabe mucho sobre mí: qué estilo de ropa compro, qué sitios visito, que me gusta leer *on-line* y mucho más; lo suficiente para mellar mi resistencia a adquirir las botas. Los algoritmos informáticos saben incluso más: sobre los hábitos y deseos de la gente, y, por supuesto, sobre su comportamiento atencional. Dirigir la información significa preparar contenido específico para la gente en el momento oportuno y en un contexto en el que esté más atenta. A diferencia de los anuncios en televisión, los anuncios digitales pueden ser implacables y aparecer en diferentes contextos, cada uno de los cuales puede imprimir a una persona para que piense sobre el producto de diversas formas. Ver una chaqueta de cuero en una página web donde estamos leyendo un artículo sobre el cambio climático puede provocarnos rechazo, pero si la vemos en nuestra página de Facebook, puede imprimarnos a pensar sobre cómo nos elogiarán nuestros amigos si la compramos.

La publicidad dirigida *on-line* comenzó a mediados de la década de 1990, con anuncios colocados en sitios web concretos dirigidos a determinadas audiencias, y más tarde incorporaron detalles demográficos de los usuarios (por ejemplo, la edad o el género), el lugar donde estuviera una persona (basándose en la dirección IP), el comportamiento (qué sitios visitaba) e incluso valores que se podían inferir de lo que alguien veía *on-line* (si la persona lee el

Huffington Post o *Newsmax*); los algoritmos comenzaron también a incorporar información social sobre la gente a partir de su uso de las redes sociales y los sitios de establecimiento de contactos. Las empresas saben ahora cómo nos influencia nuestra red de amistades: lo a menudo que entramos en las redes sociales, en qué momento, qué miramos una vez estamos allí, qué publicaciones de amigos leemos, cuáles nos gustan (o nos encantan, o nos importan, o nos enfadan), qué vídeos vemos, qué historias compartimos y qué publicamos nosotros. La proliferación de dispositivos móviles incrementa la precisión de la información que las empresas pueden conseguir sobre el usuario. Si una persona hace ejercicio intenso y se mueve un montón, los datos sensores del *smartphone* pueden registrar e interpretar que se trata de un corredor. A esa persona se le mostrará entonces ropa de atletismo. El contexto se puede usar estratégicamente para hacer que los anuncios sean más relevantes. Un abrigo de invierno de alta tecnología le aparecerá en noviembre a alguien que vive en Minnesota, pero no a alguien que vive en el sur de California (a menos que la empresa sepa que hemos comprado billetes de avión a Aspen). Cuando el producto se ajusta al contexto de la ubicación, es más probable que capte la atención de una persona. Puede que no nos demos cuenta, pero estamos colaborando con el algoritmo porque le proporcionamos un montón de datos sobre nosotros. Somos cómplices inintencionados del algoritmo que atrapa nuestra atención.

Los algoritmos que tienen como objetivo nuestra atención están basados en la psicometría, un campo de estudio que mide el comportamiento, las actitudes y la personalidad de la gente. La psicometría existe desde finales del siglo XIX y fue desarrollada por el inglés Sir Francis Galton, una especie de hombre del renacimiento conocido por inventar la correlación estadística, pero que también dejó un legado ensombrecido ya que promocionaba la eugenesia. En los primeros estudios psicométricos, las capacidades cognitivas de las personas se medían primero con test físicos y después con encuestas, y de ahí surgieron los tests de coeficiente intelectual (CI). Pero encuestas y tests dejan de ser necesarios cuando los sensores pueden detectar discretamente las señales fisiológicas de las personas y los rastreos pueden detectar pistas digitales de su comportamiento *on-line*. Las empresas como la compañía de investigación de marketing Innerscope recopilan datos biométricos de las personas cuando ven anuncios en un laboratorio; por ejemplo, utilizando biosensores, rastreo de la mirada y expresiones faciales para determinar cuánto sudan, qué están mirando exactamente en el anuncio y qué emociones les provoca. Que una persona sude significa que está estimulada, y sus expresiones faciales ayudan a interpretar si en concreto está excitada o perturbada por el anuncio. La empresa de marketing Numerator usa un algoritmo basado en el comportamiento, las actitudes y las compras de los consumidores para clasificar a la gente a lo largo de trescientas cincuenta variables psicográficas, y proporciona esta información a las empresas que ayudan a vender productos.

La publicidad *on-line* se apoya en estos avances en la medición de la personalidad. En lo que fue promocionado como la nueva era de la publicidad de abajo arriba, la compañía Cambridge Analytica afirmó que eran capaces de mapear la personalidad de cada persona de Estados Unidos a partir de su comportamiento *on-line* —sin que las personas lo supieran—, y usó el «Modelo de los Cinco Grandes» para describir cinco rasgos de personalidad básicos: apertura a la experiencia, escrupulosidad, extroversión, amabilidad y neuroticismo. Por ejemplo, Cambridge Analytica descubrió que la población de Nueva York es en general más neurótica que la de California (en un capítulo posterior analizaremos con más profundidad los Cinco Grandes y mostraremos hasta qué punto un rasgo, el neuroticismo, puede influenciar nuestra concentración y nuestra susceptibilidad a la distracción *on-line*). Trabajando con clientes especializados en anuncios políticos, Cambridge Analytica apuntó a los individuos basándose en sus perfiles psicométricos. Los datos se utilizaron, presuntamente, para influenciar en potencia en elecciones en Estados Unidos y en otros países, como en el voto del *brexit*. Pero la codicia desbocada puede tener repercusiones. La compañía sufrió el cierre y se la recordará siempre con oprobio después de que usara datos personales de usuarios de Facebook, incluyendo sus redes de amistades, sin su consentimiento.

Pero una vez se han recolectado tales detalles particulares sobre la gente, ¿cómo analizamos esa información para sacarle sentido? La era del Big Data resolvió el problema. Cada vez que visitamos Amazon, el contenido que vemos, nuestro patrón de búsquedas y nuestro perfil se combinan con datos recogidos de millones de otros usuarios. Amazon realiza búsquedas similares para averiguar qué puede captar nuestra atención basándose en lo que hacen otras personas que son similares a nosotros. El algoritmo se actualiza constantemente. Este es el poder de Internet: hay cientos de millones de puntos de datos que se pueden recolectar sobre lo que nosotros y todos los demás hacemos *on-line* —en tiempo real—, y de ello se pueden sacar patrones. Los algoritmos incorporan esta información —quiénes somos, cómo nos sentimos, qué hacemos, cuándo y dónde— y la utilizan para atrapar nuestra atención.

Leernos la mente para distraernos

Llegados a este punto, nos estaremos preguntando qué más se puede inferir sobre nosotros basándose en nuestro comportamiento *on-line*. Cuando realizamos una encuesta y respondemos cuestiones personales, sabemos exactamente qué información estamos dando. Pero ¿qué información se puede sacar sobre nosotros con solo mirar nuestras huellas digitales? Resulta que bastante.

El fenotipismo digital hace referencia a la recolección de datos que las personas producen en su comportamiento *on-line*, y que pueden ser usados para medir cosas sobre ellas, como su estado de ánimo o su cognición. La raíz griega *feno-* significa «aparecer», y el fenotipo hace referencia a lo que podemos observar de un individuo basándonos en la expresión de sus genes, como pecas, tipo de cera de oídos o si tiene un tono de voz agudo o grave. Pero también expresamos más que nuestras personalidades cuando estamos *on-line*, incluso sin pretenderlo. Pensemos en todas las cosas que hacemos mientras estamos en Internet. Proporcionamos información demográfica como nuestro género, edad, ubicación, etc., en nuestros perfiles de las redes sociales. Realizamos búsquedas en la web, marcamos que nos gustan las publicaciones de nuestros amigos y publicamos contenido propio. Nuestras publicaciones se pueden minar para gran cantidad de cosas diferentes, y pueden revelar sobre nosotros más que el simple significado de lo que hemos escrito.

Investigadores de la Academia China de Ciencias y de la Universidad Tecnológica de Nanyang descubrieron que, entre otros datos, los patrones lingüísticos —los patrones de palabras que usamos— en nuestras redes sociales pueden revelar nuestro bienestar subjetivo. No es solo lo que decimos —usando palabras positivas como *feliz* o *asombroso*—, sino cómo lo decimos, como el tipo de pronombres que usamos; lo que se denomina la estructura de nuestro lenguaje. Los investigadores recopilaron publicaciones de 1785 usuarios de Sina Weibo, una red social china parecida a Twitter, y los participantes aceptaron que descargaran sus datos de la red social. Pidieron a estos usuarios que rellenaran dos cuestionarios bien establecidos: uno era el Inventario de Afecto Positivo y Negativo (PANAS) [200], para valorar el afecto de una persona (cómo de positivamente o negativamente se siente), y el otro era la Escala de Bienestar Psicológico [201]. Combinados, estos cuestionarios proporcionan una buena imagen del bienestar subjetivo de una persona. Los investigadores tomaron nota para cada participante de su género, su edad, la densidad de población del lugar donde vivía, las interacciones con otros usuarios que lo siguieran, su configuración de privacidad y la longitud de su nombre de usuario, además de los patrones lingüísticos de sus publicaciones. Descubrieron que esta combinación de rasgos se correlaciona bastante bien con el estado emocional y el bienestar psicológico de la persona[202]. Las correlaciones, que indicaban en qué extensión unas variables estaban relacionadas con otras, eran en ambos casos de .45. En el campo de la psicología, una correlación de .45 es impresionante; los seres humanos son bastante variables, y no hay muchos fenómenos psicológicos medidos que muestren una correlación tan fuerte. De forma más específica, estos investigadores descubrieron diferentes patrones de palabras que se correlacionaban positiva o negativamente con el bienestar subjetivo, por ejemplo, que cuanto más usa alguien el pronombre en primera persona *yo* en sus publicaciones, menos positiva se siente. Esto tiene sentido, ya que una persona infeliz es más propensa a dirigir la atención hacia su interior. Este resultado ilustra cómo una empresa que vende productos para desestresar, como sales de baño, puede descubrir a quién dirigir sus anuncios con solo usar información básica de sus publicaciones en Twitter. Si estamos en un estado mental concreto, puede que estemos más dispuestos a prestar atención a ese anuncio pues será exactamente lo que sentimos que nos hace falta. Pero determinar nuestro bienestar subjetivo puede ser bastante inocuo en comparación con otra información más personal que se puede discernir de lo que hacemos *on-line*. Si tenemos un trastorno depresivo importante, esto también puede predecirse de los datos públicamente disponibles en Twitter[203] o incluso de nuestras fotos en Instagram[204].

Los estudios mencionados utilizan información demográfica y el contenido y las fotos que publica la gente. Pero resulta que incluso la información mínima que proporcionan los «me gusta» de Facebook puede, por sí sola, predecir nuestros rasgos personales hasta un extremo razonable; las correlaciones entre nuestros «me gusta» en Facebook y los Cinco Grandes rasgos de personalidad van de un .29 a un .43[205]; lo que de nuevo se trata de valores impresionantes. Los «me gusta» de Facebook pueden también predecir en buena medida la inteligencia de la persona, el uso de sustancias adictivas, la edad y la postura política[206]. De hecho, al algoritmo le basta con analizar trescientos de nuestros «me gusta» para conocer nuestra personalidad mejor que nuestra propia pareja[207].

Los algoritmos se pueden diseñar para afectarnos la atención basándose en su conocimiento sobre nuestra personalidad, que, como ya hemos visto, las empresas pueden descubrir a través de nuestro comportamiento en Internet. Por ejemplo, los neuróticos tienden a ser más susceptibles al estrés y al miedo que los no neuróticos[208]. Una persona neurótica prestará probablemente atención a una imagen que evoque miedo, como una casa en llamas o una inundación en un anuncio de una compañía de seguros. Los extrovertidos son más sociales que los introvertidos, de modo que, si descubren que somos extrovertidos, una empresa podrá mostrarnos anuncios dirigidos de una fiesta en un crucero. Esta idea la apoya un estudio que mostró que los extrovertidos eran más propensos a hacer clic en un anuncio «Baila como si no hubiera un mañana» donde aparece gente festejando, mientras que los introvertidos estaban más predispuestos a hacer clic en un anuncio «La belleza no tiene que gritar» que muestra a un individuo mirándose en el espejo[209].

Gran cantidad de datos sobre nosotros y nuestra actividad física se puede recopilar sencillamente de nuestro *smartphone,* y puede que ni nos demos cuenta. En el capítulo 3 vimos que las personas muestran ritmos en su atención. También tenemos ritmos en otros comportamientos que pueden decir mucho de nosotros, incluyendo el uso del *smartphone*: con qué regularidad lo usamos durante el día, cómo nuestro ritmo circadiano de 24 horas afecta al uso, e incluso cómo de regular es ese uso en una base hora a hora. Investigadores de las universidades de Dartmouth, Stanford y Cambridge rastrearon el uso del *smartphone* de 646 estudiantes universitarios entre siete y catorce días, recogiendo datos como la actividad física de la persona, el sonido ambiente captado por el teléfono, su ubicación y lo a menudo que lo utilizaban. Todos los Cinco Grandes rasgos de personalidad, excepto el neuroticismo (no está claro por qué), se podían predecir a partir de ese tipo de ritmos en el uso del *smartphone*[210]. Al igual que con nuestro comportamiento en Internet, los datos que los *smartphones* recopilan discretamente sobre nosotros —y son bastantes— se pueden incorporar a los algoritmos para dirigir con eficacia nuestra atención.

Pero los algoritmos no están diseñados solo para los anuncios comerciales. Conocer información sobre nosotros como nuestra personalidad y nuestro bienestar subjetivo es algo que usan más ampliamente los medios sociales y las plataformas de mensajes para enviarnos notificaciones a medida. De forma nada sorprendente, Facebook ha presentado muchas patentes orientadas a usar algoritmos para captar mejor nuestra atención. Una patente, por ejemplo, tiene el título «Determinación de las características de la personalidad del usuario a partir de las comunicaciones y características del sistema de redes sociales»[211]. Nuestros rasgos de personalidad serán usados en algoritmos para ponernos delante anuncios e historias y noticias que es más probable que atraigan nuestra atención. Cuanto más nos presenten información que nos gusta y nos interesa, más prestaremos atención a las notificaciones y, por supuesto, más tiempo pasaremos en Facebook.

Apuntar a nuestros instintos más básicos

Cuando recibimos una notificación de Facebook que anuncia que un amigo ha publicado algo nuevo, nuestra curiosidad nos lleva a hacer clic. Estas notificaciones sociales aprovechan una propiedad fundamental de las relaciones humanas: la curiosidad por los demás. Si recibimos una notificación de que nuestro amigo ha publicado algo que tiene 143 «me gusta», vamos directos a saber más sobre el asunto. Esperamos tener sentimientos positivos cuando lo veamos.

Aunque algunas notificaciones exigen atención controlada para responderlas, otras se apoyan en la atención involuntaria o automática. Muchos algoritmos están diseñados para captar nuestra atención porque nos despiertan emociones integrales como felicidad, sorpresa, miedo o disgusto. Estos tipos de reacciones emocionales básicas se producen espontánea y automáticamente sin que haya procesamiento cognitivo, y se denominan emociones de bajo nivel [212]. Las notificaciones que tocan las emociones de bajo nivel exigen nuestra atención y disparan la respuesta impulsiva de hacer clic en ellas. Si vemos un anuncio con una imagen de un coche destrozado, y especialmente si tenemos hijos adolescentes, nos inducirá miedo y horror: emociones de bajo nivel que no podemos evitar sentir. Si recibimos notificaciones dirigidas que apuntan a nuestras emociones de bajo nivel cuando nuestros recursos atencionales están bajos o estamos en un estado de rutina o aburrimiento, es decir, cuando somos más susceptibles a la distracción, no podemos evitar responderlas.

La ira es una de estas emociones de bajo nivel que se usan para captar nuestra atención. En 2021, la exempleada de Facebook Frances Haugen declaró ante la Comisión de Bolsa y Valores de Estados Unidos. Entre otras revelaciones, describió cómo Facebook aprovechaba el hecho de que la atención de la gente se ve dirigida hacia publicaciones polémicas. Facebook sopesaba las publicaciones de acuerdo a los emoticonos usados, y promovía a la posición superior de la página de novedades de los usuarios aquellas en las que había aparecido más a menudo el icono de «enfado». Haugen declaró que al programa de IA de Facebook había sido ajustado para proporcionar deliberadamente a la gente contenido que podía ser dañino. Al final, Facebook dejó de aplicar ese método e introdujo el icono de enfado en el algoritmo, además de dar más peso a los emoticonos de «amor» y «tristeza». Facebook afirmó que dejar a un lado las publicaciones con el icono de enfado resultó en algoritmos que mostraban a la gente menos desinformación y probablemente publicaciones menos perturbadoras, aunque eso no ha sido comprobado por científicos fuera de la empresa[213].

Algunas publicaciones, sin embargo, siguen llegando a las masas. Por ejemplo, cosas como anuncios de BuzzFeed con tests de inteligencia; a la mayoría de la gente le gusta saber lo lista que es. Nuestra capacidad para resistir distracciones está afectada por varias cuestiones, como ya sabemos, tales como tener bajos los recursos cognitivos, o si algo involucra a una persona de nuestra red de amistades. Nuestra atención todavía puede caer presa de los anuncios tipo una-talla-vale-para-todos.

Por qué estamos pegados a TikTok

Para seguir explicando cómo nuestra atención es capturada usando algoritmos, veamos el caso de TikTok, la popular plataforma de medios sociales. TikTok tiene un algoritmo muy sofisticado, llamado motor recomendador, y es lo que ayuda a mantenernos en la trampa de atención, pegados a esos vídeos cortos, la mayoría de apenas quince segundos. El algoritmo descubre rápidamente lo que nos absorbe e intenta mantener el impulso en marcha. Pero antes de que analicemos cómo se nos recomienda un vídeo necesitamos dar un paso atrás, porque para recomendarnos algo, TikTok necesita recoger los datos correctos sobre nosotros y necesita saber qué hay en ese vídeo. Para cada vídeo que se sube al sitio se recopilan palabras clave, imágenes y descriptores sobre el contenido.

Por ejemplo, si estamos viendo un vídeo de alguien que baila al son de «Then leave» de BeatKing con Queendom Come, el motor recoge palabras que describen lo que está haciendo el actor (bailar), cuál es la canción («Then leave»), e incluso el género (música rap). Pero eso es solo la perspectiva del nivel superior, porque, de hecho, el motor recomendador está recopilando muchos más detalles, como dónde está bailando el actor: en una habitación, en la naturaleza, en un armario o en un tejado. Se incluyen detalles del bailarín, como si es «mujer», «hombre», «bebé» o incluso «perro», ya que los animales también pueden ser estrellas en TikTok.

También recoge datos sobre nosotros para el algoritmo: cosas como nuestro género, nuestra edad, profesión, dónde vivimos, qué nos interesa y mucho más. La máquina de búsqueda que usamos genera multitud de detalles como nuestra dirección IP y nuestra ubicación, para usarlos también en el algoritmo; puede determinar, entonces, en qué región del país estamos, la orientación política predominante en la zona, etcétera. Se nos reunirá con usuarios similares a nosotros, y cuanta más gente usa TikTok, más datos tiene la empresa con los que trabajar, mejores son las recomendaciones y más tiempo permanece capturada nuestra atención.

TikTok recopila incluso información sobre cuánto usamos el sitio. ¿Cuántos vídeos vemos cada vez? ¿Cuánto tiempo seguido pasamos en TikTok? Podríamos con facilidad ver ciento veinte vídeos, lo que solo nos llevaría alrededor de treinta minutos, y cuantos más vídeos veamos, más información obtendrá TikTok sobre lo que nos gusta. El motor también buscará tendencias, como cuántas personas están viendo un vídeo concreto, hacia dónde tienden y si nosotros vemos vídeos de temas que son tendencia.

Sin que nos demos cuenta, el motor de TikTok recoge incluso datos sobre nuestro contexto, o lo que ellos denominan escenario:

dónde y cuándo vemos vídeos de TikTok. ¿Qué vídeos nos gusta ver cuando estamos en casa? ¿Qué vemos cuando estamos lejos de ella, por ejemplo, en vacaciones? Conocer nuestro escenario puede decir mucho sobre las preferencias que tengamos. Por ejemplo, podríamos ver vídeos de bailes de hip-hop de ritmo rápido por las mañanas y vídeos de ritmo más lento ya avanzada la tarde. Si TikTok conoce nuestro contexto, digamos si es el caso de que sea por la tarde y estemos en casa, nos enviará vídeos que nos gusta especialmente ver en ese momento y lugar. El contenido correcto en el contexto adecuado aumenta la adhesión al sitio.

A pesar de que mi esposo y yo hemos visto películas juntos durante años, no siempre puedo predecir qué película le podría gustar (habitualmente, películas deprimentes en blanco y negro), y a veces me equivoco (hay ocasiones en que le gusta el color y las películas de acción). TikTok no se equivoca, o al menos no durante mucho tiempo. Si de repente decidimos ver danza de un género diferente, el motor de TikTok es ágil, se adapta con rapidez y nos envía vídeos del nuevo género.

El motor recomendador aprende mediante lo que se denomina bucle de retroalimentación. Ve qué vemos, aprende sobre nosotros, nuestro comportamiento y nuestro contexto, y a continuación alimenta de vuelta al motor con esa información y realiza ajustes. Así que el bucle es: observa, ajusta, muestra otro vídeo, y vuelta a empezar, todo ello en un abrir y cerrar de ojos. Cuantos más vídeos vemos, más conoce el algoritmo sobre lo que nos gusta y lo que no nos gusta, y más capaz es de sintonizar su objetivo y presentarnos contenidos que atraigan nuestra atención.

Ahora que conocemos la mecánica, podemos pasar a la razón psicológica por la que TikTok se apodera de nuestra atención y no la suelta. Quise hablar con alguien sobre cómo su obsesión con TikTok afecta su atención, y mediante mi red de contactos encontré a Rachel. Es una flautista profesional que prepara su doctorado en música, por lo que parecía alguien que era poco probable que se dejara llevar por el sitio. A sus treinta y un años, también es un poco más mayor que el usuario de TikTok típico. Cuando tiene un momento aburrido en su jornada, me explica, quiere hacer algo en lo que no tenga que pensar. Va a TikTok impulsada por una combinación de tedio y curiosidad, buscando entretenimiento rápido. Pero cuando está dentro, describe cómo el contenido se va haciendo cada vez más divertido, y se ve absorbida durante más tiempo del que había planeado. Debido a que las historias de los vídeos son tan condensadas, en los primeros cinco segundos de un vídeo es habitual que lo marque con un corazón (el «me gusta»).

Echemos un vistazo a lo que le ocurre a la atención de Rachel en los quince segundos de un vídeo de TikTok. Muchos de estos vídeos están construidos como una versión condensada de una película, en el sentido de que tienen un desarrollo de trama. Pero habitualmente solo muestran las primeras tres de las cinco etapas de un desarrollo de trama clásico: la introducción, la construcción de tensión y el clímax (las dos últimas etapas son la acción de caída y la resolución). Muchos vídeos de TikTok cautivan a la audiencia porque terminan con una sorpresa. A veces, se prefigura algo para crear tensión, pero casi siempre existe un giro de guion en el último par de segundos, como un cambio estúpido de vestuario de los que aparecen en el vídeo. Ver como Billie Eilish se mete en la boca la cabeza entera de un ukelele es el clímax de uno de sus vídeos de TikTok (este añade una resolución con ella riendo después). Otros vídeos pueden carecer de trama, como el de un Boston terrier bailando salsa al son de «Suavemente». El vídeo breve sujeta nuestra atención porque llega al clímax muy deprisa, en quince segundos.

Cuando un determinado comportamiento se refuerza positivamente, con una recompensa como la risa, hay muchas posibilidades de que lo repitamos. B. F. Skinner, el psicólogo conductista, se dio cuenta de esto en su descubrimiento del condicionamiento operante. Skinner metía a animales, por ejemplo, ratas, en jaulas (llamadas «cajas de Skinner»). Cuando la rata descubría que al presionar una palanca dentro de la jaula obtenía comida, lo que constituía un refuerzo positivo de ese comportamiento, seguía presionando la palanca para obtener la recompensa. Si al ver un vídeo de TikTok nos reímos, la risa es la recompensa, y este sentimiento refuerza e intensifica nuestro comportamiento de seguir viendo más vídeos. Estos afectan usualmente a nuestras emociones de bajo nivel, como la risa, el enfado o incluso la tristeza. Cuando vemos a una persona bailando por unas escaleras mecánicas o a un bebé sonriendo ante la música, no podemos evitar sentir un efecto positivo. Cuantos más vídeos vemos, más fuerte el es refuerzo para seguir viéndolos.

Hay otro motivo por el que nuestra atención resulta tan cautivada por TikTok. La risa provocada por la observación de los vídeos produce una liberación de un opioide endógeno en las partes del cerebro que procesan las recompensas, y de hecho, si experimentamos risa repetidamente a lo largo de un tiempo, eso lleva a cambios neuroplásticos en el cerebro [214]. La risa, además, puede reducir el estrés [215]. De modo que, en quince segundos, los vídeos de TikTok pueden recompensarnos con risa y potencialmente reducir nuestro estrés, y cuanto más tiempo pasamos en el sitio, más nos ligamos a la aplicación para cosechar las recompensas. Por supuesto, no todos los vídeos de TikTok inducen a la risa; algunos pueden provocar otras emociones, como la ira.

El tiempo vuela cuando un vídeo es corto, de ritmo rápido, posee un alto grado de «interesantidad» y tiene un giro final sorprendente. Pero el tiempo realmente vuela si los vídeos que se nos van presentando son los que TikTok sabe que nos cautivarán. Para entender mejor la manera en que la aplicación trabaja, miré un montón de vídeos. Cometí un serio error de encuadre, pues solo esperaba pasar pequeños periodos de tiempo haciendo eso, pero cada vez que empezaba a mirar TikTok, me descubría atada a la pantalla durante largo rato. Sabía que tenía mejores cosas que hacer, pero el tiempo volaba y a mí me costaba muchísimo apartarme.

El motor recomendador de TikTok es una caja negra; usa un algoritmo que solo conoce la empresa. Pero sabemos que funciona tan bien debido a su bucle de retroalimentación. Vemos un vídeo, y a continuación el algoritmo toma las riendas y sigue aprendiendo más sobre nuestra atención. Mirar algo que nos hace reír no es malo en sí mismo, pero puede serlo cuando no podemos escapar del bucle de comportamiento y caemos en la trampa de atención cuando deberíamos estar ocupándonos de cosas más importantes.

No podemos escondernos de Instagram

No tengo cuenta de Instagram, así que para poder investigarlo me hice una usando un nombre falso. Cuando me di de alta me preguntó si quería conectarme con mis contactos de Facebook, y yo decliné, de modo que no le di mi lista de contactos. Pero entonces, en la siguiente pantalla, me presentó sugerencias de gente con la que conectar. Entre las primeras veinte sugerencias había algunas personas populares como Selena Gómez y Michelle Obama, pero entre el resto de las aproximadamente quince sugerencias, siete de ellas eran personas con las que tenía conexión: cinco amistades de Facebook y dos que no eran amigos de Facebook pero sí gente a la que conocía. Una de las sugerencias en concreto me pareció muy extraña; era una persona a la que había entrevistado cara a cara en la ciudad de Nueva York pocos meses antes, y la única conexión electrónica que había tenido con ella había sido un breve intercambio de *e-mails*. Hay millones de usuarios de Instagram, así que aquello no era una coincidencia.

Así que busqué a un amigo, el experto en privacidad *on-line* Bart Knijnenburg, que trabaja como profesor en la Universidad Clemson, y le pregunté qué estaba pasando. Sospechaba que podía ser cosa del número IMEI (International Mobile Equipment Identity; identificador internacional de equipos móviles) de mi teléfono (es decir, su número de identificación único asignado por el fabricante), que podría estar siendo usado para identificarme. Probablemente, Facebook, que posee Instagram, también rastrea el IMEI de mi teléfono. Lo que Bart solo podía suponer —y esto es realmente incierto— era que quizá, en algún punto, esa persona a la que entrevisté había buscado mi perfil de Facebook. El algoritmo encuentra a nuestros contactos incluso si no queremos.

Instagram —que es parte de Meta, por lo que este punto se aplica también a Facebook— conoce el poder de la influencia social sobre nuestra atención (veremos más sobre esto en el capítulo siguiente). Sabe que vamos a tener curiosidad sobre lo que hagan nuestras amistades y que les prestaremos atención. Incluso si intentamos ocultarnos de nuestros contactos, como hice yo, el algoritmo de Instagram nos encontrará. Es como esas botas que me perseguían donde quiera que fuese *on-line*.

Los puntos fuertes y las motivaciones de los algoritmos

Cuando estamos en Internet, nos convertimos en parte de un ecosistema digital que implica interactuar con otros, con información, y por encima de todo, con algoritmos. Nos demos cuenta o no, estamos contribuyendo a su desarrollo. Prácticamente todas las acciones que realizamos en Internet y prácticamente todas las huellas digitales que dejamos crean información que alimenta los algoritmos y estos utilizan, y como ocurre con un cónyuge, socio o enemigo, cuanto más conocen sobre nosotros, mejor pueden predecir nuestro comportamiento.

Pero los algoritmos se pueden equivocar. Cuando Mike Ananny, ahora profesor de la Universidad de Southern California, estaba instalando la aplicación Grindr en su *smartphone* en 2011, se sorprendió al ver que le recomendaban otra aplicación, Sex Offender Search, que permite a los usuarios buscar delincuentes sexuales que vivan en su zona[216]. Grindr es una aplicación de red social para personas gais y bisexuales que está orientada a ayudarlos a encontrar pareja o gente afín en su localidad. Esta asociación entre aplicaciones la realizó el algoritmo de Android Marketplace. Ananny no es un delincuente sexual, pero algún conjunto de instrucciones incorporadas al algoritmo de la tienda enlazaba a las personas que descargaban Grindr con la idea de que también podrían estar interesadas en una aplicación que busca delincuentes sexuales. Los algoritmos que tienen como objetivo nuestra atención pueden errarle.

Pero cuando los algoritmos funcionan bien, ¿qué posibilidad tiene alguien de resistirse a la información que le presentan, tan hecha a la medida para ajustarse a su personalidad y sus tendencias emocionales? Por supuesto, desconectar las notificaciones nos protegerá de algunos de los efectos de los algoritmos. Pero nuestra mejor defensa contra ellos es entender cómo trabajan, cómo les cedemos el control de nuestra atención y cómo nuestra atención cinética y rápidamente cambiante está dirigida en parte por ellos, de modo que pueden llevarnos a enfocar esta atención hacia ellos de forma impulsiva. Al apoyarse en nuestros rasgos de personalidad y nuestro comportamiento *on-line*, las empresas saben con gran probabilidad qué vídeos veremos, qué publicaciones de amigos leeremos, qué nos parecerá interesante cuando vayamos de compras y qué es probable que compremos. Un vendedor de calzado puede rendirse y renunciar a intentar venderme algo de su tienda, pero aquel par de botas que me siguió por Internet jamás tirará la toalla. Cuanto más las vea, en algún momento cederé y las compraré. Los algoritmos están diseñados para manipular la atención; como si fueran misiles de precisión guiados, saben exactamente cómo atacar y destruir nuestra concentración. Aunque mis recursos cognitivos pueden estar bajos y hacerme vulnerable, los algoritmos jamás pierden su poder.

8

Nuestro mundo social digital

El metaverso, bajo la mirada del público después de que Mark Zuckerberg lo anunciara en 2021 como el futuro de su empresa, es un concepto que ya lleva dando vueltas desde hace mucho tiempo. La idea del metaverso —donde la gente puede entrar en espacios virtuales e interactuar y acceder a información— aparece en la novela de ciencia ficción de 1992 *Snow Crash*, de Neal Stephenson. Hace mucho que existen metaversos separados en forma de mundos virtuales primitivos en Internet. A finales de la década de 1990, yo estaba investigando uno de esos metaversos, un mundo virtual llamado OnLive! Traveler, uno de los mejores que he visto. Abrimos la aplicación desde nuestro portátil y hablamos con otros usuarios usando el micrófono del ordenador. El sistema utiliza audio espacial, lo que significa que imita la manera en que percibimos el sonido en el mundo físico. Si movemos nuestro avatar (que puede ser un lobo, un pez, una diosa o algún otro tipo de imagen) acercándolo a otro en este entorno virtual, sus palabras sonarán con más fuerza. Si estamos en un grupo, oiremos murmullos a menos que giremos directamente nuestro avatar para que mire de frente a la persona que habla. Los labios de los avatares se mueven en sincronía con nuestra voz. Estar en aquel entorno me fascinaba. Podía conocer a personas de todo el mundo. Estaba aprendiendo cómo la gente se comportaba e interactuaba en un metaverso precoz.

Un día abrí OnLive! Traveler y vi algo nuevo llamado Japan World, e hice clic en ello. De repente me vi transportada a un paisaje tridimensional simulado diferente, en el que vi tres avatares a lo lejos. Moví hacia ellos mi propio avatar y me presenté. Aquellos usuarios japoneses se apartaron un poco de mí, pero entonces me fijé en que todos habían realizado un movimiento que no me era familiar. Me di cuenta de que me estaban haciendo una reverencia. Aunque no era una función de diseño construida en el sistema, los japoneses se habían figurado cómo imitar una inclinación con sus avatares. Mientras hablábamos, acercaron los avatares como si se estuvieran esforzando por oír mi inglés, y después retrocedían de nuevo para mantener su distancia social. Me di cuenta de lo poderosas que eran las convenciones sociales: estábamos transfiriendo las normas de nuestro país a un mundo virtual, y estaba viendo las diferencias culturales (me sentía como una estadounidense agresiva cuando me acercaba demasiado a ellos). Mientras estudiaba a las personas que interactuaban en este y otros mundos virtuales, observé que se usaba una variedad de convenciones sociales, como cuando los grupos indicaban que estaban abiertos a que se les unieran otros moviendo sus avatares para crear un espacio para ellos, un usuario explicaba cortésmente por qué estaba abandonando aquel mundo o manteniendo la distancia social (como hacían los japoneses). A veces, la gente desarrollaba convenciones sociales únicas, como poner a los avatares cabeza abajo para indicar que estaban manteniendo una conversación privada. Estos mundos virtuales eran más que simples sistemas informáticos físicos: eran realmente sistemas sociales.

Muchas de las convenciones surgían sobre la marcha; no existían reglas escritas o instrucciones sobre cómo comportarse en los mundos virtuales, salvo la de ser educados. El estudio de estos mundos virtuales me hizo ser consciente de cómo nuestro comportamiento en Internet está en gran medida guiado, e incluso impulsado, por nuestra naturaleza social. Las personas adoptan de forma natural convenciones comunes sobre su comportamiento que las guía en la manera de usar el sistema, como escribí en un artículo en colaboración con Barbara Becker [217].

E-mail, Slack y redes sociales como Facebook son también sistemas sociales. A pesar de las enormes diferencias de perspectiva y antecedentes de sus usuarios, estos medios proporcionan un marco compartido para la comunicación. Todo el mundo tiene una idea común de que existen algunas convenciones sociales básicas que se usan en ellos. Por ejemplo, sobre el *e-mail* existe la expectativa de que debemos responder a los mensajes (aunque no todo el mundo la cumple), y a menudo existe una presión social a responder rápidamente. Si alguien está jerárquicamente muy por encima de nosotros, podemos enviarle un *e-mail*, pero probablemente no le mandaremos un mensaje de texto. Dado que *e-mail*, Slack y las redes sociales son sistemas constituidos por personas, incorporan dinámicas sociales; por ejemplo, la gente puede verse afectada por el comportamiento de otros. Podemos ser influenciados socialmente para participar, comerciamos con lo que se denomina capital social, construimos identidades *on-line*, y aquellos que tienen poder pueden afectar a otros en sus interacciones. Por supuesto, las personas son diferentes, y unas se ven más influenciadas que otras por esas fuerzas sociales.

Si vemos estos medios como sistemas sociales, esto nos puede ayudar a entender por qué pasamos tanto tiempo en ellos, por qué tenemos una relación tan conflictiva con el *e-mail* y por qué saltamos a responder un mensaje de texto. Cuando interactuamos con otros, esperamos obtener algún tipo de recompensa social, ya sea estatus, amistad o recursos. Para explorar cómo nuestra naturaleza social afecta nuestra susceptibilidad a las distracciones necesitamos profundizar en el examen del comportamiento social humano. En este capítulo estudiaremos cómo nuestra naturaleza social básica contribuye a explicar por qué nuestra atención se ve atraída con tanta fuerza hacia el *e-mail*, los mensajes de texto y las redes sociales, y por qué somos interrumpidos con tanta facilidad, incluso por nosotros mismos.

Pero echemos primero un vistazo a dos ejemplos históricos que muestran cómo otros medios diferentes a Internet —como la radio o los libros— pueden influenciar socialmente nuestro comportamiento, incluso de forma indirecta. En 1932, un esforzado húngaro, Rezső Seress, estaba decidido a alcanzar la fama como compositor. El pobre tipo se negó a dedicarse a un trabajo de nueve a cinco pero no conseguía que se publicaran sus canciones, y su novia lo abandonó en lo que resultó ser un domingo. Así que escribió una canción con letra melancólica que tituló «Gloomy Sunday», donde el narrador describe su tristeza por la pérdida de una amante. Aquello cambió las tornas para Seress: la canción se convirtió en un éxito internacional. Sin embargo, la letra era tan perturbadora que muchos suicidios en la década de 1930 fueron atribuidos a la canción, y la BBC prohibió su emisión por la radio hasta 2002.

Es cierto que el mundo parecía más sombrío en aquella época, con el ascenso del fascismo en Alemania y con el mundo presa de la angustia de la Depresión. Pero hubo numerosas pruebas circunstanciales de que escuchar aquella canción podría haber sido el golpe de gracia para algunas personas (por ejemplo, algunas víctimas tenían una copia de la partitura en el bolsillo). Sin embargo, incluso antes de que la radio y los periódicos fueran los medios de comunicación de masas de la época, el escritor Goethe mostró cómo la influencia social puede darse de forma indirecta. En 1774, Goethe publicó su novela *Die Leiden des jungen Werthers* (*Las penas del joven Werther*). Goethe estaba desesperadamente enamorado de Charlotte Buff, que estaba comprometida con otro. En la novela, que es en parte autobiográfica, el protagonista, Werther, se suicida al estar torturado por el amor no correspondido. Al igual que «Gloomy Sunday», aquella era otra historia de amor perdido que terminaba en suicidio, y a la cual se atribuyó una racha de suicidios en el siglo XVIII. El libro fue prohibido en tres países.

En la actualidad, la influencia social de las redes sociales es a menudo mucho más directa y dirigida, mediante la difusión de desinformación, afectando a la salud (casos de los trastornos de la alimentación [218] y las actitudes hacia las vacunas [219]) e incluso a decisiones financieras (comercio de criptomonedas [220]). Cualquiera puede poner en marcha una tendencia social como perder peso, diseñar comidas y bebidas inusuales y crear nuevas modas, donde los influenciadores toman las riendas en oposición a las empresas textiles y los vendedores. Modas populares como los pantalones de yoga acampanados surgieron de Instagram [221]. Expresiones escritas que se originaron en las redes sociales como *hashtag*, *LOL* o *BRB* se han introducido en el uso del lenguaje cotidiano [222]. Pero nuestras distracciones y nuestra atención también pueden ser influenciadas socialmente por Internet a un nivel mucho más sutil, de formas que quizá no nos demos cuenta.

Nuestra atención puede ser influenciada socialmente

Las personas pueden ejercer una influencia social tan fuerte que puede llevar a otros a hacer cosas incluso en contra de su juicio racional, como demostró un estudio clásico realizado por el psicólogo social Solomon Asch [223] en 1956. Las experiencias de Asch hicieron que quedara fascinado por el poder de la influencia. Cuando era niño, en Polonia, una noche, durante la cena de Pascua, vio que su abuela servía un vaso extra de vino, el cual le dijeron que estaba reservado para el profeta Elías. Como relató Asch más adelante, estaba tan convencido de que Elías acudiría a la mesa que cuando se convirtió en psicólogo decidió que estudiaría hasta qué punto la influencia social puede cambiar el comportamiento de las personas.

En el experimento de Asch, una persona se sentaba a solas en una habitación y se le pedía que juzgue si dos líneas de longitud claramente diferente eran parecidas o no; el individuo siempre daba la respuesta correcta. Sin embargo, si la misma persona se sentaba en una habitación con más personas (que formaban parte del equipo del experimento) y una tras otra afirmaban que las dos líneas eran iguales, la persona incauta seguía la opinión del grupo y decía que las dos líneas eran de longitud similar. El experimento de Asch demostró que un grupo puede presionar a un individuo para que se amolde al resto. Un detalle interesante es que cuando se realizó una versión moderna del mismo experimento usando robots, no funcionó [224]; aparentemente, las personas no se sienten influenciadas socialmente por máquinas y no sienten la necesidad de amoldarse, lo que es bastante tranquilizador. Pero en Internet no sabemos si quien publica en una red social es un humano o un bot.

En Internet somos conscientes de la presencia social de otros incluso aunque no estemos interactuando directamente con ellos. Los rastros digitales de otros señalan su presencia: sus publicaciones, sus imágenes y sus comentarios. Cuando publicamos en Twitter o en Facebook, somos conscientes de que existe una audiencia que está consumiendo nuestros medios sociales y probablemente alguien que necesita algo de nosotros, aunque solo sea una respuesta. Esta consciencia también se encuentra cuando leemos *e-mails*: hay personas tan agudamente reactivas a la presencia de otros que comentan que oyen «una voz interior» del remitente del *e-mail*. Lo cierto es que esto no es poco común en general; el 81 % de la gente encuestada comenta que oye «voces», al menos en ocasiones, mientras están leyendo un texto [225].

Los jóvenes son muy vulnerables a la influencia social. La velocidad de las interacciones *on-line* amplifica la urgencia y las demandas de un mensaje [226], y esto intensifica la influencia del grupo hacia estar conectados. Por añadidura, ser capaces de acceder a las redes sociales en cualquier momento y lugar mediante dispositivos móviles refuerza el rápido ciclo de respuestas, manteniendo elevada la presión social, algo que sabemos que está relacionado con el uso del alcohol y las drogas entre los jóvenes [227]. Por supuesto, lo que hace la gente en las redes sociales deja un registro permanente, como probablemente sabemos a partir del hecho de que la mayoría de las empresas en la actualidad revisan las cuentas en las redes sociales de los candidatos a un empleo, buscando cualquier prueba de comportamientos inapropiados [228].

Existe una base neural que puede explicar, al menos en parte, cómo los medios sociales ejercen influencia sobre los jóvenes. Esto se muestra escaneando el cerebro de las personas cuando ven la cantidad de «me gusta» que reciben en sus cuentas. Los «me gusta» proporcionan validación social y apoyo de los iguales. El área del cerebro asociada al sistema de recompensas es el núcleo accumbens, y en los jóvenes, esta zona tiene una sensibilidad elevada. En un experimento realizado por investigadores de la Universidad Temple y la UCLA, sesenta y un estudiantes de instituto y universitarios de edades entre los trece y los veintiún años fueron al laboratorio, pero antes de que llegaran se les pidió que enviaran a los experimentadores fotos de Instagram de sus propias cuentas. Se les dijo a los participantes que sus compañeros verían esas fotos en una red social interna (no era así; los experimentadores manipularon el número de «me gusta», dando muchos a la mitad de las fotos y muy pocos a la otra mitad). Según las imágenes fMRI, el núcleo accumbens del cerebro de los jóvenes mostraba una activación mayor cuando veían que sus fotos de Instagram tenían muchos «me gusta», en comparación con la actividad de los que tenían pocos [229]. La activación del cerebro se incrementaba con la edad en el caso de los estudiantes de instituto, pero no en el de los universitarios, lo que sugiere que existe un pico de edad entre los dieciséis y los diecisiete años donde son más susceptibles a la presión social [230]. El estudio muestra que recibir muchos «me gusta» activa el sistema de recompensas, y los jóvenes pueden seguir autointerrumpiéndose debido al mayor deseo de recibir recompensas sociales. De hecho, mis estudios con jóvenes sugieren que ese es el caso: descubrimos que un uso elevado de las redes sociales está correlacionado con la multitarea. Pero es un tipo especial de redes sociales el que se relaciona con esta. Aquellas personas que experimentan más interrupciones desplazan su atención más deprisa y usan más redes sociales que involucran interacciones de ida y vuelta, como Facebook, mientras que aquellas que desplazan menos su atención tienden a usar sitios que involucran principalmente interacciones en un solo sentido, como los sitios de *streaming* de vídeo como YouTube[231].

Esto no ocurre solo con los jóvenes. Las personas de cualquier edad nos vemos impulsadas a mantenernos al día en las redes sociales porque sentimos la presión social para no rezagarnos en nuestras interacciones. En foros públicos como Facebook o Twitter, las expectativas de interacción son elevadas porque toda la esfera pública está esperando una respuesta. Las recompensas que obtenemos de las interacciones —«me gusta», comparticiones y comentarios— refuerzan todavía más la atención que dedicamos a estos medios.

La atención que dedicamos a nuestro grupo

La influencia social en Internet puede producirse de formas extrañas. Resulta que solo el conocimiento de un fragmento de información relativamente pequeño sobre dónde está localizado físicamente un desconocido de Internet puede afectar a cuánta influencia social tiene sobre nosotros.

Mi estudiante de posgrado Erin Bradner y yo realizamos un estudio que demuestra lo anterior. Llevamos al laboratorio a noventa y ocho sujetos, y a todos se les asignaron tareas que tenían que realizar con un compañero. Esto medía tres tipos diferentes de comportamiento social: la cooperación (con la tarea del dilema del prisionero, usada en la teoría de juegos, y que mide si un sujeto decide colaborar con el compañero o no); la persuasión (usando la tarea de supervivencia en el desierto, que mide hasta qué punto el compañero puede convencer al sujeto de que cambie su listado de objetos que usar para sobrevivir en un desierto), y el engaño (con la escala de engaño de Paulhus, que mide hasta qué punto el sujeto responde verazmente a las preguntas que le hace el compañero, por ejemplo «Siempre obedezco las leyes, incluso aunque sea improbable que me pillen»). Los sujetos interactuaban con el compañero mediante videoconferencia o mensajes de texto, tal como harían en Internet. En realidad, el compañero era una persona del equipo de experimentadores. Esta llevaba una peluca y gafas para que nadie pudiera reconocerla; de hecho, se veía bastante diferente con el disfraz. A la mitad de los sujetos se le dijo que el compañero estaba en la misma ciudad del sur de California que ellos, Irvine, y a la otra mitad, que estaba al otro lado del país, en Boston. El fondo de la videoconferencia era exactamente el mismo, los mensajes de texto eran exactamente los mismos y el compañero era el mismo en ambas condiciones. Lo único diferente era el lugar donde el sujeto creía que estaba el compañero con el que interactuaba. Resultó que cuando a los sujetos se les decía que su compañero estaba en una ciudad lejana, cooperaban menos, se dejaban convencer menos y le daban imágenes más engañosas de sí mismos[232]. No importaba que la imagen del compañero se pudiera ver en una pantalla o si solo se usaban los mensajes de texto: los resultados eran los mismos. Este descubrimiento muestra que incluso la información social más sutil que discernimos de otros en Internet, como el lugar donde están, puede tener efectos potentes en nuestro comportamiento. Aparentemente, la distancia sigue importando en Internet a pesar de que podemos intercambiar mensajes de forma casi instantánea con personas del otro extremo del planeta.

En este experimento, la proximidad del compañero puede haber insinuado que estaba en el mismo grupo que el sujeto. Que estuviera muy lejos podría haber indicado que pertenecía a un grupo externo. Las personas tenemos una tendencia innata a categorizarnos dentro de un grupo y a distinguirnos de los que están en otros grupos, probablemente para reforzar nuestra autoestima[233]. Podemos no estar tan dispuestos a colaborar con alguien de un grupo externo, ser menos propensos a que nos convenza e incluso estar más dispuestos a engañarlo. Los grupos propios se pueden formar compartiendo otras propiedades aparte de la proximidad, por supuesto. Una persona que publicaba desde hacía años en el *subreddit on-line* Ateísmo comentó que identificarse como un miembro de este sitio lo ayudó en la vida real: después de treinta años de vivir en una comunidad conservadora de Colorado donde el ateísmo era anatema, solo ahora pudo empezar a abrirse en persona sobre sus creencias a otros habitantes de su localidad.

En nuestro uso cotidiano de Internet, puede que estemos menos dispuestos a responder a un *e-mail* de alguien que creemos que no pertenece a nuestro grupo, por ejemplo, alguien de fuera de nuestra organización o de otro país. A la inversa, estamos probablemente más dispuestos a responder a un *e-mail* de alguien que creemos que pertenece a nuestro grupo, como puede ser alguien que tenga el mismo trabajo o la misma afición, o resida en la misma ciudad. Sé que esto es cierto en mi caso: si no puedo encontrar pistas sobre un remitente a quien no conozco, que me indiquen que podemos tener algo en común, habitualmente dejaré pasar ese *e-mail*.

Gestionar nuestras identidades *on-line*

Nuestras identidades en el mundo digital pueden ser más satisfactorias que nuestras identidades en el mundo físico. Alguien que trabaje en un Target en el mundo físico puede ser una estrella en YouTube. Un caso ejemplo es el de Tony Piloseno, que cuando estaba en la universidad trabajaba en una tienda de pinturas, y se hizo famoso como estrella de TikTok con sus vídeos donde mostraba formas inusuales de mezclar pinturas. Algunos de sus vídeos acumularon más de un millón de visitas. En uno, aplasta arándanos frescos en pintura blanca y el resultado parece un batido de arándanos. Ese vídeo se hizo viral y lo despidieron de la tienda de pinturas[234], pero ahora posee su propia marca, trabaja en otra tienda y continúa manteniendo su identidad como artista mezclador en TikTok.

Dedicamos mucha atención y tiempo a la construcción de nuestras identidades *on-line*. Nuestra relación con Internet se puede describir bien con la famosa frase de Shakespeare en *Como gustéis*: «El mundo entero es un escenario y todos los hombres y mujeres, meros actores». El sociólogo Erving Goffman emuló a Shakespeare en 1959 cuando se refirió a las personas como actores en un escenario social: «En su capacidad como intérpretes, los individuos se preocuparán de mantener la impresión de que están a la altura de los numerosos estándares según los cuales ellos y sus productos son juzgados»[235]. Sin embargo, en la era digital, nuestro enorme escenario es Internet. Aunque Goffman estaba hablando de nuestra vida cotidiana en el «mundo real», en Internet gestionamos además la impresión que queremos que otros tengan de nuestras identidades *on-line*. En un escenario cara a cara somos bastante buenos gestionando impresiones. Por ejemplo, podemos elegir qué nos ponemos para ir a una fiesta, y podemos seleccionar con cuidado con quién relacionarnos cuando estemos en ella. Pero también nos dedicamos a gestionar la impresión *on-line*, y debido a que somos humanos y a que Internet nos permite crear falsas impresiones con facilidad, puede que nos excedamos. Por ejemplo, está comprobado que la gente hincha su autoimportancia en sus actualizaciones de estado de Facebook, y la gran mayoría ni siquiera se da cuenta[236]. TikTok ofrece una herramienta de edición de vídeo que facilita la manipulación de imágenes, y esta función se ha hecho viral; la gente la usa para alterar su apariencia. Incluso Zoom tiene una funcionalidad llamada «Retocar mi aspecto».

Construir nuestra identidad en Internet puede ser complicado. Los jóvenes especialmente, pero también el resto de nosotros, tenemos que navegar el colapso de contextos, donde tenemos muchos grupos diferentes y diferenciados de amigos en las redes sociales. La forma en que nos presentamos a nuestros compañeros de trabajo en LinkedIn puede ser bastante distinta de cómo lo hacemos ante nuestros parientes y amigos en Instagram. No queremos publicar una foto borrachos destinada a nuestros compañeros de la universidad cuando también tenemos a nuestra abuela en la red de amistades. Tenemos múltiples presentaciones que debemos gestionar. Construir una identidad *on-line* y mantenerla puede ser gratificante, pero también es un sumidero de tiempo. En los primeros metaversos que visité, la identidad no parecía tan relevante. Pero la identidad *on-line* es mucho más significativa en la actualidad (por ejemplo, para filtrar aspirantes a un empleo a citas), y si alguna vez se materializa un único metaverso que lo englobe todo, es más que probable que nuestra identidad *on-line* adquiera una importancia mucho mayor.

La economía del capital social

Las plataformas de redes sociales como Instagram, TikTok o Facebook beben del deseo humano básico de conseguir recompensas mediante la interacción con otros. Internet es un mercado de capital social. El capital social es el beneficio que obtenemos de pertenecer a un grupo: intercambiamos recursos a través de las relaciones; estos recursos pueden ser sociales, intangibles o tangibles. Respondemos a un *e-mail* en Slack porque esperamos que algún día nuestro compañero nos ayude a su vez. En el mundo físico puedo atender la tienda por ti, pero entonces espero también que algún día que esté apurado me devuelvas el favor. Si un conocido nos invita a un evento importante en su organización, probablemente le corresponderemos de alguna manera. El capital social nos es valioso porque nos ayuda a mantener y cultivar relaciones. Es como un crédito que podemos canjear en el futuro.

Joan, una analista financiera que participó en uno de nuestros estudios, considera responder al *e-mail* como una inversión: «Siempre contesto de inmediato a los *e-mails* de los administradores de mi departamento porque sé que hay veces que dependeré de que ellos actúen con rapidez tras un *e-mail* mío». Su comentario refleja por qué queremos mantener un equilibrio de capital social con compañeros, amigos y, a veces, incluso con desconocidos en nuestras interacciones *on-line*. Respondemos de inmediato el *e-mail* de alguien que sospechamos que, por ejemplo, podría ofrecernos un empleo en el futuro. Dado que el capital social es un mecanismo tan poderoso, estamos alerta y respondemos a los mensajes de gente que sentimos que puede ofrecernos recursos, ya sea amistad, información o conexiones sociales.

Nuestro deseo de ganar capital social mantiene nuestra atención atraída hacia las redes sociales. En estas, las personas acumulan diferentes tipos de recursos, lo que el sociólogo Robert Putnam denomina afianzar y puentear capital social [237]. Con el afianzamiento del capital social, las personas reciben apoyo emocional a través de sus lazos estrechos en las redes sociales. Por otro lado, tender puentes de capital social hace referencia a la información que la gente recopila mediante el acceso a un amplio conjunto de personas diversas y a la interacción con estas; pueden ser conocidos de amigos o amigos directos. Un sitio como Facebook ofrece beneficios tanto de afianzamiento como de puenteado ya que las personas se pueden beneficiar emocionalmente de su círculo más estrecho de amigos, pero también porque puede obtener información de un círculo de amigos de Facebook más amplio y variado [238]. Cuanto más diversos son los tipos de personas con los que tenemos conexiones, más diferente y potencialmente valiosa es la información a la que podemos tener acceso. Una persona con 2000 amigos de Facebook tiene un gran saldo de capital social puenteado al que puede recurrir, por ejemplo, cuando necesita preguntar dónde encontrar un apartamento. El gran círculo de amistades ofrece lo que el sociólogo Mark Granovetter denominó «la fuerza de los enlaces débiles», un descubrimiento que muestra que la gente tiene más oportunidades de conseguir trabajo mediante contactos con los que tiene conexiones sociales débiles que mediante los amigos cercanos[239]. No obstante, ganar más recursos de capital social puenteado tiene un coste de atención: va acompañado de más notificaciones y más gente sobre la que mantenerse al corriente.

Acumular recursos de capital social requiere un esfuerzo. No vamos a conseguirlo solo con recorrer la pantalla de Facebook. Cosechamos más beneficios cuando aportamos información e interactuamos con otros, en comparación con los recogidos si nos limitamos a leer publicaciones pasivamente[240]. Quizá no nos demos cuenta, sin embargo, de que nuestro deseo de acumular recursos de capital social puede llevarnos a invertir tiempo en *e-mail* y redes sociales. Y, por supuesto, puede apartar nuestra atención de otros trabajos que necesitemos completar.

El poder social influencia nuestra atención *on-line*

Nuestra atención y las distracciones en Internet también están influenciadas por el poder que existe en nuestras relaciones. Bertrand Russell, un perspicaz observador del comportamiento social, explica: «Las leyes de las dinámicas sociales son leyes que solo se pueden declarar en términos de poder»[241]. Los humanos siempre han estado afectados por el poder, ya sea buscando amasarlo o estando subordinados al poder de otros. El poder es la capacidad de controlar a otros o de tener información de la que otros carecen. Podemos tener poder sobre otros de formas de las que no nos damos cuenta. Alguien que conozca la geografía de Londres puede tener poder sobre un visitante que intenta orientarse por la ciudad. Las relaciones de poder pueden ser entre iguales o desequilibradas; en estas últimas, algunas personas tienen poder sobre otras. Los padres tienen poder sobre sus hijos; los supervisores tienen poder sobre sus empleados; los famosos tienen poder sobre sus fans; un empleador en potencia tiene poder sobre un solicitante de empleo, y John Gotti tenía poder sobre la familia mafiosa Gambino. Pero, posiblemente, la madre de John Gotti tenía poder sobre él.

El poder se construye en jerarquías sociales. Todos formamos parte naturalmente de jerarquías sociales, aunque sean informales; con los compañeros de trabajo, los integrantes de la asociación de vecinos, el club de lectura, el equipo deportivo, el grupo de amigos y, por supuesto, uno importante era la clase del instituto. La gente quiere obtener estatus en sus grupos sociales, y nadie quiere perder su posición en el estrato social. Cuando la gente tiene poder especial sobre otros, tiene control sobre algún tipo de recurso valioso que desean otros con menos poder. Este recurso puede ser el dinero, un trabajo o incluso la influencia; alguien a quien acabamos de conocer puede tener el poder de introducirnos en un círculo social del que anhelamos formar parte. De modo que no es sorprendente que los sistemas sociales como el *e-mail* y las redes también involucren relaciones de poder. Las motivaciones humanas básicas para aspirar al poder y querer mantener nuestra posición en determinada jerarquía social están reflejadas en la atención que dedicamos a Internet.

La idea de poder puede ser preparada y activada en nuestra memoria, lo que sugiere que podemos responder a ella de formas inconscientes [242]. Pueden aparecer pistas de relaciones de poder en nuestro *e-mail* o en nuestras redes sociales, lo que a su vez puede prepararnos para pensar en el estatus. Consideremos la firma de *e-mail* de alguien que incluye el término «Director», o un identificador de Twitter con un «PhD», o un *e-mail* que usa un tono muy formal. De hecho, el poder está reflejado no solo en estos tipos de señales sino en la forma en que redactamos los *e-mails*. Un análisis del uso del *e-mail* en dos departamentos académicos realizado por Niki Panteli, de la Universidad de Bath, encontró diferencias en la forma en que estaban escritos los *e-mails* dependiendo del estatus de una persona. Los *e-mails* que envían las personas de mayor estatus (por ejemplo, los profesores) son más lacónicos y formales y usan formas, mientras que los enviados por aquellas de menor estatus (por ejemplo, el personal de soporte) tienden a usar saludos y son más personales y amistosos [243].

Un estudio de Eric Gilbert, que actualmente está en la Universidad de Michigan, muestra también diferencias de poder y estatus en la redacción de los *e-mails*, en este caso reflejada incluso en las frases usadas por la gente [244]. Utilizando el corpus Enron sobre medio millón de *e-mails*, Gilbert descubrió que las personas de menor estatus usan un lenguaje cortés y respetuoso del tipo «pensé que usted podría» en los *e-mails* dirigidos a aquellos en posiciones de más poder, mientras que los que ocupan puestos altos en la jerarquía usan frases como «hablemos de» cuando se dirigen a los de menor estatus. Un detalle interesante es que incluso en Twitter se puede discernir el poder social con la forma en que se usan los emoticonos: las personas de mayor poder social los emplean más a menudo [245]. Así, lo consideremos conscientemente o no, todos comunicamos poder cuando usamos los medios independientemente de que nuestro estatus sea alto o bajo.

Pero hay otros indicadores de poder en Internet, y no solo en nuestros mensajes. El número de seguidores que tiene una persona en Twitter, YouTube o Facebook transmite si se trata de alguien influyente y cuánto poder tiene. Queremos ascender por la jerarquía social y obtener más poder, y si un famoso nos sigue en Twitter, nos ha tocado la lotería.

El poder en las relaciones representa un papel fundamental en hacia dónde dirigimos nuestra atención. Podemos figurarnos que las personas de menor estatus prestan más atención a las de mayor estatus que a la inversa [246]. Posiblemente pasemos más tiempo comprobando nerviosamente el *e-mail* que puede llegarnos de un supervisor que el que dedica el supervisor a comprobar el nuestro. Saltamos a responder mensajes de la gente que tiene algún poder sobre nosotros. Los que ostentan el poder tienen la capacidad de controlar los desenlaces de otros [247]. Respondemos al *e-mail*, el Slack y los mensajes de texto enviados por aquellos que tienen poder sobre nosotros, debido a que puede que tengan alguna influencia sobre nuestro destino. Por tanto, estamos alertas y no dejamos de comprobar la bandeja de entrada en busca de mensajes clave, porque pasarlos por alto puede tener consecuencias. Las relaciones de poder pueden afectar incluso a la multitarea; algunos participantes en mis estudios han comentado que dan prioridad y cambian de tarea no solo en base a las fechas de entrega sino a si existen otros implicados en ese trabajo que tienen algún tipo de poder sobre ellos, como un supervisor o un compañero influyente. Internet es una red entera de relaciones sociales, y, en consecuencia, con la complejidad del poder construido en ella, tener poco poder puede encadenarnos psicológicamente a Internet mientras tenemos la esperanza de ascender por los estratos sociales, pero también ocurre que tener un poder elevado puede encadenarnos psicológicamente a Internet con el fin de conservar dicho poder.

Nuestra atención a las relaciones *on-line*

En Internet creamos patrones de relaciones, como redes de amigos, de forma muy parecida al mundo real. Las plataformas de redes sociales nos proporcionan los bloques de construcción para hacerlo, y la forma en que estructuramos nuestras redes afecta, a su vez, a nuestra atención. Elegimos a quiénes y a cuántos incluir. Pero existe un límite a la cantidad de gente con la que podemos interactuar de forma significativa. Robin Dunbar, un antropólogo británico, encontró que el número de personas con las que los humanos pueden mantener de forma natural relaciones interpersonales estables es de alrededor de ciento cincuenta, y esta cifra se mantiene no solo en sociedades desarrolladas sino a lo largo de varias sociedades modernas diferentes de cazadores-recolectores, como los inuit[248]. (Dunbar también encontró que el número de personas dentro de este círculo con las que podemos tener relaciones emocionales profundas es de solo alrededor de cinco). Según Dunbar, la cifra de ciento cincuenta está basada en una teoría sobre los límites de la capacidad de procesamiento neocortical del cerebro y, por supuesto, en los límites de tiempo que las personas pueden dedicar. Ahora podemos imaginar que las redes sociales *on-line* pueden ampliar las capacidades de la gente y reducir las restricciones de tiempo. Es más rápido enviar un mensaje de texto a un amigo para hablar de un problema que pasar tiempo en una conversación telefónica o quedando con él para tomar una copa. Hace falta tiempo para coordinar planes sociales, para ir a algún lugar, y, por supuesto, las conversaciones cara a cara duran más que los mensajes electrónicos. Pero parece que no podemos superar nuestras restricciones biológicas y temporales incluso con las redes *on-line*. Un estudio realizado con cerca de dos millones de usuarios de Twitter descubrió que el número de personas con las que podemos tener una relación *on-line* estable es parecido al número de Dunbar: entre cien y doscientas[249]. Dunbar también examinó la frecuencia de contacto entre las redes de amigos en Facebook y Twitter y validó la cifra media original de ciento cincuenta personas.

De modo que ¿cómo podemos sacar partido al número de Dunbar? Puede ayudarnos a concentrarnos en las conexiones sociales que tienen más valor para nosotros. Por supuesto, no es fácil limitar nuestras relaciones a un grupo de ciento cincuenta personas y descartar al resto. Pero deberíamos pensar en los tipos de capital social que estamos intercambiando y qué beneficios recibimos. Para ayudarnos a gestionar nuestra atención, necesitamos, en primer lugar, cambiar las expectativas sobre los beneficios que puede proporcionarnos nuestra red social. Recordemos que un sitio como Facebook no está diseñado para desarrollar nuevas amistades sino para mantener las antiguas. Así que no esperemos poder invertir nuestro tiempo en el desarrollo de relaciones cercanas, o siquiera estables, con mil personas. Por supuesto, podemos obtener recompensas de vez en cuando mediante el puenteado de capital social (los recursos que conseguimos de un conjunto variado de personas), pero debemos considerar con cuidado las recompensas que nos proporciona el tamaño de nuestra red en comparación con el tiempo que invertimos en ella. Una red más pequeña tiene más ventajas en comparación con una grande, como mostró un estudio de la red de carreras profesionales *on-line* XING: el mayor éxito a la hora de conseguir ofertas de empleo llegó a través de una red de ciento cincuenta personas[250], lo que resulta que es precisamente el número de Dunbar. No estoy sugiriendo que desamiguemos a nadie (aunque podríamos); estoy pidiendo que pensemos en los costes y beneficios que obtenemos de las relaciones y el tiempo que consumimos en las redes sociales. Tengamos en cuenta los errores de encuadre mencionados en el capítulo 2: las personas a menudo juzgamos mal qué elecciones nos traen beneficios y cuánto tiempo esperamos dedicar a nuestra elección. Invirtamos nuestro escaso tiempo en aquellos cuya relación valoremos realmente y nos pueda beneficiar. Consideremos que una red grande seguramente implica más tiempo invertido, y quizá no cosechemos recompensas a la altura de ese esfuerzo. Antes de que saltemos a comprobar las redes sociales, preguntémonos qué esperamos obtener en términos de recompensas sociales. Es muy posible que podamos cosecharlas invirtiendo mucho menos tiempo del que gastamos. ¿Hemos recibido suficientes recompensas (al menos por hoy) de modo que no necesitemos gastar más tiempo ahí? Pensemos en el tiempo consumido en las redes sociales como algo que proporciona retornos en incrementos cada vez menores.

La presión de los sistemas sociales *on-line* es especialmente potente para los jóvenes. Para muchos, apartarse de las redes sociales es como cortar la cuerda salvavidas con su mundo. Por ejemplo, una joven participante en uno de mis estudios expresó que no podía liberarse: «He intentado dejarlo antes, pero es casi una necesidad porque todos mis amigos y compañeros de trabajo están ahí»[251]. Y por eso los jóvenes comprueban sus cuentas una y otra vez, para recibir recompensas, buscar reafirmación, alcanzar y mantener su estatus en su círculo social, participar en la evaluación y la comparación con sus semejantes y, por supuesto, sentirse conectados socialmente. Para marcar una diferencia real, hace falta tomar medidas a nivel social amplio para ayudar a los jóvenes a apartarse de las redes sociales o reducir el tiempo que pasan en ellas. Es algo de lo que hablaremos en el capítulo siguiente.

Si alguna vez se materializa el metaverso, este será el sistema social *on-line* más grande de todos, y si nos preocupa nuestra atención ahora, realmente debemos prepararnos. Por desgracia, los primitivos mundos virtuales como OnLive! Traveler no duraron mucho tiempo. El metaverso será un imperio de empresas tecnológicas mucho más grande, y dado que el plan es que englobe prácticamente todo lo que hacemos *on-line*, será incluso más difícil que ahora resistirnos a sus dinámicas sociales. Ser seres humanos significa ser susceptibles a la influencia social, sentirnos impulsados a mantener nuestra identidad y a conectar con grupos, querer ganar capital social y desear obtener estatus social. Es este mundo digital interconectado, y las fuerzas y dinámicas sociales correspondientes ligadas a él, lo que atrae nuestra atención para mantenernos al día en él y nos distrae de otros objetivos. Pero también tenemos diferencias individuales y personalidades únicas, y a continuación veremos cómo estas influencian nuestros comportamientos de atención cuando estamos con nuestros dispositivos.

9

Personalidad y autorregulación

Todos nacemos con un determinado conjunto de cualidades que nos distinguen y nos hacen únicos. Ser el alma de la fiesta es natural para algunos, mientras que para otros es mucho más preferible quedarse en casa viendo una película. Hay personas curiosas y aventureras, y otras que prefieren la rutina familiar. Cierta gente puede ser propensa a los pensamientos negativos, mientras que otra parece que jamás se preocupa. Incluso un individuo puede tener diferentes rasgos de personalidad que no parecen encajar. El brillante pianista Vladimir Horowitz, emocional e interpretativo cuando tocaba el piano, era tan rutinario que todas las noches comía la misma cena, espárragos y lenguado de Dover, hasta el punto de que tenían que llevarle esa comida a diario en avión a Moscú cuando tocaba allí [252]. Nuestra personalidad influencia cómo actuamos; podemos cambiar nuestro comportamiento, pero no podemos evitar quiénes somos para empezar. No solo el diseño de Internet, los algoritmos y las fuerzas sociales influencian el comportamiento de atención en el mundo digital: la propia personalidad de un individuo también tiene un papel.

Hay personas a las que se les da muy bien controlar sus emociones, sus pensamientos y su comportamiento; en otras palabras: son expertas en la autorregulación. Nuestra capacidad de autorregulación no determina nuestro comportamiento digital, pero puede influenciarlo. Pocos han hecho más por llevar a la consciencia del público la idea de la autorregulación que el psicólogo de la personalidad Walter Mischel. Mischel fue profesor mío en la escuela de posgrado de Columbia, y recuerdo con cariño los debates que mantuvimos cuando fui a su clase sobre el aplazamiento de la gratificación. Lo que más me impresionó fue cómo escuchaba a los estudiantes y se tomaba en serio nuestras ideas y opiniones. Este amable profesor de agudo intelecto movió montañas en el campo de la psicología. Mientras que la mayoría de la gente apenas puede soñar con realizar una contribución duradera a un campo de estudio, la obra de Mischel creó dos cambios de paradigma, cada uno una revolución en la forma de pensar aceptada sobre los fenómenos psicológicos.

En un cambio significativo, introdujo una manera de pensar nueva sobre la autorregulación. Es famoso por su estudio de esta mediante sus investigaciones malvavisco, llamadas así por los medios populares, ya que usaba, precisamente, malvaviscos como recompensa. En la década de 1970, cuando estaba en Stanford, Mischel llevó al laboratorio a niños pequeños, les pidió que se sentaran a una mesa y colocó ante cada uno un apetitoso malvavisco. Les dijo a los niños que podían comérselo en aquel momento o, si esperaban quince minutos, les daría dos. Esa elección aparentemente simple entre comer o no de inmediato un malvavisco, es decir, la capacidad de aplazar la gratificación, resultó tener profundas implicaciones y predijo una serie de desenlaces vitales, incluso décadas más tarde. Los niños que no fueron capaces de resistirse a comer ese único malvavisco obtuvieron al crecer puntuaciones más bajas en las pruebas de aptitud SAT, menos éxito profesional, mayores tasas de obesidad y unos cuantos desenlaces negativos más. Los niños que pudieron resistirse y esperaron fueron mucho más capaces de concentrarse más adelante, ya en la adolescencia [253]. El trabajo de Mischel ha sido replicado en numerosas ocasiones a lo largo de décadas [254]. ¿Quién podría haber imaginado que la capacidad de resistirse a un pequeño malvavisco podía predecir evoluciones vitales cuarenta años después?[255] Recuerdo que cuando era una estudiante de posgrado discutía con Mischel los motivos por los que el comportamiento de un niño pequeño en aquel sencillo experimento podía predecir desenlaces más avanzada su vida: ¿Qué mecanismo psicológico podía ser responsable? Una idea era que los niños capaces de aplazar la gratificación puede que fueran más capaces de imaginar o visualizar cosas en su mente, para mantenerse ocupados durante los quince minutos de espera.

La otra gran contribución de Mischel llegó con su libro de 1968 *Personalidad y evaluación*[256]. Hasta entonces existía entre los teóricos de la personalidad, e incluso existe en la actualidad, una profunda asunción de que los rasgos de la personalidad tales como la extroversión son relativamente estables. Mischel desafió aquella idea y mostró en sus estudios que la personalidad puede cambiar con el contexto. En cada situación existen señales que pueden guiar a las personas sobre cómo actuar. Yo puedo ser extrovertida entre mi familia pero volverme bastante introvertida si me encuentro en medio de un grupo de desconocidos. Esta perspectiva fue inspirada por la propia experiencia de Mischel cuando huyó con sus padres de la ocupación nazi de Viena en 1938. Tenía diez años cuando llegaron a Estados Unidos; sus padres se instalaron en Brooklyn y abrieron una tienda de baratillo, donde Mischel ayudaba después del colegio haciendo de repartidor. Este inmigrante austríaco llegó a ser el primero de su promoción y siguió estudiando hasta conseguir el doctorado en psicología clínica. Pero fue la historia de sus padres la que influenció su pensamiento sobre la personalidad. Cuando estaban en Viena, su padre había sido un individuo seguro de sí mismo que trabajaba como químico, y su madre, una persona neurótica, pero en Estados Unidos, sus personalidades se invirtieron profundamente. Mientras trabajaba en la tienda, su padre se volvió depresivo, mientras que su madre trabajó de camarera y se convirtió en una persona desenvuelta.

Cambiaron sus países, cambiaron su estilo de vida, y cambiaron sus temperamentos. Mischel usó estas observaciones para desafiar la antigua premisa de la consistencia de la personalidad, y desarrolló la teoría de que la personalidad es algo situacional. La oposición sostenía que la personalidad es relativamente estable aunque cambien las situaciones, especialmente después de que la persona alcance los treinta años de edad[257].

Los dos grupos y sus teorías opuestas —la personalidad como algo situacional contra la personalidad como algo estable— se mantuvieron en tablas hasta que Mischel y Yuichi Shoda propusieron la idea de una teoría unificada de la personalidad[258]. La idea es que pueden existir ambas cosas: un sistema de personalidad subyacente estable y estados de personalidad que cambian con la situación. De modo que la manera en que alguien responde a una situación sigue un patrón guiado por el sistema más profundo de la personalidad subyacente. Una persona que actúa de forma extrovertida en Greenwich Village puede ser menos extrovertida cuando visita el Greenwich de Connecticut.

La personalidad se puede considerar como un sistema que caracteriza la forma en que la gente piensa, experimenta emociones y se comporta en el mundo. La que quizá sea la teoría de la personalidad más habitualmente usada en la actualidad, el modelo de los Cinco Grandes, tiene una historia interesante. Su desarrollo se originó con una idea llamada la hipótesis léxica, que proponía que las características significativas de la personalidad se convertían en parte del lenguaje de la gente. Palabras como *abrasivo*, *locuaz* o *simpático* deberían reflejar rasgos que describen a las personas. Así, debería ser posible derivar del lenguaje rasgos de personalidad, que es exactamente lo que dos psicólogos, Gordon Allport y Henry Odbert, intentaron hacer en la década de 1930. Repasaron el diccionario Webster y encontraron 17 953 palabras que describían aspectos de la personalidad. A continuación, cribaron la lista y la redujeron a 4500 adjetivos que describían comportamientos observables. Seguían siendo demasiadas palabras, así que, en 1948, el psicólogo Raymond Cattell usó una tecnología novedosa, el ordenador, para encontrar similitudes entre aquellas palabras, y las agrupó en dieciséis rasgos. Tales rasgos distintivos se podían utilizar para explicar y valorar la personalidad. Sin embargo, Mischel argumentó en 1968 que las valoraciones de la personalidad no podían predecirla, ya que era situacional. Esto frenó la investigación, al ser Mischel una figura tan influyente en el campo. Otros psicólogos retomaron más tarde el proyecto, a partir de mediados de la década de 1970; entre ellos, un equipo dirigido por Paul Costa y Robert McCrae descubrió que la personalidad puede describirse en términos de cinco rasgos centrales, los ahora conocidos como Cinco Grandes [259]. Estos rasgos son: extroversión (preferencia entre estar con gente o estar solos), amabilidad (llevarnos bien con otros o resultarnos difícil), escrupulosidad (ser eficientes o descuidados), neuroticismo (ser nerviosos o emocionalmente estables) y apertura (estar abiertos a nuevas experiencias o cautelosos y de mente cerrada). Mischel aún era un poco escéptico sobre los Cinco Grandes rasgos, considerándolos una taxonomía que no explicaba realmente por qué las personas sienten y se comportan de la forma en que lo hacen [260]. Podemos describir a alguien como neurótico, pero eso no explica por qué una persona se deprime cuando se traslada a otra ciudad. Además, tampoco explica cómo la personalidad puede estar modelada por los roles sociales y culturales de la gente, lo que, de acuerdo con Mischel, podría mostrar cómo la situación influencia la personalidad. En 1998, Oliver John, de Berkeley, y Verónica Benet-Martínez, de la Universidad de California Davis, crearon un test para medir los Cinco Grandes [261]. A pesar de las persistentes críticas de Mischel [262], el test de los Cinco Grandes llegó a tener un uso generalizado. Podemos realizar el test de los Cinco Grandes para encontrar nuestro propio perfil de personalidad*. Podemos preguntarnos si, siguiendo la idea de Mischel de la importancia del contexto, la personalidad se puede alinear con la cultura del individuo. Tenemos una tendencia a estereotipar la personalidad de la gente de diferentes países. Puede que pensemos que los británicos son reservados, pero lo cierto es que están entre los que más puntúan del mundo en el rasgo de la extroversión [263]. Puede que pensemos que los japoneses son tímidos e introvertidos, pero no puntúan diferente a los puertorriqueños en ese rasgo. También podemos creer que los suizos de ascendencia alemana son escrupulosos, pero sus puntuaciones no son muy diferentes en ese rasgo de las de la gente de Chile o España [264]. Pero existen algunas diferencias de género entre las culturas, y las diferencias más fuertes aparecen en la estadounidense y las europeas. Las mujeres tienden a puntuar alto en amabilidad, neuroticismo y apertura a los sentimientos (una faceta del rasgo más amplio de la apertura), mientras que los hombres tienden a puntuar más alto en extroversión y en apertura a las ideas (otra faceta de la apertura) [265]. A pesar de lo que pueda pensar cualquiera, sin embargo, los rasgos de personalidad estereotipados basados en la cultura no tienen fundamento. La personalidad se puede expresar de forma diferente en ciertos contextos, pero no se puede generalizar a todo un país. Cuando consideramos la manera en que la personalidad afecta a nuestro comportamiento digital, debemos darnos cuenta de que todos estamos juntos en esto, independientemente del país y la cultura.

Personalidad y uso de Internet

La personalidad puede explicar gran cantidad de comportamientos. Por ejemplo, puede que no nos hayamos figurado que la personalidad

---

* https://www.ocf.berkeley.edu/~johnlab/bfi.htm

explica parcialmente incluso el género literario que nos gusta: la apertura predice la lectura de literatura y suspense, pero no de ficción romántica[266]. El neuroticismo está ligado a la adicción a los videojuegos, pero también, curiosamente, a personas que no son jugadores[267]. El uso de Internet para comportamientos académicos poco éticos (por ejemplo, el plagio) está asociado a personas que puntúan bajo en amabilidad, bajo en escrupulosidad y alto en neuroticismo[268]. Los Cinco Grandes explican también algunos comportamientos en Internet. Los extrovertidos tienen más amigos en Facebook, por ejemplo[269].

Pero aparte de estos comportamientos *on-line* específicos, no está claro que la personalidad afecte a cuánto usamos Internet o las redes sociales. Los descubrimientos han sido variados, con algunos estudios, por un lado, que muestran que la extroversión está relacionada negativamente con cuánto usa alguien Internet y otros cuantos que muestran que no existe relación. Una confusión parecida se ha encontrado con los otros cuatro rasgos de la personalidad: los resultados parecen esparcidos por toda la gráfica. Un problema de estos estudios pasados es que en su mayoría utilizan muestras de diferentes poblaciones de alumnos universitarios. Puede que los estudiantes que asisten a Harvard utilicen Internet de una forma muy diferente a la de los que van a Cal State Fullerton, y por eso los resultados puede que no sean comparables. Además, los estudiantes universitarios no son necesariamente una muestra variada, pues tienden a ser blancos de clase media. Y no olvidemos que la mayoría de estos estudios fueron realizados en un periodo de diez años desde mediados de la década de 2000, una época en que Internet ha estado cambiando muy deprisa.

Un año, cuando estaba en mi periodo sabático, me puse en contacto con mi antiguo compañero de estudios Yoav Ganzach, que ahora era profesor en la Universidad de Tel Aviv. Yoav y yo estábamos interesados en la personalidad, y debatimos la idea de cómo esta puede influenciar el uso de Internet. Nos dispusimos a resolver aquellos descubrimientos polémicos. Para superar el sesgo potencial de usar solo muestras de estudiantes universitarios, quisimos examinar una muestra de individuos más grande y representativa. Fue difícil encontrar una muestra así, pero tras buscar algún tiempo, decidimos usar datos de la Encuesta Longitudinal Nacional de la Juventud, un programa de la Oficina de Estadísticas Laborales de Estados Unidos que sigue a los individuos a lo largo de los años y recopila datos de encuestas sobre temas como el empleo, la educación y la salud, pero también sobre el uso de Internet. La muestra es representativa de la diversidad de Estados Unidos, pues incluye afroamericanos, hispanos y otras etnicidades, además de blancos empobrecidos que no aparecerían en una encuesta hecha a universitarios. Nuestra muestra constaba de 6921 individuos cuya media de edad era de veintiséis años, mayores que los estudiantes universitarios típicos. A los participantes se les preguntaba con qué frecuencia usaban Internet en conjunto y cómo la utilizaban específicamente para diferentes tipos de actividades: comunicación, entretenimiento, educación y compras. Todos habían realizado también el test de personalidad de los Cinco Grandes.

Ahora que teníamos los datos, nos dispusimos a correlacionar los rasgos de personalidad con los diferentes tipos de actividad en Internet. Descubrimos que cuanto más alta era la puntuación en extroversión, escrupulosidad y neuroticismo, más tiempo pasaban *on-line*[270]. Los extrovertidos buscaban información externa a ellos, y de forma poco sorprendente, pasaban más tiempo que los introvertidos comunicándose con otros, en sitios de entretenimiento, en actividades educativas y haciendo compras *on-line*. Pero las personas escrupulosas a las que les gusta estructurar y planificar presentaban resultados contraintuitivos; nos sorprendió descubrir que pasaban más tiempo en sitios de entretenimiento y compras comparados con las personas que eran menos diligentes. Podríamos pensar que las personas escrupulosas que tienen planes estrictos en su trabajo no tendrían tiempo para perder en entretenimiento o compras, pero existía un método en su locura: las personas escrupulosas se apoyan en los sitios *on-line* para tomarse un descanso del trabajo (en contraposición a tomarse descansos físicos como dar un paseo) porque los sitios *on-line* ofrecen un tiempo de disrupción mínimo del trabajo, algo de lo que hablaremos en breve. De modo que las personas escrupulosas pueden usar estratégicamente las actividades de entretenimiento y compras para equilibrar el estrés, dado que trabajan duro. Esto nos lleva a los neuróticos, la realeza de los que se preocupan, cuyos resultados mostraban que pasaban más tiempo en Internet que los no neuróticos. Su comportamiento se podía explicar como un intento de aliviar la ansiedad. Descubrimos que los neuróticos pasan también más tiempo comunicándose con otros, más tiempo en actividades educativas y más tiempo en tiendas *on-line*. Es posible que estuvieran buscando hacer terapia de compras.

Este estudio parece sugerir, pues, que nuestra personalidad está ligada a cuánto usamos Internet y al tipo de actividades *on-line* que realizamos. Sin embargo, cuando veamos a continuación cómo la personalidad afecta a la capacidad de atención cuando usamos nuestros dispositivos, la historia se complica.

Neuroticismo e impulsividad

Otro año, y otro hermoso verano en Seattle, pensé que sería interesante examinar cómo la personalidad puede afectar a nuestra multitarea. Junto a mis compañeras Mary Czerwinski y Shamsi Iqbal en Microsoft Research, estuvimos pensando cuidadosamente sobre los diferentes Cinco Grandes rasgos de personalidad. Lo primero que se nos ocurrió fue que el neuroticismo podría estar ligado a rápidos cambios de la atención cinética. Los neuróticos tienden a analizar en su mente, una y otra vez, sucesos pasados, como si fuera una pista de música en reproducción continua. Este tipo de repetición continua en la mente usa recursos cognitivos, y usa muchos. Cuando los recursos se están utilizando en preocuparse por el pasado, quedan menos recursos atencionales disponibles para dedicarlos a la actividad en curso. Las personas que puntúan alto en neuroticismo en los tests de personalidad también tienden a rendir peor en las tareas de atención selectiva en las que tienen que prestar atención a algunas cosas e ignorar los estímulos distractores[271], como en la tarea de Stroop. Podríamos esperar entonces que los neuróticos tendrán más problemas para concentrar su atención cuando están usando sus dispositivos.

También razonamos que otro rasgo de personalidad que podría influenciar el comportamiento de multitarea es la impulsividad, que es lo opuesto a la gratificación aplazada. Las personas impulsivas tienen dificultades para contenerse de actuar siguiendo sus apetencias. De la misma manera que no es capaz de resistirse al malvavisco que tiene delante, una persona impulsiva puede ser incapaz de resistirse a hacer clic en una notificación de *e-mail* o incluso a abrir el *e-mail* aunque no haya recibido notificaciones.

La impulsividad tiene distintas facetas que se pueden manifestar de maneras diferentes en nuestro comportamiento. Una forma es en el corto plazo, como es el caso de coger de inmediato el malvavisco. Este tipo de comportamiento impulsivo se denomina urgencia. Otra faceta de la impulsividad se denomina falta de perseverancia, la tendencia a abandonar con demasiada facilidad una tarea. Si somos una persona que abandona rápidamente la redacción de un informe cuando se pone difícil, o cuando los cálculos numéricos se complican, es posible que puntuemos alto en falta de perseverancia. Decidimos que esos dos aspectos de la impulsividad podrían explicar quizá la escasa capacidad de atención en nuestros dispositivos. Puntuar alto en urgencia sugeriría que no somos capaces a controlar las respuestas a distracciones externas o internas, y puntuar alto en falta de perseverancia sugeriría que abandonamos deprisa la tarea en curso y desviamos la atención, quizá incluso en ausencia de distracciones externas. Podemos realizar el test de la escala de comportamiento impulsivo (UPPS) para ver cómo puntuamos en impulsividad*.

Para ver si la personalidad tiene alguna relación con los cambios de atención, reclutamos a cuarenta participantes (veinte mujeres, veinte hombres) que ocupaban diversos puestos en una organización de alta tecnología. Les hicimos realizar el test de personalidad de los Cinco Grandes. También medimos su impulsividad utilizando el test UPPS [272], concentrándonos en las dos facetas anteriormente descritas. Por último, medimos también el estrés percibido de cada participante usando la escala de estrés percibido [273]. Pedimos entonces a los participantes que trabajaran en sus tareas con los ordenadores como hacían de forma cotidiana y durante doce días registramos su actividad informática, lo que nos permitió medir cuánto tiempo centraban la atención en las pantallas de sus ordenadores. A los participantes se les informó de que su actividad informática sería registrada y que podían desconectar el registro cada vez que quisieran (ninguno lo desconectó). Como en otros estudios, no registramos ningún contenido; solo las etiquetas temporales de las aplicaciones que usaban y las URL que visitaban. Podíamos saber cuándo el ordenador entraba en modo de hibernación, lo que indicaba que la persona no estaba conectada, y en esos casos descartábamos esos datos. La ventaja era que teníamos medidas con precisión de segundos de cuánto tiempo pasaba cada persona en cada pantalla del ordenador, lo que es una buena aproximación a la longitud de su capacidad de atención, y sabíamos a qué estaban prestando atención.

Como supusimos, encontramos que cuanto más alto puntuaba una persona en el rasgo de neuroticismo, más corta era la media de la duración de su atención a una pantalla de ordenador,

---

* Se puede realizar en Internet. Recomiendo hacer la versión larga de cincuenta y nueve preguntas.

como reportamos en un artículo titulado «Los neuróticos no se pueden concentrar»[274]. Para los neuróticos son muchas las cosas que pueden crear interferencias en su tarea en curso, pues siempre se están preocupando. También encontramos que cuanto más alto puntúa una persona en urgencia, más corta es la duración de su atención, y se trata de una correlación muy fuerte. Pero no encontramos ninguna relación entre el rasgo de falta de perseverancia y la duración de la atención. De modo que si somos alguien que tiende a abandonar lo que está haciendo cuando las cosas se ponen difíciles, es bastante probable que eso no afecte necesariamente a nuestra capacidad de atención en el ordenador.

Ya que el neuroticismo y la faceta de urgencia de la impulsividad están ligados a los cambios más frecuentes de atención, esto sugiere que puede existir un rasgo de personalidad subyacente al que podríamos llamar «distractividad». Examinamos los datos usando una técnica estadística para ver si en ellos había alguna estructura subyacente. Descubrimos que neuroticismo, urgencia y también el estrés percibido de una persona conformaban este hilo común. Lo denominamos falta de control, nombre que sugiere que puede existir la distractividad como rasgo de personalidad, rasgo correlacionado con periodos de atención cortos ante el ordenador.

De hecho, se ha propuesto la idea de distractividad como rasgo de personalidad general, y puede estar relacionada con síntomas del TDAH[275]. Los investigadores han descubierto que aquellos que experimentaban síntomas de TDAH cuando eran niños resultaban a menudo más permeables a la distracción en un estudio de laboratorio. Pero recalco que aunque los síntomas de TDAH tienen enlaces con el neuroticismo y la impulsividad extremos, nuestros participantes no puntuaron en los rangos extremos de estos rasgos. De modo que el rasgo de personalidad subyacente de la distractividad que encontramos en los participantes de nuestro estudio no debe confundirse con el TDAH.

Escrupulosidad y *e-mail*

Todos conocemos a personas escrupulosas, un rasgo de personalidad que parece ser muy deseable de cara a la productividad. Pero cuando nos las vemos con el *e-mail*, este rasgo puede hacer que salga el tiro por la culata. El razonamiento es que las personas escrupulosas pueden ser las que se apresuran a comprobar y responder el *e-mail* porque representa trabajo. Ya que habíamos registrado todas las aplicaciones informáticas que usaron nuestros participantes, pudimos centrarnos en su uso del *e-mail*. Examinamos de cerca el comportamiento cotidiano respecto al *e-mail* de todos los participantes, mirando las etiquetas temporales de los registros del ordenador. Descubrimos que existían dos tipos básicos de personas: las que lo comprobaban continuamente y las que lo comprobaban solo un puñado de veces durante la jornada. Esperábamos que las personas escrupulosas fueran probablemente comprobadores continuos, y eso es justo lo que encontramos. De hecho, explicaba su comportamiento de chequeo del *e-mail* hasta un punto sorprendente[276]. Una persona escrupulosa es minuciosa, cuidadosa y disciplinada, y quiere estar segura de que no se le escapa ningún *e-mail* que llegue, de modo que monta guardia ante la bandeja de entrada. Si somos una persona que está comprobando continuamente el *e-mail*, incluso aunque no aparezcan notificaciones, es muy probable que también puntuemos alto en escrupulosidad.

Por último, vale la pena mencionar que la apertura es otro rasgo de personalidad que influencia en comportamiento digital. En un estudio anterior en el que comparamos a personas que eran interrumpidas con otras que no lo eran, descubrimos que las que puntúan más alto en el rasgo de personalidad de apertura rinden mejor en entornos con interrupciones[277]. Cuanto mayor es la puntuación en apertura, más deprisa completamos el trabajo en medio de interrupciones constantes. Una posible explicación es que las personas más abiertas a nuevas experiencias son más ágiles y flexibles, y pueden regresar más deprisa a la tarea interrumpida.

La personalidad y la lucha contra las distracciones

Existe la promesa de un enorme mercado para la solución del problema de la distracción, y no solo en los libros de autoayuda: las empresas tecnológicas han entrado también en la carrera para desarrollar *software* de bloqueo de distracciones. Existen esencialmente dos enfoques principales de *software*: uno que hace que los usuarios sean conscientes de cuánto tiempo gastan en diversos sitios, y otro que bloquea los sitios más distractivos de una persona, obligándola a cortar en seco.

Es irónico que confiemos en la tecnología para ayudarnos a superar las distracciones que provoca la tecnología. Pero ¿cómo de bien funciona realmente ese *software* de bloqueo? Dado que he dedicado años a estudiar la multitarea y las distracciones, estaba por supuesto interesada en ver si la tecnología podía ofrecer una solución que ayudara a la gente a distraerse menos. Resulta que el tipo de personalidad de alguien afecta al éxito relativo de este *software* de bloqueo. En otra visita veraniega a Microsoft Research, Mary, Shamsi y yo realizamos un estudio en el que probamos si el *software* que bloqueaba distracciones podía ayudar realmente a las personas a mejorar su concentración en sus dispositivos[278]. Reclutamos a treinta y dos personas de una organización para que participaran en un estudio de dos semanas. En la primera, los participantes trabajaron como hacían normalmente. En la segunda, les pedimos que instalaran *software* de bloqueo en sus ordenadores, y les dejamos elegir qué sitios bloqueaban porque consideraban que los distraían (alrededor del 90 % de los sitios elegidos fueron redes sociales). Les pedimos también que hicieran el test de personalidad de los Cinco Grandes. Al final de la semana les dijimos que rellenaran la Encuesta de Absorción Cognitiva[279], que mide el rendimiento en el trabajo y la capacidad de concentración. Al final de la segunda semana, las medidas mostraron que los participantes declaraban estar significativamente más concentrados en el trabajo y se valoraban como más productivos. Eran buenas noticias. Sin embargo, también estaban menos disociados temporalmente durante su trabajo, lo que significaba que eran más conscientes del paso del tiempo. Quizá no haya que sorprenderse ya que les quitamos su pasatiempo favorito, las redes sociales. Pero recordemos que cuando una persona está en flujo deja de ser consciente del paso del tiempo, lo que sugiere que nunca entraron en flujo mientras trabajaban, aunque estuvieran concentrados.

Un detalle inesperado fue que después de usar el *software* de bloqueo, la gente, por término medio, no cambiaba su valoración sobre tener el control de su atención. ¿Por qué podría ser? Después de todo, declararon estar más concentrados. Resulta que, a veces, los promedios del total pueden engañar; si metemos un pie en agua hirviendo y otro en agua helada, el promedio es que metemos los pies en agua tibia pero eso no describe en absoluto la experiencia. Al examinar esto más de cerca, resultó que el promedio reportado de la ausencia de cambios en el control de la atención no contaba en realidad qué estaba pasando. Existen dos tipos de personalidad básicos diferentes: personas con elevado autocontrol y personas con bajo autocontrol. Los del grupo de elevado autocontrol puntuaron bajo en impulsividad y alto en escrupulosidad. A la inversa, los del grupo de bajo autocontrol puntuaron alto en impulsividad y bajo en escrupulosidad, y sabemos que la impulsividad alta está relacionada con el bajo autocontrol[280]. Una vez nos dimos cuenta de que existían estos dos grupos, dimos con un resultado sorprendente. Primero, como esperábamos, las personas con bajo autocontrol comentaron que experimentaban menos esfuerzo mental cuando bloqueaban las distracciones; podemos interpretar esto como que el *software* los liberaba del esfuerzo de usar recursos cognitivos para bloquear distracciones, de modo que, por supuesto, notaban menos esfuerzo mental. Pero lo inesperado era que las personas con autocontrol elevado comentaban que su carga de trabajo *aumentaba*. ¿Por qué sentían este incremento las personas con autocontrol alto? Al principio nos desconcertó, pero acabó teniendo sentido: se trata de personas que tienen capacidades de autorregulación muy buenas. Cuando van a sitios como las redes sociales, son capaces de entrar y volver a salir a voluntad. Pero al quitarles la capacidad de tomarse un descanso *on-line*, las personas escrupulosas seguían trabajando sin pausa. Un participante dijo que se sentía un 10 % más productivo, pero también mucho más cansado. Otra participante con autocontrol elevado estaba tan inmersa en su trabajo que perdió el último transporte para volver a casa, algo que jamás le había ocurrido antes[281].

Además de la mente, también el cuerpo puede responder a las distracciones. En este estudio descubrimos que los hábitos de autodistracción en el mundo digital pueden estar tan arraigados en las personas que la memoria muscular toma el control. Andrew, un participante en el estudio que tenía poca autorregulación, comentó que aunque usaba el *software* de bloqueo se dio cuenta de que sus dedos empezaban a teclear facebook.com incluso antes de que fuera consciente de que tenía intención de entrar en Facebook. Esta habilidad sensorial-motora implícita se activa sin un pensamiento consciente, de forma parecida a como un pianista se puede sentar ante el piano y empezar a tocar instintivamente una pieza que domina. La idea de esquema puede explicar esto. Como recordamos, un esquema es una representación interna en nuestra mente de un patrón de comportamiento, y en este caso, el esquema es la acción rutinaria de entrar en Facebook. Cuando los dedos empiezan a teclear el principio de facebook.com, el movimiento muscular activa un esquema que tenemos almacenado en nuestra mente. Esto ilustra la manera en que la mente inconsciente puede influenciar las distracciones.

Al final de la semana, solo dos personas siguieron usando el *software* (era gratuito). Les preguntamos a los demás qué opinaban. Veinte de ellos dijeron que podrían usarlo pero hacían falta modificaciones, como darles más información para ayudarlos a autoajustarse por su cuenta. Algunos comentaron que no lo usarían nunca porque se sentían demasiado controlados por el programa.

El *software* de bloqueo puede parecer la solución para algunos, pero ¿existe alguna consecuencia de delegar en la tecnología la autorregulación? Más adelante analizaremos los inconvenientes de cederle al *software* la tarea de desarrollar nuestro propio albedrío. Argumentaré por qué es crítico que desarrollemos nuestra propia capacidad de autorregularnos.

Autorregulación y falta de sueño

El problema de la falta de sueño es global, afecta a las personas de todos los países, grupos de edad y género, y se lo ha considerado una epidemia de sanidad pública[282]. Sin embargo, puede que no seamos conscientes de la forma en que haber dormido mal la noche anterior afecta a nuestra capacidad de concentrarnos hoy. La autorregulación se ve afectada cuando nuestros recursos cognitivos están agotados, y cuando estamos faltos de sueño, nuestros recursos son escasos. De esto se sigue que nuestros malos hábitos de sueño (o el insomnio) podrían afectar la concentración de nuestra atención en el mundo digital. Sabemos que cuando la gente no duerme bastante tiene problemas para prestar atención al día siguiente. Pero es necesario hacer pruebas sobre cómo exactamente el mal sueño afecta a nuestra atención en los dispositivos. Los estudiantes universitarios son famosos por los malos hábitos de sueño, y para probar cómo afecta esto a su atención, teníamos a mano una población que podíamos estudiar: mi universidad. Mis estudiantes de posgrado Yiran Wang y Melissa Niiya, y yo, registramos la actividad informática de sesenta y seis estudiantes de la Universidad de California Irvine durante siete días, y les pedimos que mantuvieran diarios de sueño. Este estudio se realizó antes de que pudiéramos disponer de aparatos portables para rastrear el sueño con precisión, y en aquella época, los diarios de sueño eran el estándar usado para medir el sueño en los estudios clínicos. El registro informático nos permitía ver la extensión de la concentración en la pantalla de sus ordenadores y *smartphones*. Confirmamos que cuanto menos tiempo hubieran dormido la noche anterior, más corta era la atención en los ordenadores y teléfonos al día siguiente. No dormir lo suficiente agota nuestros recursos, y la función ejecutiva no tiene mucho combustible para resistir distracciones e invertir en concentrar la atención.

Además de una noche de mal sueño, la acumulación de varias noches de sueño escaso puede afectar también la atención. Esta pérdida de sueño acumulativa se conoce como deuda de sueño. Si una persona necesita dormir ocho horas para sentirse repuesta, pero solo consigue dormir, por ejemplo, seis horas cada noche, la deuda de sueño va creciendo. Esta deuda aumenta uniformemente con cada día que perdemos horas. Pensemos en el sueño como meter dinero en una cuenta corriente. Cuando dormimos bien consistentemente, tenemos un montón de reservas en la cuenta. Podemos empezar el día listos para arrancar. También podemos acumular sueño para pagar lo que retiramos, como cuando dormimos hasta más tarde los fines de semana. Pero si no conseguimos dormir bastante de manera consistente, acumularemos deuda de sueño.

En el caso de esos setenta y seis estudiantes, descubrimos que según se incrementa la deuda de sueño cada noche, el tiempo que pasan en Facebook al día siguiente va aumentando a su vez[283].

Esta relación se mantiene independientemente de la edad, el género, la carga de estudio y las fechas de entrega de los estudiantes. ¿Por qué la deuda de sueño lleva a las personas a Facebook? Primero: una noche de mal sueño puede no afectar demasiado a la persona. Pero no dormir con calidad a lo largo de un tiempo, esto es, acumular deuda de sueño, nos roba los recursos atencionales cada vez más, cada día. Con pocos recursos, la capacidad de autorregulación para resistirnos a entrar en una red social se deteriora. Segundo: si estamos agotados, es mucho más fácil dedicarse a una actividad rutinaria ligera como Facebook o Instagram o *Candy Crush* que hacer algún trabajo que exija concentración. Cuando estamos agotados después de un largo paseo en bicicleta, es más fácil rodar cuesta abajo que pedalear para subir una pendiente.

Personalidad, autorregulación y atención en el mundo digital

Como ahora sabemos, la autorregulación utiliza recursos cognitivos[284]. Si hemos pasado la mañana en reuniones por Zoom mentalmente agotadoras, nos costará mucho resistirnos a entrar en Reddit por la tarde. De forma parecida, si hemos acumulado deuda de sueño, nos será difícil concentrarnos. Practicar la autorregulación también puede agotar los recursos necesarios para resistir tentaciones y distracciones. Si una persona está dedicando un montón de energía emocional para resistirse a comer carbohidratos ese día, es muy probable que le quede muy poca autorregulación para resistirse a comprar esas botas relucientes que han estado siguiéndola por Internet.

Los estudios de los malvaviscos de Mischel mostraron que los niños que podían aplazar su gratificación para conseguir un segundo malvavisco tenían mejor autocontrol, estaban mucho más atentos y eran más capaces de concentrarse más tarde, durante la adolescencia [285]. Al parecer, el autocontrol se instala a edades tempranas; pero antes de que nos desanimemos mucho por nuestra disposición de personalidad, tengamos en mente que el entorno y la genética contribuyen al autocontrol. Mientras Mischel estudiaba a los hijos de profesores y estudiantes de Stanford, un estudio posterior que observó a niños de estatus socioeconómico más bajo encontró un efecto similar de predicción de autocontrol con el paso de los años [286]. Esto sugiere intensamente que también participan factores ambientales. De hecho, otros estudios han mostrado que el estilo parental, como la supervisión atenta de un niño y la corrección de su comportamiento, puede promover la autorregulación [287].

Nuestra investigación muestra evidencia de que la personalidad puede representar un papel que influye en la atención cinética. Los neuróticos se distraen con preocupaciones internas, reales o percibidas, y sus rápidos cambios de atención parecen extenderse hacia muchos sitios, como *e-mail*, Facebook, Instagram, noticias o compras *on-line*. Por otro lado, las personas escrupulosas parecen mostrar cambios de atención entre menos objetivos, como la tarea en curso y la comprobación diligente del *e-mail*. De la misma manera que los individuos son propensos a diferentes disposiciones, también parecen tener diferentes patrones de asignación de la atención cuando utilizan sus dispositivos.

En nuestra era digital, nos hemos colocado a nosotros mismos en una posición precaria: estamos en nuestros dispositivos gran parte del día, la información y otras personas compiten por nuestra atención y en consecuencia realizamos multitarea, nos interrumpen constantemente, y experimentamos un estrés elevado, a menudo autoimpuesto. ¿Podemos echarle la culpa de nuestra distractibilidad a nuestra personalidad y nuestra autorregulación? No del todo. La personalidad puede ayudar a explicar algunas cosas sobre nuestro comportamiento digital: lo a menudo que es probable que usemos Internet, los sitios que elegimos visitar, la frecuencia con la que alternamos la atención en nuestros dispositivos y la naturaleza cualitativa del cambio, pero la personalidad es solo una parte de la historia. Incluso aunque estemos predispuestos hacia ciertos rasgos, no hay duda de que podemos superar algunas de las debilidades que presentan. Recordemos, sin embargo, como escribió Mischel, que la personalidad puede ser modificada por la situación en la que estemos. Un neurótico sentado en un parque tranquilo puede tener una capacidad de atención más extensa cuando lee el periódico, pero no tanta si está con el ordenador o el *smartphone*. Por otro lado, una persona escrupulosa puede tener una atención sostenida más larga en su ordenador o *smartphone* porque representan trabajo, pero puede que se concentre menos en una conversación. La atención a nuestros dispositivos no está relacionada solo con la personalidad: también está influenciada por el papel que representan los dispositivos en cuanto a hacernos felices (o no), como veremos a continuación.

10

La felicidad y nuestros dispositivos

En la mitología griega, los héroes buscaban a menudo los Campos Elíseos, la versión del cielo de la Grecia Antigua, un lugar para aquellos a quienes los dioses habían concedido la inmortalidad. En *La Odisea*, Homero escribió que, en los Campos Elíseos, nadie necesitaba trabajar, y los dioses proporcionaban un clima agradable: nada de tormentas, sino solo brisas frescas. Aunque pueda sonar como una predicción de una comunidad de jubilados moderna en Florida, los Elíseos griegos estaban situados al final de la Tierra, y una vez allí, experimentaríamos una felicidad absoluta e interminable. Hasta cierto punto, la gente siempre ha estado buscando los Campos Elíseos. Paradójicamente, los mitos pueden servir como inspiración para los estudios científicos. El campo de la psicología positiva, abanderado por Martin Seligman y Mihaly Csikszentmihalyi, se desarrolló con el fin de obtener una comprensión científica de las circunstancias en las que somos optimistas y estamos esperanzados y satisfechos, y cómo se pueden cultivar estas y otras actitudes semejantes.

Experimentar este tipo de emociones positivas puede conllevar muchos beneficios, especialmente para nuestra salud física: incluso se han asociado a una mayor esperanza de vida. En un estudio clásico de 1930, a unas monjas miembros de las Hermanas Educadoras de Notre Dame, de edades que andaban por la veintena y la treintena, y vivían en varias ciudades de Estados Unidos, la Madre Superiora les pidió que escribieran sus autobiografías. Sesenta años después, los textos fueron evaluados por investigadores para medir la cantidad de emociones positivas expresadas. Los investigadores también estudiaron la longevidad de las monjas. Aquellas que expresaron las emociones positivas más intensas y variadas vivieron hasta diez años más que las que expresaron la menor cantidad de emociones positivas [288].

Ser capaces de usar las tecnologías digitales con eficiencia, gestionar nuestra atención y experimentar positividad es el centro de este libro. He mostrado como mucha gente realiza multitarea y sufre interrupciones, y que el estrés elevado acompaña a las dos cosas. Nuestros dispositivos han llegado para quedarse, y en nuestro mundo interconectado, no es factible renunciar a ellos durante mucho tiempo. De modo que ¿cómo podemos sentirnos positivos cuando los usamos? Una narrativa habitual es que cuando los estamos usando debemos aspirar a alcanzar el flujo, ese estado psicológico de inmersión profunda, que ha sido equiparado a encontrar los Campos Elíseos. Sin embargo, como hemos analizado antes, la naturaleza del trabajo intelectual puede no conducir al flujo para la mayoría de la gente, y existen otras formas de experimentar el flujo, como el crear arte o interpretar música. Podemos, no obstante, aprender a usar nuestros dispositivos personales de una forma que no induzca estrés, donde nos sintamos positivos, psicológicamente equilibrados y productivos.

En este capítulo describiré el papel de nuestras emociones en el mundo digital, su relación con nuestra atención y cómo nuestras experiencias emocionales pueden ayudar a explicar por qué nuestra atención puede quedar cautivada por actividades mecánicas en nuestros dispositivos. Mostraré cómo dedicarnos a actividades rutinarias e irreflexivas hace que estemos felices, nos ayuda a recargar los recursos cognitivos, y por tanto explica por qué la gente se queda pegada a actividades que la apartan del trabajo. Puede que no hayamos pensado que jugar a *Candy Crush* pueda ayudarnos a alcanzar un equilibrio psicológico en nuestra jornada, pero eso cambiará pronto.

El solaz de la actividad rutinaria

A la ilustradora y autora Maira Kalman, conocida por sus ilustraciones del libro *Why We Broke Up* y de muchos otros, le encanta planchar. Para Kalman, la tarea de planchar es mecánica y meditativa, y le ayuda a despejar sus pensamientos. Realiza su escritura en la mesa de la cocina, y a veces la intercala con la limpieza de la cubertería. Planchar o pulir la plata son actividades mecánicas y rutinarias, al estilo de los crucigramas y los solitarios de Maya Angelou. Como describe Kalman: «Cuando hay tan pocas cosas que podamos controlar, puede ser extraordinariamente relajante encontrar cositas de las que encargarnos, y esto nos proporciona solaz»[289].

Kalman no es la única artista o escritora que se afana con algún hábito inusual y poco exigente durante su trabajo creativo. Mucho antes de Internet, los artistas se han dedicado a actividades rutinarias ritualistas que les proporcionaban un descanso y que, al despejarles los pensamientos, a veces incluso les servían de inspiración. Beethoven, mientras componía música en su cabeza, se vertía agua sobre las manos una y otra vez hasta el punto de calar el suelo, para irritación del vecino de abajo. De vez en cuando interrumpía su lavado de manos compulsivo y escribía un fragmento de partitura[290]. Gertrude Stein, cuya escritura omitía puntuación como las comas o los puntos de modo que se leía sin pausas, sí que incorporaba pausas de otro tipo en su composición. Podía dejar de trabajar brevemente y contemplar las vacas. Con su compañera

Alice B. Toklas, se iban a dar un paseo en coche por los campos de Ain, en Francia, donde vivían. Stein se instalaba en un taburete, escribía y a intervalos se paraba a mirar las vacas. De vez en cuando, Toklas empujaba a una vaca para llevarla hasta el campo de visión de Stein de modo que esta tuviera oportunidades de sobra para observarla[291].

Planchar, lavarse las manos y mirar las vacas son actividades que implican atención rutinaria e irreflexiva. La actividad rutinaria tiene sus ventajas. Ocupa la mente sin utilizar muchos recursos cognitivos. Su facilidad de realización mantiene la mente de las personas abierta mientras estas dejan a un lado los problemas difíciles de resolver, haciendo espacio para que puedan aparecer nuevas ideas o progresen las poco desarrolladas. Para estos artistas y escritores, el trabajo rutinario era intencionado, e incluso una distracción buscada a propósito. Este tipo de actividad rutinaria también es accesible en nuestros dispositivos, en forma de aplicaciones como el *Tetris* o juegos simples como *Wordle*, y tiene una función similar. Resulta que la actividad rutinaria sirve para más fines de los que podemos darnos cuenta.

¿Cómo se relacionan las emociones con la atención?

Observemos más de cerca las emociones. Aunque la idea exacta de lo que constituye una emoción se ha debatido desde hace mucho tiempo, una noción común que ha cristalizado entre los investigadores de las emociones es que estas son respuestas a algún suceso, que puede ser interno (un pensamiento o un recuerdo) o externo (una llamada telefónica de un amigo)[292]. Pero las emociones no son solo reacciones a cosas como sucesos u otras personas; también pueden suscitar actos. Cuando las personas se encuentran un conflicto, se enfrentan al dilema de aproximarse a este o evitarlo. Desde una perspectiva evolutiva, ¿escapamos del oso o nos plantamos y luchamos? ¿Hacemos frente al compañero irascible o nos marchamos? Cuando una persona se siente positiva, es más probable que haga frente a la persona malhumorada o a cualquier situación donde hay un conflicto implicado [293]. Las emociones positivas nos dan munición. Si logramos hacer las paces con ese compañero, esto puede llevar a sentirnos incluso más positivos. Una de mis frases favoritas es del filósofo Khalil Gibran, que expresó la naturaleza recursiva del sentimiento y la acción positivos en su poema «El dar»: «Hay quienes dan con alegría, y esa alegría es su recompensa» [294].

Con esto en mente, podemos profundizar un poco más en el intento de comprender por qué las personas realizan actividades rutinarias que les hacen felices. Revisemos primero algunas cosas que hacemos a lo largo de una jornada que pueden agotar nuestros recursos cognitivos. Como hemos mencionado, la atención extensa y sostenida es exigente cognitivamente. Cuando pasamos un día manteniendo reuniones por Zoom, tenemos que prestar atención e interactuar. La multitarea, el cambio de la atención entre diferentes actividades, también reduce nuestros limitados recursos, y sabemos que eso causa estrés. Recordemos también que practicar la autorregulación gasta recursos, lo que deja menos disponibles para hacer frente a sucesos negativos. Si pasamos el día intentando resistirnos a entrar en Twitter o en Facebook, esto también hace mella en nuestros valiosos recursos.

Si nos sentimos tristes por, por ejemplo, experimentar un suceso negativo, como puede ser que no nos reconozcan nuestro trabajo, nos rechacen un artículo o tengamos una discusión con un hijo o el cónyuge, esto también agota recursos y hace que nos sintamos fatigados. De hecho, cuanto más agotados estén los recursos, más puede afectarnos un suceso negativo [295]. De modo que, si nos sentimos exhaustos, seremos menos capaces de afrontar un futuro suceso negativo que pueda surgir. Pero las emociones positivas pueden servir de armadura para protegernos de esos sucesos indeseados.

La idea de que los sucesos positivos pueden ayudar a contrarrestar los efectos de los sucesos negativos fue puesta a prueba por investigadores suizos. En unas oficinas suizas, se indicó a setenta y seis personas que anotaran diarios durante dos días; esto se hizo en tres ocasiones diferentes, con seis meses de separación entre cada una. Se les dijo que registraran los sucesos positivos y negativos que experimentaran ese día, y que los anotaran en cuanto los experimentaran. Al final de cada día rellenaban un cuestionario que medía su fatiga. Los investigadores descubrieron que cuando los participantes experimentaban sucesos negativos o adversos un día determinado, que también experimentasen sucesos positivos los ayudaba a recuperar los recursos gastados [296]. Una explicación de este descubrimiento es que los sucesos positivos redirigen el pensamiento de las personas apartándolo de esas preocupaciones incordiantes. (Esto puede ser menos cierto para los neuróticos, que tienden a reproyectar en su mente las experiencias negativas una y otra vez). Así, el estudio sugiere que experimentar sucesos positivos puede ayudar a reponer nuestros recursos cuando hemos tenido un mal día. Las actividades rutinarias, que están asociadas a sentir positividad y que son fáciles de realizar, pueden también ayudarnos a acumular recursos. Nos permiten dar un paso atrás, escapar un poco del trabajo estresante y refrescarnos. Si nos sentimos nerviosos o estresados, podemos vernos atraídos hacia una actividad rutinaria en el ordenador o el *smartphone,* porque los medios sociales y los juegos son fácilmente accesibles. Si estamos en el campo como Gertrude Stein, podemos vernos atraídos a la contemplación de las vacas.

Cuando las personas se sienten positivas generan un repertorio más amplio de acciones que pueden realizar en una situación. Supongamos que estamos atascados en una reunión con una persona difícil. Si nos sentimos positivos, es probable que se nos ocurran más alternativas para lidiar con esa persona. Si tenemos un hijo poco colaborador y nos sentimos bien, probablemente se nos ocurran más ideas para manejarlo. Esto lo explica la teoría de ampliar y construir, según la cual se considera que las emociones positivas incrementan los recursos cognitivos, que a su vez amplían el alcance de la atención y el abanico de acciones que podemos realizar. Hay pruebas que apoyan esto. Las investigadoras de la Universidad de Michigan Barbara Fredrickson y Christine Branigan mostraron clips de vídeo a sujetos en un laboratorio, diseñados para evocar emociones positivas (por ejemplo, escenas de la película optimista *Pingüinos*) o negativas (por ejemplo, un accidente de escalada de la película *Cliffhanger*). Tras ver los clips, a los sujetos de los dos grupos diferentes se les pedía que imaginaran un escenario asociado a la emoción que estaban sintiendo y que anotaran todas las acciones que harían entonces. Un ejemplo de escenario sería estar al aire libre en plena naturaleza. Podríamos dar un paseo, observar las aves, sentarnos en la playa, recoger flores, etc. Los sujetos que habían visto clips que despertaban emociones positivas listaban una cantidad de acciones significativamente mayor que los que habían visto los clips cargados negativamente[297]. Este estudio mostró que las emociones positivas pueden ampliar nuestra perspectiva con un mayor abanico de acciones que realizar. De modo que si nos sentimos positivos y necesitamos reunirnos con el compañero irascible, dispondremos de más alternativas para manejar a esa persona.

Las emociones positivas también nos pueden ayudar a recuperarnos tras experimentar un suceso negativo, como Fredrickson y su compañero Robert Levenson demostraron en otro estudio. Los sujetos veían clips de vídeo que evocaban sentimientos negativos. Pero si a continuación se les mostraban clips que evocaban sentimientos positivos, los ayudaba a revertir más deprisa a su nivel emocional base[298]. No seguían sintiéndose negativos. Uniéndolos, los dos resultados sugieren que las emociones positivas pueden ayudarnos a ser resilientes y llevar a cabo acciones para recuperar los recursos que pudieran haberse agotado.

Las emociones positivas pueden ofrecernos un descanso psicológico, permitiéndonos dar un paso atrás, recuperarnos y recobrar nuestra energía [299].

La felicidad durante la jornada de trabajo

Podríamos esperar que las personas sean más felices cuando están muy concentradas en su trabajo. Y existe un largo historial de investigaciones que muestran que la gente siente emociones positivas cuando está absorta haciendo algo. Los estados atencionales que describen esta concentración —nombrados de formas variadas, como flujo, dedicación cognitiva, compromiso cognitivo o plenitud mental— han sido asociados consistentemente con un estado de ánimo positivo [300, 301, 302]. El aburrimiento, como podemos imaginar, se ha asociado consistentemente con emociones negativas. De modo que podríamos esperar que cuando las personas mantienen una concentración sostenida en su trabajo, están orientadas al objetivo y deben de ser más felices que cuando se dedican a tareas irreflexivas como jugar a *Candy Crush*. Pero esto no es lo que encontró mi investigación.

En el capítulo 3 describí cómo la gente muestra cambios de ritmo de atención a lo largo del día. Mary Czerwinski, Shami Iqbal y yo habíamos usado una técnica de muestreo de experiencias en la que la gente informaba cómo de dedicada y desafiada se encontraba justo en un momento dado. Treinta y dos participantes en el estudio recibieron dieciocho sondas, es decir, encuestas breves, que tenían que rellenar cada día durante una semana. En esas sondas les pedíamos también que comunicaran sus experiencias emocionales. Lo que reportaban en las sondas proporcionaba una buena imagen de lo que habían estado sintiendo a lo largo de la jornada laboral [303].

Las sondas estaban basadas en un modelo de afecto tomado del trabajo de James Russell, un psicólogo especializado en el

244

estudio de las emociones[304]. Las emociones están formadas por muchos componentes afectivos. Dos de los más importantes, que han demostrado contribuir más que los otros a la experiencia emocional, son los estados básicos subyacentes llamados valencia y excitación. La valencia es un término usado para medir la cualidad del sentimiento o la emoción, y se extiende a lo largo de un continuo que va de extremadamente positiva a extremadamente negativa. La excitación, que podemos considerar como cuánta energía sentimos, también se sitúa a lo largo de un continuo que va desde excitación extremadamente alta (cuando nos sentimos plenos de energía y dispuestos a hacer cosas) a excitación extremadamente baja (cuando nos sentimos vacíos de energía). El aliciente para desarrollar este modelo es que a la gente le cuesta distinguir entre diferentes tipos de sentimientos: a veces las emociones pueden ser ambiguas. Podemos sentirnos negativos pero resultarnos difícil señalar si el sentimiento se debe a tristeza, culpa o ira. Es mucho más fácil desambiguar los sentimientos si solo tenemos que decidir dos cosas: cómo de positivos o negativos nos sentimos y cuánta energía tenemos. Por ejemplo, podemos sentirnos superfelices y plenos de energía cuando nos conceden un aumento de sueldo, o furiosos y agotados cuando nos rechazan una propuesta en la que hemos trabajado mucho. Estas dos medidas han sido validadas por estudios de neurociencia y psicología. Se ha encontrado que se activan regiones del cerebro que se corresponden con los diferentes sentimientos subjetivos asociados a la valencia positiva o negativa[305]. También se ha validado la excitación, pues se presentan señales fisiológicas en medidas como el ritmo cardíaco, la conductividad de la piel y los electroencefalogramas (EEG) que muestran una correlación elevada con los sentimientos subjetivos sobre cómo de excitadas se sienten las personas[306, 307].

Figura 1. Las sondas de muestreo de experiencias que se presentaron a los participantes para medir sus emociones a lo largo del día. Los participantes debían hacer clic en la zona de la cuadrícula que mejor reflejaba sus emociones en ese momento.

La figura 1 muestra la sonda que usábamos en nuestro estudio; aparecía en los ordenadores de la gente a lo largo del día. Las sondas consistían en una cuadrícula con ejes vertical y horizontal: el eje horizontal representaba la valencia, y el vertical, la excitación. Los participantes tenían instrucciones de hacer clic en la parte de la cuadrícula que mejor representaba cómo se sentían en ese momento exacto. Si se sentían extremadamente positivos y llenos de energía, debían hacer clic en la esquina superior derecha. Si se sentían ligeramente positivos y con una cantidad moderada de energía, debían hacer clic aproximadamente en el centro del cuadro superior derecho. En otras palabras: harían clic en el punto exacto de la cuadrícula que se correspondía con cómo se sentían en ese momento. Las dimensiones de valencia, el *tipo* de sentimiento, y excitación, la *cantidad* de sentimiento, eran medidas continuas para ajustarse a la idea de que las experiencias emocionales de las personas se extienden a lo largo de un rango. Así, los participantes podían hacer clic en cualquier punto de la cuadrícula para marcar con la máxima precisión posible su sentimiento a lo largo de esas dos dimensiones. A los participantes en el estudio se les dio la oportunidad de practicar con nosotras y hacernos preguntas, para asegurarnos de que entendían cómo tenían que reportar sus sentimientos en la cuadrícula. Cuando estuvimos seguras de que podrían reflejar en las sondas su estado emocional con precisión, comenzamos el estudio. Aquello era un laboratorio viviente instalado en sus despachos, de modo que las personas experimentaban la gama completa de emociones de su trabajo cotidiano. También registramos discretamente la actividad de las personas en sus ordenadores, con su consentimiento.

Recordemos que valencia y excitación son dos componentes que pueden describir un rango de emociones. Por tanto, podemos interpretar las respuestas en la cuadrícula como las emociones de estrés, felicidad, satisfacción y tristeza, de acuerdo con Russell (figura 2). Tengamos en cuenta que los participantes no veían estos nombres en la cuadrícula; tan solo las etiquetas de las dimensiones, como aparecen en la figura 1. Si una persona hacía clic en el cuadrante superior derecho (valencia positiva y excitación alta), eso se podía interpretar como que se sentía feliz. Si una persona hacía clic en el cuadrante superior izquierdo (valencia negativa y excitación alta), esto se interpretaría como estrés. Hacer clic en el cuadrante inferior derecho (valencia positiva y excitación baja) indicaba la sensación de satisfacción, y en el cuadrante inferior izquierdo (valencia negativa y excitación baja), indicaba tristeza. En un sentido más amplio, si alguien hacía clic en cualquier punto de la mitad derecha de la cuadrícula, estaría indicando una sensación positiva (ya fuera felicidad o satisfacción), y si hacía clic en la mitad izquierda de la cuadrícula, estaría indicando una sensación negativa (estrés o tristeza).

Figura 2. Interpretación de los estados de ánimo para los cuatro cuadrantes del modelo de Russell [308].

Dedicación esforzada y dedicación relajada

Volvamos ahora a algo mencionado anteriormente, la larga serie de investigaciones que muestran que cuando las personas están muy comprometidas con una actividad, como puede ser estar leyendo, esto se asocia a un estado de ánimo positivo. A pesar de estos descubrimientos pasados, cuando observamos los resultados nos quedamos sorprendidas: las personas sienten la máxima felicidad cuando están usando la atención rutinaria; son de hecho más felices que cuando están concentradas. La atención rutinaria, recordemos, se aplica a las actividades cotidianas que requieren dedicación pero son poco desafiantes: jugar al solitario, echar un vistazo a Twitter, comprar *on-line* o visitar Facebook. En el estudio, cuando una persona estaba dedicada a una actividad le preguntábamos también cómo de desafiante era lo que estaba haciendo. Los estudios anteriores mostraron que la dedicación estaba asociada con emociones positivas, no diferenciaban entre si las personas se sentían desafiadas o no, al contrario que el nuestro. Estar dedicados a una actividad rutinaria, como Kalman cuando planchaba, es diferente de estar dedicados cuando realizamos una actividad desafiante como la escritura. Al igual que en estudios previos, encontramos que las personas sienten negatividad cuando están haciendo actividades aburridas. La actividad rutinaria que usa pocos recursos cognitivos y no es exigente cognitivamente se asocia a sentimientos positivos. Este resultado sugiere que la gente es más feliz jugando al *Candy Crush* que al realizar trabajo sostenido y concentrado.

¿Por qué no encontramos que nuestros participantes eran más felices cuando estaban concentrados? En primer lugar, descubrimos que cuando las personas están concentradas en el trabajo, también tienden a estar estresadas. Está demostrado que el estrés se asocia con bajas emociones positivas y altas emociones negativas[309]. Segundo, aunque los estudios anteriores encontraron que estar concentrados se asocia a sentimientos positivos, esos estados atencionales habían sido medidos en una sola dimensión de dedicación, sin considerar que también podían darse diferentes cantidades de desafío, esto es: que prestar atención a algunas cosas puede ser más desafiante cognitivamente que prestársela a otras. Si desglosamos qué significa estar dedicados a una actividad, vemos que puede involucrar experiencias desafiantes, como la lectura de un material difícil, y experiencias no tan desafiantes, como mirar vídeos en YouTube. Cuando usamos la atención sostenida con actividades difíciles, esto nos crea una carga cognitiva, y sabemos por los estudios de laboratorio que no podemos mantener una concentración sostenida durante demasiado tiempo, pues nuestro rendimiento empieza a decaer. Esto lo explica el agotamiento de los recursos[310]. La atención rutinaria, por otro lado, utiliza menos recursos atencionales. Me gusta hacer crucigramas sencillos; los resuelvo deprisa y obtengo una gratificación rápida. En un entorno de multitarea digital, las actividades rutinarias no requieren mucho esfuerzo y proporcionan disfrute. Además, son muy fácilmente accesibles. De modo que un motivo por el que gastamos tanto tiempo en actividades rutinarias es que es difícil apartarnos de algo que nos hace felices. Pero, por desgracia, la mayoría no podemos pasar el día dedicándonos a actividades rutinarias.

Es posible que la actividad rutinaria no *cause* que la gente sea feliz, pero ¿puede ser que realice tareas relajadas porque ya se siente feliz? La fuerte asociación que encontramos no confirma que las actividades rutinarias *causen* sentimientos positivos. Sin embargo, sostengo que así es. Maira Kalman explica que su actividad rutinaria le causa solaz, y muchos participantes de nuestro estudio comentan que pasan a dedicarse a actividades rutinarias cuando necesitan aliviar estrés y sentirse mejor. Mi propia experiencia es que la actividad rutinaria es una forma de apartarse y reponerse, y desde que empecé a estudiar nuestra atención con nuestros dispositivos me di cuenta de que me relaja y me tranquiliza.

La felicidad con Facebook y las actividades cara a cara

Si nos preguntamos qué creemos que hace más feliz a la gente, la interacción por Facebook o la interacción cara a cara, ¿cómo responderíamos? Es una pregunta que hago a menudo, y la mayoría responde que la interacción cara a cara. Pero los resultados nos sorprenderían. En el capítulo 3 analizamos que cuando la gente está en Facebook siente que está haciendo actividad rutinaria o incluso aburrida[311]. En un estudio que realicé con Mary y Shamsi en Microsoft Research, pedimos a treinta y dos participantes que llevaran SenseCams durante una semana; estas tomaban cada quince segundos fotografías de lo que estaban viendo.

Después de aplicar *software* de reconocimiento facial pudimos determinar cuándo se producían interacciones cara a cara. También usamos la escala PANAS, una escala bien validada que mide el estado de ánimo subjetivo pidiendo a la gente que puntúe cómo se siente respecto a veinte tipos diferentes de emociones, como interés, entusiasmo, ansiedad o nerviosismo [312]. Pedimos a los participantes que rellenaran la escala PANAS a primera hora del día, en cuanto llegaban al trabajo, y de nuevo al final del día, antes de marcharse. Si alguien empezaba la jornada en un estado muy positivo pero tenía un día malo, las puntuaciones en la escala PANAS reflejarían que el estado de ánimo al final de la jornada mostraba un cambio de positivo a negativo. También sondeamos las emociones de los participantes usando el muestreo de experiencias, como se ve en la figura 1, basado en el modelo de emociones de Russell. Los participantes reportaban también cómo de dedicados y desafiados estaban.

¿Cómo de positiva se sentía la gente con Facebook en comparación con las interacciones personales? Primero examinamos las emociones en el momento en que las interacciones tenían lugar, medidas con las sondas de muestreo de experiencias. Descubrimos que, en ese momento, los participantes indicaban estar más felices cuando se encontraban cara a cara con otras personas que cuando estaban en Facebook.

Pero cuando observamos el estado de ánimo al final de la jornada, descubrimos que cuanto más tiempo pasaba la gente en Facebook, más feliz reportaba estar al final del día. Y, sin embargo, la cantidad de tiempo usado en interacciones cara a cara a lo largo del día no mostraba ninguna relación con el cambio de estado de ánimo al final.

¿Cómo podíamos reconciliar esos resultados diferentes? Consideremos que las sondas capturan las emociones en el momento, y estas emociones pueden no durar mucho. Las encuestas PANAS al final del día, por otra parte, reflejaban todas las subidas y bajadas de la jornada. Así que, aunque las personas puede que sean más felices en un momento dado durante una interacción cara a cara, también es posible que esos momentos felices a lo largo del día no lleven a acumular un estado de ánimo positivo más alto.

También parece existir otra razón subyacente. Nos preguntamos si la atención podía tener un papel. Observamos el nivel de dedicación reportado justo después de cada tipo de interacción. Los participantes indicaban estar más dedicados durante las interacciones cara a cara en comparación con estar en Facebook, lo que era algo esperable. Parece razonable pensar que las interacciones cara a cara exigen más atención nuestra, pero, al mismo tiempo, puede que las personas tengan menos control sobre su atención cuando están en una interacción así. Las interacciones cara a cara involucran varias etapas. Está la etapa de apertura, cuando saludamos a alguien. A continuación, está la interacción propiamente dicha, y por último hay una etapa de cierre con rituales de despedida («Seguimos hablando mañana»). Si estamos estresados, tenemos una pila de trabajo en la mesa o nos acechan las fechas de entrega, lo último que queremos es vernos atrapados en una interacción cara a cara. A menos que seamos propensos a la descortesía, es muy difícil cortar una interacción una vez pasada la etapa de apertura. Por otro lado, la gente puede elegir cuándo entrar en Facebook (aunque muchos pueden perder el control una vez están en el sitio). Si estamos trabajando duro, Facebook proporciona una forma conveniente de hacer una pausa y dedicarnos a una actividad rutinaria, lo que por supuesto puede ayudarnos a reponer los recursos y hacer que nos sintamos más positivos.

Emociones negativas durante la multitarea

Nos vemos atraídos hacia la gente que expresa emociones positivas. En la sala de descanso gravitamos hacia la persona que nos sonríe. Cuando nos asomamos a un despacho para ver si es posible interrumpir, una expresión de enfado en la cara del ocupante hace que nos retiremos sin hacer ruido. Recordaremos del capítulo 4 que, durante buena parte del día, las personas están en multitarea, y cuando es el caso, experimentan estrés. Pero las organizaciones son entornos sociales, y a menudo, cuando la gente está en multitarea, hay otras personas a su alrededor en el lugar de trabajo. El estrés que las personas experimentan durante la multitarea y en medio de continuas interrupciones, ¿cómo afecta a su expresión emocional cuando están con los demás? Las emociones de las personas durante la multitarea, ¿son públicamente visibles en su cara de modo que los demás pueden darse cuenta?

Decidimos ponerlo a prueba. Con los compañeros Ioannis Pavlidis y Ricardo Gutierrez-Osuna y nuestros estudiantes de posgrado realizamos un experimento para investigar cómo las personas expresan sus emociones cuando están en multitarea. Reclutamos a sesenta y tres participantes y simulamos en laboratorio un entorno de oficinas multitarea con interrupciones. Dado que sabíamos que el *e-mail* es una fuente clave de interrupción, decidimos usarlo con ese fin.

Pedimos a los participantes que completaran una tarea que consistía en escribir un ensayo. Elegimos el tema de la singularidad tecnológica, que es lo que podría ocurrir cuando las máquinas aventajen a la civilización humana. Consideramos que ese tema sería provocador y atractivo para los participantes. Estos eran asignados aleatoriamente a una de entre dos condiciones. En la condición de tarea secuencial, primero recibían un grupo de *e-mails*, los respondían y luego escribían el ensayo, y en la condición de multitarea, trabajaban en el ensayo pero eran interrumpidos en momentos al azar con el mismo número de *e-mails* a lo largo de la sesión, y tenían instrucciones de responder de inmediato. Los *e-mails* habían sido probados con antelación, de modo que los participantes tenían que dar una respuesta meditada; por ejemplo, los había pidiendo consejos para un viaje doméstico o la opinión sobre las mentiras piadosas.

Grabamos en vídeo las expresiones faciales de los participantes en ambas condiciones. También medimos su estrés usando una cámara de imágenes termales, ya que son bastante precisas para detectar el estrés basándose en el sudor de la zona perinasal, el área triangular entre la nariz y los labios. A continuación, usamos un programa de reconocimiento de expresiones faciales que era bastante preciso y reconocía siete emociones diferentes: ira, disgusto, miedo, felicidad, tristeza, sorpresa y neutralidad. Descubrimos que cuando las personas estaban en multitarea, sus expresiones faciales mostraban más emociones negativas, especialmente ira, como podemos ver en la figura 3. Cuando no estaban en multitarea, sus expresiones emocionales eran más neutrales [313]. Curiosamente, cuando los participantes recibían todos los *e-mails* a la vez, sus expresiones mostraban un ascenso en la ira durante el tiempo que estaban trabajando en ellos, comparado con las expresiones que aparecían mientras trabajaban en el ensayo. También realizaron el test NASA-TLX, descrito en el capítulo 5, y aquellos participantes que sufrían interrupciones continuas juzgaron que tuvieron una carga mental más alta y más nivel de esfuerzo. Así, las emociones mostradas que fueron medidas objetivamente parecían coincidir con lo que experimentaban los propios participantes. Recordemos también que se cree que la carga cognitiva se corresponde con los recursos cognitivos subyacentes usados [314], de modo que una carga mental más alta en aquellos que eran interrumpidos continuamente significaría que estaban consumiendo más recursos.

Figura 3. La imagen de la izquierda corresponde a una persona que está realizando una tarea sin interrupciones, y muestra una emoción neutral. Las tres imágenes de la derecha muestran a la misma persona mientras está en multitarea y la interrumpen continuamente, y muestra expresiones de irritación [315].

Aunque no podemos saber con seguridad si las expresiones faciales muestran lo que estamos sintiendo realmente, sabemos que las emociones que las personas sienten y expresan están estrechamente ligadas [316]. De modo que si nuestra cara muestra un aspecto de tristeza, es probable que nos sintamos tristes, pero no siempre. De forma similar, si nuestra cara muestra que bullimos de excitación, es probable que nos estemos sintiendo positivos, pero, de nuevo, no siempre. Las expresiones emocionales y el comportamiento de las personas pueden tener un impacto en otros, especialmente si estamos en público. Las emociones pueden tener efectos contagiosos, y la emoción de una persona puede influenciar a otra para que exprese una emoción similar [317], lo que llevó al investigador Sigal Barsade a referirse a las personas como «inductores ambulantes de estado de ánimo» [318]. Así, lo que hacemos en nuestros dispositivos afecta a nuestras emociones, y estas pueden quedar mostradas públicamente. Resumiendo: no es solo que las personas puedan sentirse estresadas cuando realizan multitarea y están cansadas, sino que pueden transmitir a otros esas emociones negativas.

La madriguera del conejo de la satisfacción

Dada la cantidad de multitareas e interrupciones que experimenta la gente, el trabajo rutinario puede cumplir una función: despertar emociones positivas en un entorno estresante. Las recompensas emocionales positivas que la gente obtiene de la actividad rutinaria pueden explicar por qué nos sentimos atraídos hacia actividades no agotadoras como las redes sociales y los juegos simples, que no exigen esfuerzo y nos proporcionan placer. El escritor Nicholson Baker reserva tiempo para lo que llama «trabajo del tipo diurno»: el trabajo de baja presión y no exigente cognitivamente, como mecanografiar notas o transcribir una entrevista[319]. En los diferentes ritmos de atención que vimos en el capítulo 3, también vimos que la gente se toma un tiempo para ir calentando hasta llegar al trabajo concentrado, y las actividades de Baker lo preparaban para la dura tarea de escribir. En nuestra era digital, donde estamos frente a una pantalla gran parte del día, tenemos muchas más oportunidades para realizar actividad rutinaria accesoria a nuestro trabajo, como recorrer Twitter o ver vídeos de TikTok. Dedicarnos a la actividad digital rutinaria puede ser una consecuencia de nuestras jornadas estresantes, temporalmente agobiadas y multitareadas, pero tiene el lado positivo de que nos ayuda a liberar tensión.

Puede que no hayamos pensado que las actividades mecánicas y de poco esfuerzo puedan ayudarnos en nuestro trabajo. Al dedicarnos a este tipo de actividades dejamos que los problemas incuben en nuestra mente, y pensar en otras cosas no agota nuestros recursos cognitivos y nos ayuda a generar soluciones[320]. Dado que los sentimientos positivos están asociados a tener más elecciones sobre cómo actuar, ocurre que si la actividad rutinaria nos permite hacer acopio de positividad y recuperar recursos, puede incluso ayudarnos a ser más creativos. Puede resetear nuestras emociones de vuelta a un estado deseable, y esto quizá explique por qué nos atrae tanto esta actividad intrascendente. Puede ayudarnos a alcanzar un equilibrio psicológico.

Recordemos que la atención está orientada a los objetivos. Cuando los perdemos de vista, la atención puede ser arrastrada por nuestros pensamientos internos o por estímulos externos hacia actividades menos esforzadas y en potencia más gratificantes y emocionalmente positivas. Pero, por otro lado, si mantenemos en mente nuestros objetivos de alto nivel y vemos las actividades rutinarias como un medio para alcanzar un fin, de la forma en que la Pequeña Mente de Maya Angelou trabajaba en concierto con su Gran Mente, corremos menos peligro de caer en la trampa de la atención rutinaria.

La actividad rutinaria, ¿puede ayudarnos a ser más productivos? Si fuéramos unos expertos en eficiencia como Frederick Taylor (que, como recordaremos, usaba cronómetros para medir la productividad de los trabajadores), nos sería difícil medir cómo la actividad rutinaria ayuda a la productividad. B. F. Skinner, el famoso psicólogo que creía en el conductismo, describía la jardinería y la natación como tiempo no «gastado provechosamente», ya que le reducía las horas de trabajo [321]. A su estilo skinneriano, usaba un timbre para registrar las horas de inicio y fin del trabajo, y ponía la alarma del despertador para que sonara cuatro veces por la noche y lo despertara para poder trabajar durante una hora. Para Skinner, no había espacio para la actividad rutinaria. En la actualidad, las aplicaciones de productividad usadas para seguir la pista a nuestro tiempo cuando estamos usando los dispositivos nos proporcionan información sobre cuándo estamos en sitios como Twitter y cuándo usamos aplicaciones como Word. Su intención es que maximicemos nuestro trabajo de una forma cuantificable. Sin embargo, para los trabajadores intelectuales, estas aplicaciones no pueden capturar la manera en que dedicarnos a una tarea intrascendente aparte de nuestro proyecto principal puede en realidad

hacernos más felices, desestresarnos y, en potencia, ayudarnos a resolver problemas dejándolos incubar. Estas aplicaciones de productividad no habrían clasificado a Wittgenstein como productivo
cuando se dedicaba a pelar patatas (se había dado cuenta de que
pensaba mejor cuando lo hacía), ni a Einstein como productivo
cuando pasaba largas horas perdido en sus pensamientos o tocando
el violín. Einstein afirmó incluso que la música lo ayudó en su trabajo y lo llevó a imaginar la teoría de la relatividad[322]. A continuación, echaremos una ojeada más amplia a nuestra atención para
observarla en relación a todos los medios que usamos más allá de
nuestros ordenadores y teléfonos.

11

Cómo los medios de comunicación condicionan nuestra atención

Como madre, me enorgullece el hecho de que mis hijos se criaran en un hogar sin televisión. Cuando nuestra familia regresó a Estados Unidos desde Alemania, en el año 2000, mi esposo insistió en que no tuviéramos televisor en casa. Desde su perspectiva europea, la televisión estadounidense tenía demasiada violencia. Sin embargo, no fue fácil criar unos niños en Estados Unidos sin televisión. Existía una intensa presión por parte de sus amigos para que vieran programas, y se sentían dejados al margen. Empecé a preguntarme si estábamos haciendo lo correcto. Pero entonces ocurrió algo interesante. Pocos años después, fuimos a vivir un año en Berlín mientras estaba en mi periodo sabático. Alquilamos un piso que tenía dos aparatos de televisión. Un día, mientras intentaba trabajar, mis hijos alborotaban y no podía concentrarme. Así que dije algo impensable apenas unos meses antes: «Id a ver la televisión». Protestaron ruidosamente con un: «¡No, es aburrida!». Supe que había hecho algo bien.

En nuestra vida cotidiana, la mayoría estamos expuestos a una serie de medios más allá de lo que hay en nuestros ordenadores y teléfonos. Resulta que nuestra atención alterna rápidamente no solo cuando estamos con el ordenador, sino también cuando vemos televisión y películas, vídeos musicales y anuncios; pero en estos casos, son los directores y editores los que determinan el ritmo de nuestros cambios de atención. En este capítulo mostraré cómo los cambios de atención rápidos también se presentan en una serie de medios que consumimos. Argumentaré que, debido a nuestra amplia inmersión en los medios, hemos desarrollado expectativas de rápidos cambios de pantalla, y esto puede influenciar nuestros cambios de atención en los dispositivos personales de formas de las que ni siquiera somos conscientes.

Influencias del amplio paisaje de medios

La mayoría de los niños está expuesta a la televisión desde temprana edad, con una media de dos horas y quince minutos al día delante de una pantalla de televisión[323]. Pero, además, es algo que viene de familia. Según el informe Nielsen de audiencias totales de 2021[324], los adultos estadounidenses de dieciocho años o más dedican una media de cuatro horas y veinticuatro minutos al día a la televisión, más que en otros países. Por ejemplo, en el Reino Unido, la media de tiempo diaria es de tres horas y veinte minutos[325]; en Francia, de tres horas y cuarenta y nueve minutos[326]; en Japón, de dos horas y cuarenta y un minutos[327], y en China, de dos horas y treinta minutos[328]. Esto es sin contar el tiempo pasado en sitios de *streaming*. Tampoco tiene en cuenta la cantidad de tiempo de pantalla gastado en otras actividades de ordenador y teléfono; Nielsen reporta que los estadounidenses pasan por término medio cinco horas y treinta minutos diarios ante las pantallas de sus ordenadores, *tablets* y teléfonos[329]. Esta media está basada en todos los estadounidenses de todas las edades, y no solo en la gente que usa el ordenador para trabajar. Pero lo que es realmente asombroso es que cuando sumamos el tiempo dedicado a otros medios como la televisión y el cine, vemos que nuestra atención está fijada en alguna clase de pantalla, en algún tipo de entorno mediatizado, durante casi diez horas al día[330].

Pero ¿qué tiene que ver todo este tiempo viendo televisión o películas con nuestra capacidad de atención cuando estamos con nuestros dispositivos? Cuando vemos un programa de televisión, una película o un vídeo musical, nuestra atención se dirige de una toma a la siguiente, a un ritmo muy rápido. Una toma es la unidad ininterrumpida más corta de película que percibe el espectador[331]. Cada toma está compuesta de veinticuatro o treinta fotogramas por segundo; debido a esta velocidad tan rápida, un fotograma individual no es discernible para el ojo humano. La longitud de una toma se construye cuidadosamente en la sala de montaje. La longitud, junto con el movimiento y la iluminación de cada toma, está diseñada para guiar el interés y las emociones del espectador y crear tensión.

El tipo de movimiento entre tomas ha ido cambiando. Según el experto en cinematografía James Cutting y sus compañeros de Cornell, las tomas que contienen una puesta en movimiento (por ejemplo, una persona que está de pie y entonces echa a correr) han aumentado en número porque los cineastas creen que atraerán mejor la atención del espectador[332]. La gente es más precisa detectando objetos que cambian de estáticos a móviles que objetos que ya están moviéndose[333]. Cuando un objeto empieza a moverse, percibimos y procesamos el estímulo, de la misma forma que hacemos con una notificación que aparece en la pantalla del ordenador. No podemos evitar darnos cuenta.

Otro cambio que ha afectado a la atención de los espectadores es que la longitud de las tomas se ha ido acortando con las décadas. La introducción del cine sonoro a finales de la década de 1920 llevó en un principio a que la longitud de las tomas fuera mayor, pues esto permitía concentrarse más en el diálogo. La media de longitud de las tomas en 1930 era de doce segundos, pero entonces empezó a acortarse y llegó a ser de menos de cuatro segundos tras el año 2010, como midieron James Cutting y sus compañeros[334]. Curiosamente, la longitud de toma de las secuelas de las películas también disminuye. Por ejemplo, la longitud de toma en la primera película de *Iron Man* era de una media de 3,7 segundos; para *Iron Man 2*, de 3,0 segundos, y para *Iron Man 3*, de unos 2,4 segundos[335].

La televisión siguió un patrón similar al del cine, con longitudes de toma decrecientes con los años. La figura 1 muestra la longitud media de toma de películas (empezando en 1930, reportadas por James Cutting y sus compañeros) y programas de televisión (empezando en 1950, medidas por Jeremy Butler[336]) hasta el año 2010.

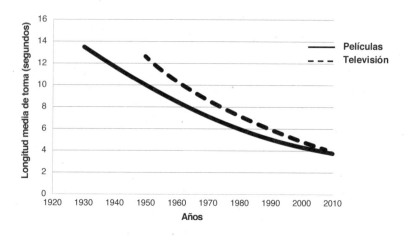

Figura 1. Tendencias de la media de longitud de toma de películas y programas de televisión con el paso de las décadas (datos de Cutting et al.[334] y Jeremy Butler[336]).

Como muestra la figura, la tendencia general ha sido que la media de longitud de toma, tanto de las películas como de la televisión, disminuye con el paso de las décadas. Las tomas de la televisión tenían una media de trece segundos en 1950 (similar a la media de doce segundos de las películas en 1930), y tanto las tomas de las películas como las de la televisión se han acortado hasta llegar a una media de menos de cuatro segundos en 2010. Teniendo en cuenta las extensas cuatro horas y media diarias que la gente pasa viendo televisión, sostengo que la gente ha llegado a esperar contenido breve y rápidamente cambiante a consecuencia de ello.

Las cortas longitudes de toma se encuentran también en los vídeos musicales. La longitud media de toma en los 155 ganadores y nominados de los premios MTV en la categoría de Mejor Montaje de 1984 a 2014 es de solo 1,6 segundos[337]. Como muestran en el sitio web Cinemetrics, esta longitud media de toma lleva treinta años usándose en los vídeos de MTV. Todos los vídeos del top 10 de más vistos en YouTube son vídeos musicales, que tienen tomas cortas y rápidamente cambiantes[338]. Uno de los vídeos musicales más populares de todos los tiempos en YouTube, el «Gangnam Style» de Psy, con más de cuatro mil millones de reproducciones, dura cuatro minutos y doce segundos y, de acuerdo a mis cálculos, tiene una media de longitud de toma de 2,9 segundos (pero esto no incluye los rápidos cambios estroboscópicos de escena porque fui incapaz de seguirlos). Los vídeos musicales son populares, especialmente entre los miembros de la generación Z: una encuesta de seguimiento de medios realizada por la empresa Morning Consult en 2021 reportó que el 36 % de los Gen Z los ven a diario[339].

A pesar del hecho de que los cambios de toma se han vuelto más rápidos, no todos ellos atrapan nuestra atención o provocan una discontinuidad en nuestra experiencia de visionado; depende del tipo de montaje. En el montaje de continuidad tradicional se pretende que los cambios de toma sean «invisibles» para el espectador.

Este tipo de montaje aúna las tomas que son lo bastante similares en el tiempo y el espacio para permitir que el espectador enhebre cognitivamente los fragmentos de película y cree la ilusión de una narrativa continua[340]. Existe un paralelismo entre cómo alterna nuestra atención cuando vemos películas y en nuestros ordenadores: un montaje de continuidad sería como pasar a la siguiente página de un *e-book*, mientras que un montaje abrupto sería como pasar de una hoja de cálculo Excel a la bandeja de entrada del *e-mail*.

Sin embargo, incluso cuando el montaje sigue las reglas de continuidad, la gente puede seguir siendo consciente de los cambios de toma. En un estudio que analiza si las personas podían detectar los cortes, los participantes presenciaban extractos de varios géneros cinematográficos y se les dijo que pulsaran un botón cuando observaran una edición. En conjunto, los participantes pudieron detectar el 84 % de los cortes realizados en las películas. Como podíamos esperar, la gente detecta menos ediciones cuando las tomas cambian a diferentes perspectivas dentro de la misma escena que cuando cambian a escenas diferentes[341]. Otros estilos de montaje son intencionadamente abruptos, diseñados para sacudir la atención, y se están volviendo más populares ahora; aparecen en vídeos musicales, publicidad, YouTube y especialmente en películas de acción como *El increíble Hulk* o *Transformers*. Hablaremos de esto en breve.

La evolución de los cortes en las películas y nuestra atención

Aunque los cambios rápidos de toma en televisión y películas son una práctica común en la actualidad, hay una larga historia sobre cómo hemos llegado aquí. Las películas primitivas tenían originalmente una sola toma sin ningún montaje. Pero eso cambió pronto. La innovación de los cambios de toma dentro de una película se puede atribuir al inglés Robert William Paul, nacido en 1869. Paul empezó su carrera como fabricante de instrumentos científicos, y su estatura y renombre como cinematógrafo llegó por casualidad [342]. En 1894, dos emprendedores pidieron a Paul que construyera una reproducción del kinescopio de Thomas Edison, un dispositivo con el que una persona podía ver películas. Paul fue capaz de hacerlo porque el kinescopio.de Edison no había sido patentado en Inglaterra. Pero había pocas películas para ver en esa época, así que Paul, un hábil fabricante de instrumentos, diseñó una cámara al año siguiente. Esto lanzó una carrera en la que filmaría casi ochocientas películas.

El primer montaje de la historia del cine tuvo lugar en la película de 1898 de Paul titulada *Come Along, Do!* En la primera escena, que duraba cuarenta y cuatro segundos, la cámara captaba la imagen completa de un hombre y una mujer sentados fuera de una galería de arte, comiendo el almuerzo. Esta escena establecía la tranquilidad de la relación de la pareja.

La escena cambiaba abruptamente al interior de la galería de arte durante treinta segundos más, modificando el fondo de luminoso a oscuro, y en ella el hombre aparece inspeccionando atentamente la estatua de una mujer desnuda, y la mujer, con expresión de irritación en la cara, intenta llevárselo de ahí. El corte nos sobresalta y muestra un cambio claro en el espacio y el tiempo.

El montaje de continuidad, dirigido a crear una transición sin fisuras entre cortes para hacer avanzar la narrativa, fue desarrollado pronto en la década de 1910 por el cineasta D. W. Griffith. Este tipo de montaje se convirtió en representativo del cine clásico de Hollywood (un periodo que va de la década de 1910 a la de 1960). Un ejemplo de montaje de continuidad aparece en la película de Hitchcock de 1954 *La ventana indiscreta*. En una parte de la película, el protagonista, un fotógrafo, está viendo a su vecino a través del teleobjetivo de su cámara. La toma alterna una y otra vez entre el fotógrafo mirando por la cámara y la imagen del vecino al que está observando. Los cambios no perturban el continuo espaciotemporal de la escena, y sin mucho esfuerzo, el espectador puede entender que es el fotógrafo el que está mirando al vecino.

En paralelo al ascenso del montaje de continuidad en Estados Unidos, a mediados de la década de 1920, en la escuela cinematográfica rusa, el cineasta Sergei Eisenstein desarrolló una técnica muy diferente llamada montaje dialéctico. Modelándola con base en la ideología soviética del materialismo dialéctico, la idea de enfrentar fuerzas opuestas una contra la otra, Eisenstein creía que el significado en una película se crea mediante el contraste de ideas diferentes pero relacionadas en tomas secuenciales. Por ejemplo, en la famosa *El acorazado Potemkin*, una escena de un sacerdote dando golpecitos a una cruz corta inmediatamente a una escena de un soldado dando golpecitos a una espada. Esto exige más esfuerzo por parte del espectador para encontrar una asociación entre las tomas, pero Eisenstein creía que ese tipo de corte llevaría a una meditación más profunda sobre la película.

Los montajes se fueron haciendo más abruptos durante la nueva ola francesa, en la década de 1959. Los cortes de elipsis creaban una discontinuidad en la película, de modo que la narrativa parecía «saltar» instantáneamente a un punto diferente del tiempo dentro de la misma escena. La primera elipsis se le acredita al director Georges Méliès en la película de terror de 1896 *El castillo encantado*. La nueva ola de directores franceses, como Jean-Luc Godard, revolucionó y popularizó las elipsis, que sacudían nuestra atención al llegar por sorpresa y sentirse como un poco antinaturales.

En una escena de la película de 1960 de Jean-Luc Godard *Al final de la escapada* (longitud de toma media de 11,8 segundos), cuando el protagonista está conduciendo un coche robado echa un vistazo a la guantera, y entonces, una elipsis revela que esta contiene un arma. El protagonista tiende la mano hacia ella. Hay otra elipsis y vemos de repente que el arma está en la mano del personaje. La interrupción del flujo de la acción nos sobresalta un poco, pero aún podemos seguir la narrativa. La experiencia es más bien como cortar partes de la escena y confiar en que nuestra atención rellene los huecos. El espectador tiene que trabajar un poco para seguir la historia: observar las tomas con cuidado, mantenerlas en su memoria y por último ensamblarlas para construir la narrativa. La crítica de cine Penelope Houston afirma que Godard había desarrollado un estilo de «cubismo visual» para enfatizar el medio fílmico más que la historia; por otro lado, el rival de Godard, Claude Autant-Lara, afirmaba que este estaba intentando a propósito arruinar *Al final de la escapada* con las elipsis [343]. El propio Godard afirmó que utilizó esa técnica para acortar una película que era ya una hora demasiado larga.

Mientras que Jean-Luc Godard usó magistralmente las elipsis para reforzar una escena (en palabras del crítico de cine del *New York Times* Bosley Crowther [344], para introducir a los «toscos y desarraigados jóvenes parisinos en el flujo tosco y desarraigado de la nueva ola francesa»), estas se han convertido en una característica de la estética de YouTube, principalmente para mantener nuestra atención.

Elipsis y YouTube

El objetivo de usar elipsis en YouTube es maximizar la cantidad de contenido en el tiempo más corto posible. Las elipsis son también más fáciles de implementar que otras técnicas de montaje más sin fisuras como variar el tamaño de las tomas de, digamos, encuadres medios a primeros planos, especialmente para las personas que no tienen experiencia en montaje. El ascenso de las elipsis en YouTube ha creado nuevas expectativas en los espectadores. En una película, montadores expertos editan con habilidad los diálogos para condensar el discurso a la vez que mantienen su sentido naturalista. Pero en YouTube, el objetivo es eliminar «tiempo muerto» de pausas y breves balbuceos como *um* o *ah*, para concentrar más acción y contenido en un marco temporal más breve y así mantener la atención del espectador. Estuve viendo un vídeo de instrucciones sobre cómo hacer elipsis en un vídeo de YouTube, y en él se explicaba que una vez eliminado el tiempo muerto, el vídeo parecería fluir con más suavidad [345]. Sin embargo, en una conversación real, los elementos de relleno como *um* o *ah* —las palabras que usamos para ganar tiempo mientras componemos nuestro discurso— son esenciales para indicar transiciones y hacer que la conversación humana parezca natural. YouTube ha creado un lenguaje cinemático donde las elipsis durante el diálogo se han vuelto normales. Visualmente, el vídeo es discordante, agitado y energético, el discurso no tiene pausas, y sirve para el fin de condensar el vídeo para mantener nuestra breve capacidad de atención.

El cine creaba originalmente un hechizo que atraía al espectador de modo que este pudiera perderse en otro mundo. Ahora, en las nuevas formas de vídeo, el objetivo es asegurarse de que el espectador no se aburre dentro de ese mundo. En consecuencia, el montaje debe incorporar continuamente cortes rápidos y elipsis para seguir sacudiendo la atención del espectador; es como jugar a un videojuego de ritmo rápido. Irónicamente, ocurre también que si el montaje es demasiado dinámico, trabaja en contra de la tendencia natural de las personas a percibir la coherencia de una historia y puede llevar a recordar peor la película [346]. Nuestra atención visual puede quedar atrapada por un vídeo de YouTube con elipsis, pero tendremos más problemas para recordar lo que hemos visto.

Montaje no lineal y montaje caótico

Para entender el auge de los montajes acelerados y su impacto en nuestra atención desde la perspectiva de alguien que crea las tomas, hablé con Doug Pray, un director dos veces ganador del Emmy y pionero en el campo del montaje no lineal, que aprendió montaje en las películas analógicas. A lo largo de su carrera, Pray no solo ha sido un testigo del desarrollo de las tomas sino también un participante en los cambios, ya que dirige y monta películas. Durante nuestra conversación por Zoom, Pray estaba en su sala de montaje. Al fondo, tarjetas de índice coloridas mapeaban la historia de su proyecto actual. En un momento dado, Pray salió del encuadre y regresó para mostrarme un rollo de película analógica. Explicó que había aprendido a montar con película de 16 mm, y entonces desenrolló el carrete: «Ya sabes, película». Recuerda el proceso intensivo del montaje analógico antes de la década de 1990: «Tenías un cubo grande en tu sistema de montaje, y contenía cientos de ganchitos, y había cientos de trocitos de película en cada gancho. De modo que para cada toma, primero tenías que encontrar la cinta, luego extenderla, cortarla, pegar en ella un trozo de cinta adhesiva. Imagina, si yo quería tener veinte tomas para un minuto de tiempo de pantalla, eso eran horas de trabajo. Y si querías ajustar unos pocos fotogramas en una toma, tenías que repetir todo el proceso entero. Si querías hacer algo abstracto o artísticamente ambicioso en términos de tomas por minuto, te llevaría una cantidad demencial de tiempo. Estamos hablando de días y días de algo que ahora puedes hacer en un minuto».

El primer sistema de montaje digital no lineal, el CMX-600, que permitía acceder rápidamente a cualquier fotograma en cualquier orden, apareció en 1971. Su elevado precio (250 000 dólares), la baja calidad del monitor y su escaso espacio de almacenamiento impidieron que se hiciera popular entre los cineastas. Pero en 1989, la empresa Avid sacó el Avid Media Composer, un *software* que revolucionó el campo emergente del montaje no lineal. Pray recuerda la primera vez que se sentó ante una máquina Avid, en 1992: «Solo podía pensar "Oh, dios mío". Era alucinante. Lo cambió todo».

De repente, explica Pray, podía probar una nueva toma a capricho. O una docena. E intercambiarlas, o invertir el orden, en cuestión de minutos, no horas o días. «Y como podías, lo hacías. Y empezamos a divertirnos con ello. En términos de narrativa, de repente tenías una cantidad exponencial de opciones al alcance de la mano. Podíamos avanzar la historia rápidamente, y surgió una clase diferente de pensamiento». El montaje se había vuelto más eficiente: insertar más cortes era algo que se podía hacer con rapidez, y esto resultó en una reducción de la duración de las tomas.

Pray cree también que la reducción de la longitud de las tomas tiene que ver con un público moderno que tiene una buena comprensión del «lenguaje fílmico» y de las convenciones. Un público más antiguo podría haberse quedado confuso ante una secuencia que mostraba un personaje en la calle seguida de un corte al mismo personaje en una habitación. Ese público habría necesitado seguir cada paso: «Tenías que filmar una toma para establecerlo, mostrar a la persona entrando en la casa, un primer plano de la mano en la puerta y mostrar cómo la abrían». En la actualidad, el público es mucho más sofisticado y las tomas intermediarias se pueden eliminar o reducir.

Pray cree que el acortamiento de las tomas también tiene que ver con la llegada de MTV y el auge de los vídeos musicales; lo describe como «el elemento de cambio número uno» en términos de estilo y estética cinematográficos. La música se ha vuelto «más impactante» y rápida. Tomó la forma de punk, rock, speed metal, grunge y new wave. Y luego está el hip-hop, que Pray afirma que es no lineal: «Es una colisión de dos ideas que no encajan juntas. Pones este chirrido sobre este ritmo y la voz de esta persona sobre esta otra canción». Estos nuevos estilos de música llevaron al nacimiento de nuevos tipos de montaje fílmico como el corte flash (un destello blanco entre cortes) que atrae la atención hacia el corte, y que Pray describe como una «percusión visual». Estas nuevas formas musicales influenciaron en gran medida el trabajo de Pray, de su documental *Hype!* (sobre la comercialización de la escena grunge) a *Scratch* (sobre la emergencia de los *disc jockeys* del hiphop).

No fue solo la estética cinematográfica la que fue influenciada, sino también la longitud de sus tomas; más concretamente, la idea de que «más rápido es mejor». En la década de 1980, Pray estaba trabajando en vídeos musicales que eran más «cortados», y explica: «Todo el mundo los quería, porque parecían más excitantes. No sé por qué. Era simplemente emocionante, y todos los productores preguntaban: "¿Puedes hacerlo un poco más cortado? ¿Más divertido? ¿Más energético?". En cierto modo era la visión capitalista de ¡Más! ¡Rápido! ¡Grande! ¡Mejor! Estás vendiendo al grupo, estás vendiendo la canción. Estás vendiendo tres minutos de tiempo. Es terreno inmobiliario».

Por último, Pray tiene la sensación de que la disminución de la longitud de las tomas también tiene que ver con la proliferación de diferentes fuentes de medios. Con la televisión primitiva, Estados Unidos tenía tres canales, y ahora hay casi dos mil emisoras de televisión, por no mencionar otros medios de *streaming* que se pueden ver en sitios como Netflix, YouTube y la web. Así que las alternativas han crecido, pero no nuestro tiempo y nuestra capacidad de atención, y este terreno inmobiliario limitado de nuestra mente es el objetivo al que apuntan los medios. Como describe Pray: «Montar es omitir. Si una toma no hace avanzar la historia, se quita. Si la longitud de una toma es de seis segundos y puede ser de tres y eso no daña la historia, ¿por qué no dejarla en tres?». La competición por nuestra atención se ha vuelto más feroz, y Pray cree que la gente será más propensa a prestar atención a lo que es más corto.

Para conseguir una perspectiva profesional de los espectadores sobre cómo el montaje afecta a nuestra capacidad de atención, hablé con el veterano crítico de cine Glenn Kenny, que escribe para *The New York Times* y *RogerEbert.com*, da clases de lenguaje y cinematografía en la Universidad de Nueva York y es el autor de *Made Men: The Story of Goodfellas*. Kenny ama el cine; no han cambiado muchas cosas desde que era un niño que veía películas en un autocine desde el asiento trasero del coche de sus padres, que es como se empezó a interesar. Kenny aprecia las películas que provocan contemplación. Pero siente que con la evolución de los cortes rápidos, la capacidad de reflexionar se está haciendo cada vez más rara. Los cortes realmente rápidos, como los de una media de dos segundos en las películas de acción, son ahora la práctica habitual, y Kenny explica que esto se conoce como montaje caótico.

La obra del cineasta Michael Bay, realizador de las películas de *Transformers*, es representativa de esta técnica. Si vemos la película de 2007 *Transformers* (longitud media de toma de 3,0 segundos), en una secuencia vemos una escena de robots destruyendo una pirámide, luego la toma pasa a explosiones, luego a gente cayendo por el aire, y luego a robots corriendo por una larga arcada con columnas. Todo esto ocurre en quince segundos. Si nos perdemos un momento de la película, aún podemos volver y reengancharnos a la historia. No nos hemos perdido ningún desarrollo de trama, solo una parte del caos. Con el montaje caótico no podemos evitar darnos cuenta de los cortes. No tendremos una película que podamos contemplar, señala Kenny, pero «tendrás vértigo. Está pidiendo tu atención, pero si no la prestas por completo, tan solo te perderás un poco más de caos». El montaje caótico tiene una función en las películas de acción, ya que es emocionante presenciar estos cortes rápidos. Nos bombardean con información sensorial: el contenido dentro de cada escena atraviesa la pantalla a velocidad de vértigo, como si estuviéramos en una montaña rusa. Kenny afirma que visualmente podemos seguir la acción de corte a corte, pero mentalmente no tenemos tiempo de captar lo que está pasando de ninguna manera significativa. Se pregunta si el propósito de este tipo de corte rápido no es más que crear anarquía visual.

Aquí existe un paralelismo entre la evolución de la longitud de los cortes cinematográficos y el acortamiento de nuestra capacidad de atención en nuestros ordenadores. Hace décadas, las tomas de las películas eran más largas, pero ahora nuestra atención pivota de toma a toma en escenas rápidamente cambiantes. Esto es similar a los «cortes» mentales que hacemos de una pantalla a otra en nuestro ordenador, entre tipos de contenidos que a menudo tienen poca conexión entre ellos. Y cuando nuestra atención alterna con rapidez en nuestros dispositivos, de forma cinética, puede ser como si estuviéramos creando nuestro propio montaje caótico.

El acortamiento de la publicidad

Al igual que en la televisión y el cine, la longitud de las tomas en los anuncios publicitarios televisados se ha reducido con el tiempo. La longitud media de toma en los anuncios de 1978 era de 3,8 segundos, y descendió a una media de 2,3 segundos en 1991 [347]. Estuve viendo *Mind Reader*, el anuncio más visto del Super Bowl de 2022 (según la revista *Variety*), que representa a la Alexa de Amazon como un síquico, y medí que la longitud media de toma era de 2,4 segundos. Quizá la longitud de toma de los anuncios publicitarios haya alcanzado su límite.

Pero no son solo las longitudes de toma lo que se ha abreviado; la longitud total de los anuncios en televisión se ha reducido también. La mayoría de los anuncios comenzó con sesenta segundos en la década de 1950[348], pero esa longitud la alcanza solo el 5 % de los anuncios emitidos en 2017. En la década de 1980, los publicistas empezaron a experimentar emitiendo anuncios de quince segundos en vez de los de treinta. Descubrieron que quince segundos eran incluso más persuasivos que treinta, especialmente cuando los anuncios usaban elementos que expresaban ternura o humor[349]. En 2014, el 61 % de los anuncios duraban treinta segundos, pero tres años más tarde, ese porcentaje bajó al 49 %[350]. Curiosamente, en 2018 la empresa Nielsen presentó una patente para comprimir videoanuncios en marcos temporales más cortos. Se descubrió que los videoanuncios que originalmente eran de treinta segundos funcionaban igual de bien cuando se comprimían en marcos temporales de quince segundos, por ejemplo eliminando fotogramas[351]. Existe un motivo económico detrás de esta locura. Un anuncio de quince segundos cuesta entre un 60 y un 80 % del precio de un anuncio de treinta segundos[352]. Cuantos más anuncios de quince segundos se puedan encajar en una pausa comercial, más dinero gana la emisora. Así, este motivo económico ha empujado a los anuncios a tener más información comprimida en menos tiempo, reforzando así la brevedad de nuestra capacidad de atención.

En YouTube, los visitantes tienen la opción de saltarse el anuncio, habitualmente después de los primeros cinco segundos. Hulu proporciona a los visitantes la posibilidad de elegir anuncios más cortos durante un programa en vez de uno largo al principio. En su sitio web, Facebook publica un listado de buenas prácticas para diseñar anuncios de vídeo para móviles para su plataforma. En lo alto de la lista aparece: «Que tu vídeo sea corto», y recomienda que la longitud sea de quince segundos o menos con el fin de mantener la atención del observador[353]. En esta recomendación va implícito que el margen de atención de la gente se ha reducido tanto que quince segundos parecen ser el máximo que se va a mantener la atención en un anuncio. De la misma forma que la televisión y el cine nos han aclimatado a tener márgenes de atención más cortos, la duración de los anuncios se ajusta a estos, impulsada explícitamente por motivos de lucro. De hecho, ahora empiezan a aparecer con cierta frecuencia anuncios de seis segundos [354].

La cultura de picoteo y nuestra atención

Volvamos a considerar un momento nuestra capacidad de atención en las redes sociales. No son solo los anuncios los que se han acortado en estas; muchas plataformas limitan la longitud de los contenidos que se pueden publicar, forzándonos a leer o mirar en pequeños bocados. En nuestro mundo digital, estamos viendo que evoluciona una cultura de picoteo; el término se originó en Corea del Sur y hace referencia al hecho de que los jóvenes consumen contenido en sus dispositivos en trozos de diez minutos cada vez, por término medio [355]. Pero las plataformas de redes sociales también ayudan a imponer ese muestreo breve de contenidos fijando límites a la longitud de lo publicado. Esto, por supuesto, limita cuánto tiempo podemos prestar atención a cualquier publicación aislada. En el caso de TikTok, la duración de los vídeos que creaba, compartía y veía la gente estaba originalmente confinada a quince segundos; después se amplió a sesenta segundos, y en la actualidad es de tres minutos. La empresa afirma que la ampliaron para permitir más creatividad, pero eso le permite además insertar más anuncios [356]. Con más de 130 millones de usuarios activos al mes en todo el mundo en el momento en que escribo estas líneas [357], y con alrededor de la mitad de los adultos estadounidenses entre las edades de dieciocho y veintinueve años utilizando la plataforma, TikTok llega a una audiencia enorme. Aunque la ampliación del tiempo de duración puede parecer una buena noticia para nuestra capacidad de atención, por desgracia se da también el caso de que los vídeos cortos de nueve a quince segundos parecen ser los mejores para maximizar su visionado [358].

No es solo TikTok; la estructura de otras plataformas populares de redes sociales también restringe nuestra capacidad de observar (y crear) contenidos largos. Tanto Instagram como Snapchat limitan la longitud de los vídeos a sesenta segundos. La cultura de los mensajes de texto es escribir con brevedad, y en Twitter existe limitación del número de caracteres. Al igual que los publicistas descubrieron que los anuncios más cortos podían capturar mejor y más persuasivamente nuestra atención, estos sitios han descubierto que esta se captura mejor con contenidos cortos. TikTok, Instagram y Snapchat están dirigidos a los usuarios jóvenes, que crecen de ese modo con la expectativa de que el contenido será breve. Los pequeños bocados de contenido se ajustan bien al estilo de vida móvil. Podemos encajar con facilidad el picoteo *on-line* en nuestras rutinas diarias mientras estamos en reuniones, hacemos una pausa en el trabajo, mientras estamos viendo otros medios e incluso durante las conversaciones en persona.

El efecto de los medios en nuestra atención

Aunque estas tendencias se desarrollan en paralelo, ¿qué pruebas existen de una relación entre los planos cortos en los medios y nuestra corta capacidad de atención cuando usamos nuestros ordenadores y teléfonos? Las investigaciones apoyan la idea de que hay influencias cruzadas entre la televisión y los ordenadores que pueden a su vez afectar a nuestra capacidad de atención. S. Adam Brasel y James Gips llevaron a cuarenta y dos participantes a un laboratorio del Boston College, y allí los sentaron a una mesa con un ordenador portátil y a un par de metros de una pantalla de televisión de treinta y seis pulgadas. A los participantes se les dijo que podían visitar cualquier sitio web o usar cualquier aplicación informática que quisieran, y que podían usar el mando a distancia del televisor para ver cualquiera de los cincuenta y nueve canales de emisoras y cable disponibles. Se hizo seguimiento de la pantalla a la que miraban y la duración de su atención en cada pantalla. Los descubrimientos revelaron duraciones de atención muy breves en ambas: el 75 % de las miradas a la pantalla de televisión y el 49 % de las miradas al ordenador duraban menos de cinco segundos. Lo especialmente interesante fue que la atención de los participantes alternaba con rapidez entre el televisor y el ordenador (cuatro veces por minuto). El hecho de que la duración de la atención fuera tan corta en cada medio, sumado a que la atención alternaba con rapidez entre ellos, apoya la idea de que existe una influencia cruzada[359]. Este estudio se realizó con personas usando medios en un laboratorio, pero es posible que los resultados sean aplicables a la vida real: ver televisión (y películas) y usar nuestros ordenadores y teléfonos muchas horas al día a lo largo de años puede producir efectos cruzados. Nuestros hábitos de ver rápidos cambios de escena en otros medios pueden estar relacionados con el comportamiento de atención cinética observado en nuestros dispositivos. Pero los hábitos de visión no tienen por qué ser solo pasivos: pensemos en el cambio rápido de canales usando el mando a distancia.

Con películas y programas de televisión que se mueven a un ritmo rápido y con cortes breves, la gente tiene que reorientar deprisa su atención visual, captando el nuevo contenido, encuadre, movimiento y perspectiva cada cuatro segundos aproximadamente[360]. Puede ser agotador para nuestros limitados recursos cognitivos. De forma similar a cómo el cambio de pantallas en nuestros ordenadores puede drenar los recursos cognitivos, mirar películas y programas de ritmo rápido los usa también, basándonos en pruebas recopiladas durante años por Annie Lang en la Universidad de Indiana[361]. Especialmente cuando los cambios de toma son perceptibles y abruptos, las personas deben usar sus limitados recursos atencionales para reorientarse continuamente a la nueva toma. No es sorprendente entonces que los estudios hayan mostrado que la frecuencia cardíaca y la excitación aumenten con el ritmo rápido de una película[362].

Pero a veces los cortes son tan rápidos que aunque podamos procesarlos visualmente, nuestra mente no puede seguirles el ritmo, como ocurre con el montaje caótico y los vídeos musicales. Los montadores y directores de películas y programas de televisión caminan por una cuerda floja para controlar nuestra atención: determinan la frecuencia de cambios de toma para crear tensión y una experiencia visual dinámica. Los cortes realizados en la sala de montaje tienen la intención de apoyar el ritmo de la historia: dirigen las imágenes que vemos, su movimiento y lo deprisa que cambian.

Las investigaciones demuestran que los montajes rápidos pueden agotar la capacidad de nuestra función ejecutiva. Recordemos que la función ejecutiva, el gobernador de la mente, es responsable de muchas cosas, entre las cuales está el inhibir respuestas. De modo que si la función ejecutiva está demasiado desgastada, puede que no sea capaz de trabajar con eficacia para impedirnos hacer clic impulsivamente en el icono del *e-mail*. El condicionamiento empieza cuando somos jóvenes, y el efecto de los rápidos cambios de toma en la función ejecutiva y el control de la atención aparece ya de hecho en los niños. En un estudio experimental, cuarenta niños de siete años fueron a un laboratorio donde se les mostraron vídeos que podían ser de ritmo rápido o de ritmo lento. Después de ver el vídeo, se les asignaba una tarea llamada «pulsa/no pulsa» en la cual el niño tenía que pulsar un botón cada vez que aparecía un dígito en la pantalla, pero no cuando lo que aparecía era una letra. La tarea de la función ejecutiva es controlar las respuestas que no queremos realizar, y en este caso, evitar que el niño pulsara el botón cuando aparecía una letra. Pero después de ver el vídeo de ritmo rápido, los niños eran menos capaces de contenerse de pulsar cuando la letra aparecía, y cometían más errores. Su función ejecutiva había sido sobrecargada por tener que seguir y reorientarse continuamente a los cambios rápidos de escena en los vídeos. De hecho, las respuestas que mostraban una mala inhibición eran evidentes incluso a nivel neural en el córtex, según indicaban los registros de EEG [363].

Un descubrimiento similar apareció en un estudio de laboratorio de niños de cuatro años a quienes se colocó en una de dos condiciones: observar vídeos de ritmo rápido o dibujar [364]. Fueron más capaces de controlar sus impulsos después de estar dibujando que después de ver los vídeos. En conjunto, podemos esperar que estos resultados se aplican también fuera del laboratorio: después de ver un vídeo de ritmo rápido, los niños tendrían menos capacidad para controlar sus impulsos. Sabemos que en el caso de los adultos puede presentarse el mismo tipo de incapacidad para inhibir las respuestas cuando tenemos bajos los recursos cognitivos.

Estos resultados son consistentes con la idea de que ver medios con cambios de toma rápidos puede agotar nuestra función ejecutiva, lo que lleva a una mayor impulsividad que a su vez se traduce en una menor capacidad de mantener nuestra atención concentrada durante un tiempo en otras cosas, como un libro, una pizarra o una pantalla de ordenador. Por supuesto, estos estudios de laboratorio comprueban la atención inmediatamente después de ver los vídeos, cuando la función ejecutiva está desgastada. De este modo, podemos esperar problemas de atención similares justo después de ver, por ejemplo, una ristra de vídeos musicales o una película como *Transformers*. Pero las personas pueden desarrollar hábitos arraigados después de hacer algo durante largo tiempo, y tras años de ver vídeos de ritmo rápido durante muchas horas al día, estos hábitos pueden trasladarse a cuando usamos nuestros dispositivos.

La idea de que tales hábitos se pueden formar está respaldada por pruebas que muestran que la cantidad de televisión que ven los niños lleva a problemas de atención más tarde, durante la adolescencia. Un estudio de largo plazo realizado en Nueva Zelanda siguió a 1037 niños en un periodo que iba desde los tres años de edad hasta los quince. Los investigadores descubrieron que cuantas más horas de televisión veían los niños, mayores eran sus problemas de atención en la adolescencia, incluso después de controlar otras cosas que tenían el potencial de afectar a los resultados: el género, el estatus socioeconómico, problemas tempranos de atención y la capacidad cognitiva del niño. Los autores explican que la exposición a los cambios de pantalla de ritmo rápido, como es el caso de la televisión, puede hacer que las personas tengan menos tolerancia a la observación que necesite una atención más larga [365]. Este estudio da más peso a la idea de que ver televisión o películas con longitudes de toma cortas puede condicionarnos para que estemos menos dispuestos a prestar una atención prolongada a nuestros dispositivos, como ordenadores y teléfonos.

Una cultura de medios de capacidades de atención cortas

Vivimos en un entorno mediático en el que estamos inmersos unas diez horas al día, que tiene un ritmo tan rápido que sostengo que es difícil que nuestra capacidad de atención no se vea afectada. No solo nos afectan los contenidos, sino también la estructura de los medios, con sus tomas rápidas en las películas de acción, televisión, YouTube, vídeos musicales y anuncios publicitarios breves. Y, por supuesto, tenemos la restricción de longitud de contenidos en las plataformas de redes sociales. ¿Cómo puede nuestra capacidad de atención no ser influenciada cuando estamos usando tantos medios?

¿Qué dirige esta tendencia? ¿Hasta qué punto los rápidos cambios de escena son debidos a la capacidad de atención reducida de los propios directores? La tendencia de acortar la longitud de las tomas, ¿se reproduce inintencionadamente en el proceso de montaje? Las personas de la sala de montaje, ¿están sometidas a las mismas expectativas sobre los espectadores que el público? ¿O quizá los rápidos cortes de escena que hacen los directores se deben a la creencia de estos de que la capacidad de atención del público es cada vez más corta? Es un poco el problema del huevo y la gallina. Lo que estamos experimentando parece ser más bien un ciclo en el que nuestra capacidad de atención se acorta y la cultura está al mismo tiempo adaptándose a ello y creando las condiciones para que la capacidad de atención siga siendo limitada.

Estamos presenciando una evolución cultural donde múltiples líneas actúan en colusión para cambiar nuestra atención rápidamente, cada vez que encendemos el televisor, vemos películas o usamos las redes sociales. En medio de esta cultura está creciendo una nueva generación. De hecho, las longitudes de las tomas están empezando a reflejar el patrón de nuestras fluctuaciones mentales, la forma en que la mente salta de manera natural de pensamiento a pensamiento según se ha medido en laboratorio [366]. Los investigadores James Cutting y sus compañeros de Cornell, que han estudiado las tomas de las películas en un periodo de setenta y cinco años, afirman que nos hemos acostumbrado ese tipo de cambios rápidos de toma, e incluso nos hemos condicionado a esperarlos.

Pero también estamos creando la cultura. Jonathan Gottschall describe en su libro *The Storytelling Animal* cómo somos una especie narradora [367]. Somos productores además de consumidores; cualquiera puede ser un creador y poner sus historias en los medios. Es un aspecto clave de YouTube y las redes sociales. De modo que no solo los directores de cine y televisión o las plataformas tecnológicas son los responsables del cambio de la estructura de los medios: nosotros lo somos también.

El cine y la televisión usan cortes para comunicar una historia, o, en el caso de las películas de acción, para dispararnos la adrenalina.

Pero cuando cambiamos la atención entre aplicaciones y pantallas en nuestros ordenadores y teléfonos, la narrativa que creamos para nuestros propios proyectos se rompe. Seguimos escribiendo y reescribiendo en nuestra pizarra interna. El teórico de los medios Marshall McLuhan observó con agudeza que: «Nos convertimos en lo que presenciamos» [368]. Nuestra capacidad de atención ha modelado los medios, y los medios a su vez están modelando nuestra atención.

PARTE III

Concentración, ritmo y equilibrio

12

La libre voluntad, el albedrío y nuestra atención

Teniendo en cuenta el influjo en nuestra atención de las fuerzas sociotecnológicas que hemos tratado —la estructura de Internet, los algoritmos dirigidos, las dinámicas sociales, nuestra personalidad, nuestras emociones y nuestra exposición generalizada a los medios en nuestra sociedad—, ¿cuánta influencia ejercen estas fuerzas en nuestro control de la atención cuando usamos nuestros dispositivos? Cuando estamos con el ordenador o el *smartphone,* ¿hasta qué extremo la atención de una persona está dirigida por su propia voluntad, de la forma que consideraba William James? ¿La gente tiene de verdad libre voluntad en el mundo digital?

Hablemos un poco más de la libre voluntad. Existe un antiguo debate sobre si las personas tienen libre voluntad que se remonta a Platón y Aristóteles y continúa en la actualidad. Este debate sigue siendo relevante en la era digital. En nuestra vida hacemos elecciones, como a quién votar o qué carrera seguir, y tendemos a creer que llegamos a ellas ejerciendo nuestra libre voluntad. Pero ahora vivimos en un mundo digital donde muchos se quejan de que no pueden contenerse de entrar en las redes sociales o responder a un *clickbait.* Si la libre voluntad está al mando de nuestros pensamientos y nuestras acciones, ¿estamos ejerciéndola cuando respondemos al impulso de mirar el *smartphone* o las redes sociales? ¿Esta acción nace realmente de nuestra volición, o nos han condicionado las influencias sociotecnológicas que nos animan, o incluso nos coaccionan, a realizar tales acciones?

Consideremos dos experiencias diferentes que ilustran las posturas en contraste sobre la libre voluntad en el mundo digital. Ben, que trabaja como desarrollador de *software* en una empresa tecnológica, me dijo que no tiene problema para concentrar su atención cuando está usando sus dispositivos. Afirma tajantemente que elige libremente cuánto tiempo dedicar a las redes sociales, que tiene el control cuando usa el *e-mail* y que no es alguien que se vea absorbido durante horas por un juego. Afirma que puede parar cuando quiera y está completamente al mando de sus acciones con los dispositivos.

Por otro lado, Matt, uno de los participantes en nuestro estudio, que trabaja como analista de investigación, siente que tiene muy poco albedrío cuando está en su ordenador. Al describir su relación con el *e-mail*, afirma: «Dejo que el sonido de la alerta y la ventana emergente gobiernen mi vida». Dice que su comportamiento de multitarea es «algo que me endilgan, no algo que me imponga yo», incluso aunque no quiere trabajar de ese modo y no se lo imaginaba cuando empezó a usar ordenadores y *smartphones*. Tal como lo expone, se siente indefenso. No hay mucho que pueda hacer «para cambiar la forma en que el mundo se me impone», dice, refiriéndose por supuesto al mundo digital.

Está claro que hay aquí una marcada diferencia; Ben y Matt contrastan en su perspectiva de cuánta libre elección tienen sobre su comportamiento en el mundo digital. ¿Cuál de ellos tiene razón? Cuando alguien entra en TikTok y no parece poder salir, a pesar de saber que tienen que acabar otro trabajo, ¿por qué esa persona no toma la decisión consciente de dejar de mirar vídeos? ¿La gente puede ejercer su libre voluntad para resistirse a las distracciones y elegir cómo controlar y dirigir productivamente su atención? He argumentado y mostrado que la susceptibilidad a la distracción varía según nuestros recursos cognitivos, los diferentes estados atencionales que experimentamos durante el día, nuestra personalidad, el diseño de la tecnología, las recompensas emocionales, las dinámicas sociales y la exposición a un abanico de medios en el entorno. ¿La forma en que dirigimos la atención en nuestros dispositivos es completamente un tema de libre voluntad, o eso es una ilusión?

Examinemos brevemente el caso contra la libre voluntad, en las líneas expresadas por Matt. Uno de los mayores escépticos sobre la libre voluntad es alguien que probablemente no imaginaríamos. En 1905, el artículo «Sobre la electrodinámica de los cuerpos en movimiento» sacudió a la comunidad científica y poco después al mundo entero, y cambió la forma en que pensamos sobre el espacio y el tiempo. Su autor, Albert Einstein, se convirtió en una celebridad mundial. Tenía una creencia sorprendente sobre sus capacidades, mucho más extrema que la mera modestia. «No reclamo el crédito de nada. Todo está determinado —dijo—. Podemos hacer lo que deseemos, pero solo podemos desear lo que podemos. Prácticamente me veo compelido a actuar como si existiera el libre albedrío» [369].

¿Qué quiere decir Einstein? La creencia común es que nació con una predisposición genética hacia un gran intelecto, y que también trabajó duro para llegar al descubrimiento de la relatividad especial. Pero Einstein creía que todo tiene una causa previa. Al igual que la luna podría creer que está trazando su propio trayecto, dijo, los humanos tienen la falsa creencia de que están eligiendo libremente sus propios caminos [370]. El punto de vista de Einstein es el de un escéptico extremo de la libre voluntad, una creencia de que, en última instancia, las personas no tienen libre elección completa sobre cómo actúan.

Ciertamente, Einstein no estaba solo en esta idea. Los psicólogos conductistas estrictos consideran que el comportamiento humano es modelado por la exposición a estímulos en el entorno, y este modelado del comportamiento se realiza automáticamente.

B. F. Skinner creía que los comportamientos humanos, o para el caso «las mentes y corazones de hombres y mujeres», son cambiados por las contingencias en los entornos físico y social [371]. Para Skinner, la cognición humana es una falacia. Sostiene que nuestro entorno nos condiciona en cómo nos comportamos en nuestra vida diaria. De hecho, Skinner creía esto con tanta firmeza que diseñó una «cuna de aire» para su hija que controlaba cuidadosamente el entorno en que dormía y jugaba. Se trataba de una caja metálica con un panel de cristal y proporcionaba flujo de aire, temperatura y lecho óptimos, y crió ahí a la niña durante sus dos primeros años de vida. Unos trescientos niños estadounidenses usaron su cuna de aire a mediados de la década de 1940. La hija de Skinner y los demás niños salieron aparentemente normales, pero esto ilustra hasta qué punto creía Skinner que el entorno modela a los humanos.

La evidencia obtenida de escáneres cerebrales parece dar argumentos al caso contra la existencia de la libre voluntad. Estos estudios han mostrado que algunos tipos de acciones son provocadas por mecanismos inconscientes. En un estudio clásico de Benjamin Libet [372], que ha sido replicado muchas veces, se les dice a los sujetos que hagan un movimiento con las manos, por ejemplo, doblar las muñecas; pueden elegir cuándo hacerlo. En los resultados se vio que *antes de que realizaran cualquier acción consciente*, una actividad cerebral llamada potencial de disposición precedía cuatrocientos milisegundos al movimiento de las muñecas. El experimento de Libet mostró que una acción de una persona empieza en primer lugar a nivel inconsciente, antes incluso de que la persona sea consciente de que piensa mover las muñecas. En otras palabras: la gente responde primero inconscientemente, y luego la parte consciente del cerebro se pone en marcha. Aun así, los participantes en estos experimentos creían que el origen de su movimiento de muñecas se había debido a su decisión consciente. El estudio de Libet parece que se aplica en general a acciones como coger al *smartphone* y comprobar si hay mensajes. Si nos preguntan, probablemente diremos que hemos tomado la decisión consciente de hacer eso. Pero habitualmente tendemos la mano hacia él de forma refleja, lo que parece ser más bien una decisión inconsciente.

La idea de libre voluntad está profundamente insertada en las culturas occidentales. De hecho, si preguntásemos a personas de Norteamérica y Europa, es más que probable que intuitivamente digan que tienen libre voluntad. Pero ¿debemos aceptar esto al pie de la letra? El filósofo Daniel Dennett, un profesor de la Universidad de Tufts que ha abordado la cuestión de la libre voluntad muchos años, cree que los humanos están dotados de la capacidad de actuar como elijan, y también de reflexionar sobre cómo actúan. Es esta libre voluntad la que nos hace moralmente responsables de nuestros actos. Dennett cree que podemos seguir teniendo libre voluntad incluso en un mundo determinista, esto es, un mundo donde los efectos están determinados por causas previas[373].

Pero aquí está el dilema: si las personas tienen de verdad libre voluntad en el mundo digital, ¿por qué no la ejercen, simplemente, y eligen estar más concentradas? ¿Por qué no ejercen la voluntad en su atención, de la forma que expresó William James? La libre voluntad no solo significa elegir cómo queremos comportarnos, sino también ser capaces de autorregular nuestras acciones. Esto significa tener control de la atención y ser capaces de resistirnos a mirar Twitter o Instagram o responder a las interrupciones. Las personas comentan que quieren autorregularse. Si realmente tenemos una libre voluntad completa para elegir actuar como queramos, ¿por qué nuestra autorregulación disminuye solo por culpa de las circunstancias, por ejemplo, cuando estamos faltos de sueño o cuando llevamos horas intentando resistir elecciones? Cuando la gente mira su *e-mail* muy a menudo, y aun así se queja de hacerlo, ¿por qué no ejerce la libre voluntad y simplemente deja de mirarlo? En nuestros estudios a lo largo de los años, los participantes han expresado su deseo de estar más concentrados, pero nos hemos encontrado con que, a pesar de todo, su atención se desplaza a menudo de forma cinética.

Ejercer la libre voluntad puede ser diferente cuando tratamos de deseos y no de actos. Los fumadores no tienen control sobre su anhelo por un cigarrillo [374]. De forma similar, la gente no puede dejar de querer visitar Instagram o jugar a *Candy Crush*. Si existe la libre voluntad, las personas pueden superar a sus deseos. Por ejemplo, pueden resistir el impulso de entrar en Instagram y, en vez de eso, trabajar en un informe atrasado. Ciertos rasgos de personalidad, como la escrupulosidad y la baja impulsividad, juegan un papel en la resistencia a los deseos, como hemos analizado antes. Pero ¿los demás debemos usar herramientas de *software* de bloqueo para contenernos, igual que Ulises hizo que lo ataran al mástil porque sabía que no podría resistirse al canto de las sirenas?

Hay una tercera postura sobre la libre voluntad que podría explicar mejor nuestros comportamientos digitales. Este punto de vista, que algunos llaman determinismo blando, cae entre la creencia en la completa voluntad y el escepticismo. El determinismo blando reconoce que otros factores o condiciones pueden modelar cómo nos comportamos. Nuestro comportamiento puede tener antecedentes como nuestra constitución genética, nuestra crianza cultural o el entorno, pero estos antecedentes no determinan del todo nuestras acciones. Según este punto de vista, dentro de esas restricciones tenemos alguna capacidad para dar forma a nuestros actos. Si echamos una mirada atrás al punto en el que elegimos dedicarnos a estudiar, o la carrera profesional que seguimos, veremos que esas decisiones fueron probablemente modeladas por las circunstancias y quizá incluso por la suerte. Una persona nacida en la pobreza es más probable que treinta años después siga teniendo un nivel socioeconómico bajo, en comparación con alguien que haya nacido en una familia acomodada. Además, nacer en la pobreza también aumenta la probabilidad de que más avanzada la vida, esa persona tenga una salud peor y muera más joven. Las niñas a las que se desanima de que estudien matemáticas no se dedican luego a los campos de la ciencia y la ingeniería. Estos son ejemplos que señalan el papel de las circunstancias que guían o restringen comportamientos. La casualidad también puede representar un papel en nuestras decisiones: puede que consigamos un trabajo gracias a alguien a quien hemos conocido en una fiesta. Yo conocí a mi esposo después de rechazar primero una invitación para ir a comer fuera con los compañeros, pero en el último minuto decidí ir de todas formas y me senté frente a él en el restaurante. También nacemos con personalidades únicas que nos predisponen a actuar de ciertas formas. Del mismo modo, los encuentros sociales a edades tempranas pueden afectar los comportamientos: que una persona haya sufrido bullying, haya estado expuesta a las drogas o haya conocido a un modelo de conducta inspirador son experiencias que modelan la forma en que esa persona se relacionará con los demás más adelante en su vida. Pero el determinismo blando nos proporciona optimismo: a pesar de las circunstancias que pueden influenciar el comportamiento, tanto a edades tempranas como en el presente, sigue siendo posible que las personas elijan libremente cómo actuar. Esto son buenas noticias, pues sugiere que a pesar de tantos factores diferentes que pueden dirigir nuestro comportamiento y crear distracciones, podemos tomar el control de nuestra atención en el mundo digital.

Acciones conscientes, reacciones automáticas y libre voluntad

Las decisiones conscientes y las automáticas tienen propiedades diferentes, y la investigación en neurociencia muestra que se originan en diferentes partes del cerebro. La libre voluntad involucra un control consciente[375], y está claro que tomamos con regularidad decisiones conscientes cuando usamos nuestros dispositivos, y en ellas usamos atención endógena, orientada a objetivos. El desempeño de las acciones conscientes está dirigido por una serie de procesos que tienen lugar en diferentes regiones del cerebro. Cuando abrimos el portátil, primero generamos posibles planes. Por ejemplo, decidimos si consultar las noticias, mirar Twitter o Facebook o trabajar en un informe atrasado. Esta decisión ocurre en el córtex frontal, la parte del cerebro responsable de la planificación, situada justo detrás de la frente. A continuación, la circuitería de recompensas del cerebro evalúa qué nos aportará una experiencia positiva o negativa. Entonces, en las áreas atencionales del cerebro elegimos la experiencia positiva.

Pero si nos volvemos a fijar en los estudios de Libet, algunas acciones que consideramos conscientes e intencionadas puede que en realidad sean automáticas. Por ejemplo, quizá no actuemos con intención sino automáticamente cuando respondemos a un anuncio publicitario dirigido basado en un algoritmo que conoce nuestra personalidad, o a una notificación diseñada para captar nuestra atención. Los escépticos de la libre voluntad podrían decir que esas acciones están dirigidas por mecanismos neurales ajenos a nuestra consciencia. Como en el test de Stroop que vimos anteriormente, es difícil resistirnos a nuestras respuestas automáticas.

Desde una perspectiva neurocientífica, estos tipos de notificaciones digitales tienen lo que se denomina prominencia de abajo arriba. La prominencia trabaja a través de una parte del cerebro llamada red atencional ventral (y también red atencional exógena), que nos informa de que deberíamos atender a ese objeto móvil y parpadeante, de la misma manera en que nuestros antepasados habrían estado en alerta máxima para responder al movimiento de los arbustos que puede indicar la presencia de un depredador. Así, cuando un anuncio dirigido destella atravesando la pantalla o tiene unas palabras clave tentadoras que capturan nuestro interés, tenemos la respuesta refleja de mirarlo, como si estuviéramos funcionando en piloto automático. Otros ejemplos comunes de este tipo de respuestas automáticas pueden ser cuando alargamos la mano al teléfono, cuando hacemos clic en la notificación de Facebook en lo alto de la pantalla o cuando hacemos clic en el icono de *e-mail*, y pueden ser provocadas por fuerzas sociales como querer mantener nuestro capital social con los demás. Y actuamos incluso antes de ser conscientes de que lo hacemos.

Las respuestas automáticas tienen sus ventajas ya que no tocan nuestro depósito de recursos atencionales, y así, en teoría, este comportamiento ahorra energía mental. Pero este tipo de automatismo puede ser perjudicial si nos lleva a enfrascarnos en comportamientos que están en contra de nuestros objetivos de alto nivel. Además, cuanto más a menudo ejecutamos las mismas respuestas automáticas, como comprobar el teléfono o el *e-mail*, más fuertes se vuelven. Una vez que las respuestas automáticas están bien establecidas, la función ejecutiva tiene muchas dificultades para ejercer su control. Este es el motivo por el que después de tantas veces como hemos comprobado el teléfono a lo largo de los años, cuesta trabajo resistirnos a cogerlo y encenderlo cuando está a la vista.

Fuerzas que modelan el albedrío humano en nuestro comportamiento digital

En nuestro uso cotidiano de ordenadores y teléfonos, nos enfrentamos constantemente al desafío de mantener nuestra atención en nuestros objetivos. Pero, demasiado a menudo, nuestros objetivos de alto nivel son socavados por todas las cosas tentadoras de la web que nos seducen y apartan de ellos. Pasamos dos horas en las redes sociales en vez de terminar ese informe. Nos perdemos en la contemplación de vídeos de YouTube. Este desafío para tomar el control de lo que hacemos y no ceder a comportamientos indeseados no ha sido pasado por alto por los psicólogos. Albert Bandura convirtió el argumento más amplio de la libre voluntad en el problema más concentrado y procesable del albedrío humano. Actuar con albedrío significa que una persona puede actuar intencionadamente de la forma que quiere en este mundo tan complejo. Con albedrío, las personas pueden realizar elecciones dentro de los límites de sus puntos fuertes y débiles, son conscientes de las causas y los efectos de sus acciones, se pueden autorregular y pueden entender las restricciones de sus entornos.

Bandura se dio cuenta de que el entorno circunscribe y limita nuestras opciones sobre cómo podemos actuar. Por ejemplo, una persona en prisión no puede abandonar las cuatro paredes de su celda pero todavía puede ejercer albedrío en cómo pensar. California impone de vez en cuando cortes de electricidad que limitan lo que la gente puede hacer durante los apagones (por ejemplo, no puede usar el microondas), pero esos cortes pueden crear más opciones de acción en el futuro si evitan incendios y salvaguardan el suministro de energía. La posición de Bandura es optimista, pues cree que las personas pueden superar las influencias ambientales y elegir su propio futuro. Quizá para la mayoría no sea posible anular las circunstancias de pobreza y llegar a ser socios de un bufete de abogados importante, pero pueden como mínimo luchar por influir en sus direcciones y, por ejemplo, licenciarse en derecho.

En muchos casos, los intereses investigativos de los psicólogos están inspirados por sucesos personales que modelaron su vida. En esa línea, Bandura fue atraído al estudio del albedrío humano por su experiencia temprana al criarse en las tierras agrestes del norte de Canadá. Creció en Mundare (Alberta), una pequeña población de 400 habitantes con una única escuela. Solo había dos profesores para cubrir todos los cursos de instituto, así que tuvo que tomar en gran medida el control de su propia educación. Su experiencia doméstica y sus estudios, así como la exposición al duro estilo de vida en el Yukón —donde trabajó antes de ir a la universidad— plantaron la semilla de su interés en el estudio de la autoeficacia. Al final obtuvo su doctorado en la Universidad de Iowa (Kurt Lewin había dejado aquella facultad pocos años antes) y consiguió un puesto en Stanford. Después de haber comenzado su camino con un estilo de vida semejante al de los pioneros, acabó convirtiéndose en uno de los psicólogos sociales más famosos del siglo xx.

Bandura, que falleció mientras yo estaba trabajando en este libro, dedicó su larga carrera a comprender cómo las personas pueden desarrollar la creencia en su propia capacidad de tomar el control de sus actos. Llegó a la idea de que el albedrío humano tiene cuatro propiedades: intencionalidad, previsión, autorregulación y autorreflexión y comportamiento correctivo [376]. Es fácil imaginar cómo estas propiedades reflejan el albedrío cuando actuamos en el mundo físico. Por ejemplo, una persona puede tomar la decisión intencionada de ir a la universidad. Usando la previsión, esa persona puede imaginar qué aspecto tendría su futuro si decide ir a un centro fuera de su estado natal. La misma persona puede demostrar su autorregulación evitando las fiestas descontroladas y quedándose a estudiar para los exámenes. La última propiedad del albedrío, la autorreflexión y el comportamiento correctivo, aparecerá cuando una persona se da cuenta de que ha tomado una mala decisión al aceptar una oferta de empleo después de graduarse y toma la iniciativa de cambiar de trabajo para corregir el error.

Puede ser un poco más difícil pensar en cómo estas propiedades del albedrío podrían operar en el mundo digital, especialmente si queremos aplicarlas para ejercer control sobre nuestra atención. Con la primera propiedad, la intencionalidad, podemos hacer planes y elegir conscientemente trabajar en el informe mensual, atender los *e-mails* que se acumulan en la bandeja de entrada o conectarnos a Twitter. La segunda propiedad, la previsión, puede no ser obvia; podríamos pensar en cómo impactaría en nuestro futuro entrar en las redes sociales. Si pensamos sobre la manera en que conectar a Facebook puede afectar nuestro trabajo más avanzada la jornada, esto es un uso de la previsión.

Escribir este libro es también un buen ejemplo; cada vez que aparto tiempo para pasarlo en el ordenador, intento pensar con antelación en cómo podría salir el libro. La tercera propiedad de Bandura, la autorregulación, como hemos visto ya en este libro, es un desafío para mucha gente en el mundo digital. A las personas puede costarles mucho autorregular sus comportamientos de dedicarse a juegos, comprobar el teléfono a lo largo del día y de la noche o usar en exceso las redes sociales; todo ello puede interferir con los objetivos endógenos (internos). Por supuesto, quienes nacen con rasgos de personalidad que los predisponen a la baja impulsividad y la alta escrupulosidad lo tienen mucho más fácil porque les cayó una buena mano en el reparto de cartas. Pero esa mano no es necesariamente inalterable, como analizaremos a continuación.

Esto nos lleva a la cuarta propiedad del albedrío según Bandura: la autorreflexión y el comportamiento correctivo. Este aspecto del albedrío es muy importante en el control de nuestra atención, ya que significa ser capaces de reflexionar sobre lo que hacemos en los dispositivos y a continuación usar esta consciencia para cambiar nuestro comportamiento. Por ejemplo, cuando tenemos albedrío no solo nos damos cuenta de que estamos pasando un tiempo excesivo con un juego, sino que también tenemos el poder de actuar sobre ello y dejar de jugar. Pero ¿cómo lo hacemos? Sabemos que el cambio no es fácil, pero de cara a reflexionar sobre nuestro comportamiento y en última instancia cambiarlo, primero necesitamos ser conscientes de los factores subyacentes que lo provocan. En otras palabras: para desarrollar la creencia de que podemos cambiar nuestro comportamiento, lo que es un elemento clave en la práctica del albedrío, primero tenemos que entender por qué tenemos ese comportamiento. Esto nos ayuda a desarrollar nuestras propias herramientas internas para ser capaces de cambiar el rumbo. Según Bandura, el acto de generar esa comprensión es una base importante para desarrollar albedrío, porque puede llevar a la autorreflexión y, en última instancia, a corregir el rumbo de nuestro comportamiento.

Una asociación extraña y complicada

Teniendo en cuenta toda la complejidad existente en el mundo digital, ¿cómo podemos actuar con albedrío? ¿Cómo podemos comportarnos de una manera consistente con nuestros objetivos de alto nivel? Demos primero un paso atrás y recordemos que no usamos la tecnología en un vacío. Nuestra atención está sujeta a muchas influencias además del propio yo; está ligada en una relación compleja con múltiples factores, tanto internos como externos, que guían, facilitan y constriñen nuestra atención en el mundo digital. Algunos de los factores son casuales (un anuncio publicitario diseñado algorítmicamente aparece en la pantalla y captura nuestra atención). Otros factores parecen afectar a nuestra atención de manera recíproca. Por ejemplo, dedicamos atención a construir nuestra red social *on-line*, y a cambio, la gente que tenemos en ella nos distrae. Nuestra relación con los dispositivos es complicada y enrevesada. Observemos más de cerca cómo los factores analizados en la Parte II de este libro pueden trabajar conjuntamente para afectar nuestra atención. Ante todo, este examen puede ayudarnos a desarrollar consciencia de nuestro comportamiento, la primera propiedad de Bandura asociada con el albedrío. Lograr tener consciencia de nuestras acciones es fundamental para el cambio. En el capítulo siguiente hablaremos de cómo podemos desarrollar una metaconsciencia de nuestras acciones, una consciencia «en-el-momento» profunda de lo que estamos haciendo. También estudiaremos más tarde otros aspectos del albedrío en relación con lograr el control de nuestra atención.

Primero, los algoritmos ejercen un efecto directo en nuestra atención apoyándose en la información que tienen sobre nosotros, información que les proporcionamos sin querer a partir de nuestra actividad en Internet. Los anuncios publicitarios, las recomendaciones y las fuentes de noticias están construidos a medida, con toda precisión, para tentarnos a hacer clic en ellos. Por supuesto, podemos intentar resistirnos, pero son poderosos e implacables.

Una influencia menos directa es nuestra personalidad, que no determina nuestro comportamiento atencional pero establece la base sobre cómo podríamos responder. Una persona nacida con el rasgo de la impulsividad tendrá probablemente que esforzarse más que otras para resistir las distracciones, comparada con aquellas que puntúan bajo en ese rasgo. Como mostró mi investigación, una persona que puntúa alto en neuroticismo cambiará su atención entre pantallas, por término medio, más que otra que puntúe bajo.

Las influencias sociales en nuestra atención también pueden ser poderosas. Las personas crean estructuras sociales, y sus comportamientos están modelados por las estructuras que crean. En el mundo físico, las personas fabrican instituciones como escuelas, lugares de trabajo o clubes, con normas a las que obedecen. Las personas también fabrican estructuras sociales como grupos y comunidades, donde el intercambio de capital social y el ejercicio de la influencia social las impulsan con fuerza a permanecer conectadas socialmente. La gente forma esas estructuras sociales, y a su vez, esas estructuras modelan la forma en que la gente se comporta dentro de ellas.

En el mundo digital, las empresas tecnológicas proporcionan las plataformas en las cuales la gente establece estructuras sociales, como una red de amigos en Facebook o un grupo de seguidores en Twitter. Así, creamos nuestras propias estructuras sociales digitales que modelan nuestra atención. Podemos haber decidido limitar nuestra red de amistades a solo los amigos más cercanos, o podemos haber aceptado montones de invitaciones e invitado a muchos otros a la fiesta y hemos acabado formando parte de un círculo de miles de personas. Con toda probabilidad, una red de amistades de mil personas nos devorará más atención que una red de cincuenta, con más notificaciones y más publicaciones que ojear. O quizá hayamos construido una gran base de seguidores en Instagram y los «me gusta» que recibimos nos incentivan a publicar más todavía, y de este modo continúa el ciclo de distracción.

Otro tipo de relación recíproca tiene que ver con el diseño de Internet y nuestra atención. La idea del diseño y estructura de Internet era democrática, con una arquitectura abierta. El hecho de que cualquiera —individuos o empresas— pueda contribuir con contenidos y desarrollar la estructura alimenta el continuo crecimiento de contenidos nuevos, y esto se enlaza con nuestra curiosidad innata, que desea descubrir cosas nuevas. Mucha gente experimenta FOMO («fear of missing out», el miedo a perderse algo). Construimos sobre lo que otros publican, contribuimos con más información y más enlaces, y por tanto ofrecemos más cosas a la atención de todos los demás. Si un museo no deja de ampliar sus exposiciones, seguiremos volviendo a él una y otra vez. Además, la estructura de nodos y enlaces proporciona una vía impecable para que la atención vagabundee por nuestra red de memoria semántica interna.

Los diseñadores de *software* han creado astutamente interfaces que nos empujan a realizar ciertas acciones, llevándonos a creer que las realizamos por propia voluntad. Por ejemplo, estamos sentados en el borde del sofá tras un episodio de vídeo y Netflix arranca automáticamente el siguiente, que creemos que hemos decidido de forma voluntaria dejar que siga emitiéndose. En realidad, hemos sido tentados a seguir mirando, quizá por la tensión de la cuenta atrás que aparece en pantalla. Otro ejemplo es el botón de compartir en Twitter, que nos impulsa a compartir las publicaciones. Cuando nos vemos atrapados en el impulso, realizamos esas acciones. Pero las personas que han diseñado ese tipo de empujones también refinan el diseño en base a cómo reaccionan los usuarios, para maximizar su efectividad.

Se pueden encontrar relaciones recíprocas parecidas en el entorno más amplio de los medios. El salto rápido de tomas y las elipsis en películas, televisión, YouTube y vídeos musicales puede que haya sido diseñado para avanzar la trama, pero dirigen nuestra atención cuando los vemos. O quizá las elecciones de algunos directores y montadores son debidas a que creen que los cambios rápidos de toma son la forma de mantener enganchada a la gente con capacidad de atención corta. O tal vez sus elecciones están impulsadas por el motivo económico de comprimir lo máximo posible en la mínima cantidad de tiempo. O quizá su propia capacidad de atención corta influencia sus decisiones estéticas. Nuestra atención es el objetivo en un mercado brutalmente competitivo que quiere hacerse con el terreno inmobiliario de nuestra mente.

Nuestro comportamiento atencional también está muy influenciado por nuestra situación y nuestro contexto. Una persona que siente que su depósito personal de recursos mentales está casi vacío tras una jornada agotadora de reuniones podrá resistirse muy poco a hacer clic en ese anuncio dirigido algorítmicamente o al impulso interno de entrar en TikTok para obtener unas risas como recompensa. O, como han mostrado mis investigaciones, es probable que esa persona prefiera dedicarse a actividades ligeras porque son fáciles (Instagram o *Candy Crush*) y también hacen que nos sintamos satisfechos. Si la noche está avanzada y somos un adolescente falto de sueño y con las tareas sin terminar acosándonos, va a sernos muy difícil resistirnos a responder a la notificación de Instagram de un amigo.

Una vía de escape mediante el albedrío

Entonces, ¿hemos creado un mundo digital que hace más difícil, o imposible para algunos, ejercer la libre elección? Nuestro mundo digital y cómo nos comportamos en él son cosas modeladas por nuestra cultura, nuestras costumbres actuales y nuestras historias, y no podríamos haber creado un mundo digital libre de todo eso. La influencia cultural es especialmente clara cuando observamos el diseño de la tecnología: las señales y los símbolos del mundo digital se pueden rastrear hasta los del mundo físico occidental, como las metáforas de archivos, carpetas y cubo de la basura en las interfaces de los ordenadores, y los términos «amigo» y «red» en Instagram y Facebook. La intención de estos símbolos es indicarnos cómo actuar en el mundo digital, y los seguimos voluntariamente porque están relacionados con nuestra vida en el mundo físico. No podemos limitarnos a culpar de nuestra corta capacidad de atención a los algoritmos y las notificaciones; nuestro comportamiento atencional cuando estamos en los dispositivos está envuelto en una cultura mucho más amplia más allá de la tecnología. No debemos olvidar que también estamos incrustados en un mundo físico que afecta nuestros comportamientos digitales.

Si reformulamos el objetivo de luchar por la libre voluntad en el mundo digital como una búsqueda del albedrío, y si creemos que desarrollar albedrío en el mundo digital es posible —y yo creo que lo es—, entonces necesitamos comprender cómo esos factores subyacentes pueden dirigir y restringir nuestra atención de formas complejas. La consciencia y la autorreflexión sobre las razones de nuestro comportamiento nos pueden llevar hacia el gobierno de nuestra atención en el mundo digital.

Como Ben comentó antes, algunas personas pueden creer que tienen el control en el mundo digital y pueden centrarse con facilidad en sus objetivos de alto nivel cuando usan sus dispositivos. Pero ese no es el caso para muchos de los participantes en mis estudios. La mayoría somos susceptibles a las fuerzas individuales, ambientales y tecnológicas que dirigen muestro comportamiento atencional, y quizá ni siquiera nos demos cuenta de ello. A pesar de eso, la idea de Bandura del albedrío nos ofrece una vía de escape. Sugiere que podemos ser conscientes de nuestro condicionamiento y nuestras circunstancias, y aunque no seamos capaces de controlar los deseos, podemos controlar el comportamiento. Esta consciencia puede ayudarnos a construir nuevas formas de pensar. Con tal albedrío, podemos alcanzar nuestros objetivos atencionales de alto nivel de completar nuestras tareas, podemos regular estratégicamente los estados atencionales y equilibrarlos mejor, y podemos aprender cómo usar en nuestro beneficio la tendencia a la atención cinética. A continuación, veremos específicamente qué se puede hacer para conseguir ese albedrío y el control de nuestra atención.

13

Conseguir concentración, ritmo y equilibrio

Como se mencionó al principio de este libro, es hora de repensar nuestra relación con nuestras tecnologías personales. Necesitamos reformular el objetivo: en vez de maximizar la productividad humana con nuestros dispositivos, usarlos y mantener un equilibrio psicológico sano a la vez que alcanzamos nuestras metas. Por supuesto que además del uso de los dispositivos existen muchísimas cosas que pueden alterar nuestro equilibrio psicológico, como una discusión con nuestra pareja, tratar con un niño ingobernable o ser ignorados para un ascenso merecido desde hace mucho. Pero el hecho es que pasamos gran parte de nuestras horas de vigilia con ordenadores, *tablets* y teléfonos, y por eso en este capítulo me centraré en cómo podemos sentirnos positivos y energizados en vez de estresados y exhaustos; en otras palabras: cómo podemos lograr un equilibrio psicológico mientras usamos nuestros dispositivos.

¿Qué quiere decir exactamente «equilibrio psicológico»? El sistema nervioso autónomo controla ciertos procesos corporales y se compone de dos partes: los sistemas parasimpático y simpático. El sistema parasimpático regula las funciones «descanso y digestión» cuando el cuerpo está relajado: disminuye la frecuencia cardíaca y controla la digestión. El sistema simpático, por otro lado, está asociado con la reacción lucha-o-huida: aumenta la frecuencia cardíaca y el flujo de sangre a los músculos en respuesta a situaciones de estrés. Como mostraron mis investigaciones, la multitarea, con sus rápidos cambios de atención, las interrupciones y la concentración muy sostenida resultan en estrés, y cuando esto sucede durante un tiempo largo, crea demasiada dominancia del sistema nervioso simpático. Si el sistema simpático domina sobre el parasimpático, el cuerpo se mantiene en un estado de lucha-o-huida, y esto puede llevar a todo tipo de problemas de salud, como la hipertensión [377]. Si estamos experimentando estrés continuamente, nuestro sistema psicológico se desequilibra. Podemos actuar para lograr un equilibrio psicológico interno, lo que se denomina *homeostasis psicológica* [378].

Cuando nuestro sistema nervioso autónomo está en equilibrio, podemos funcionar mejor. El estado de ánimo asociado a la homeostasis psicológica es positivo: una combinación de sentirnos satisfechos, felices y llenos de energía [379]. Cuando nos sentimos positivos podemos lograr más cosas. Está demostrado que las emociones positivas son un antecedente de la creatividad [380], y como analizamos en el capítulo 10 con la teoría de ampliar y construir, las emociones positivas expanden el alcance de los pensamientos y las acciones que podemos tomar, de modo que generamos un abanico mayor de soluciones a los problemas [381].

En el capítulo 3 expliqué que mis investigaciones mostraron que la atención no es un ente binario con los estados de estar concentrados y estar desconcentrados; nuestra atención varía entre tipos a lo largo del día, y cada tipo tiene un propósito diferente. La atención concentrada nos permite procesar material en profundidad, y la atención rutinaria nos permite retroceder y refrescarnos. El aburrimiento, aunque si se da en demasía puede hacer que nos sintamos negativos, también puede ayudar a aliviar la carga cognitiva. En nuestra vida seguimos ritmos naturales: el ritmo circadiano nos indica cuándo dormir y estar despiertos, ajustamos nuestras rutinas al ritmo del día y la noche, y usamos ritmo en el habla[382]. Nuestra atención también tiene un ritmo: a veces tenemos los recursos para estar profundamente concentrados, y a veces, no tanto. Sigamos pendientes de nuestro indicador interno y reconozcamos cuándo el depósito está lleno y preparado para el trabajo duro y creativo, pero también cuándo necesitamos detenernos y rellenar el depósito. Usar de forma intencionada los diferentes tipos de atención mientras tenemos en cuenta los recursos disponibles puede ayudarnos a alcanzar nuestros objetivos sin dejar de mantener el equilibrio psicológico interno.

Conseguir albedrío para controlar nuestra atención

De cara a mantener el equilibrio interno, necesitamos desarrollar albedrío para controlar nuestra atención, y también necesitamos internalizar esto en nuestra actividad diaria. En el capítulo anterior estudiamos la idea de Bandura de que el albedrío involucra cuatro propiedades: intencionalidad, previsión, autorregulación y autorreflexión y comportamiento correctivo[383]. Estas propiedades también se pueden aplicar para conseguir control de la atención en el mundo digital.

Tener el control de nuestra atención significa ante todo desarrollar una consciencia de cómo usarla. Por ejemplo, tras años de usar habitualmente Facebook empecé a cuestionarme qué ganancia obtenía realmente de las redes sociales. Descubrí que las interacciones cara a cara o las llamadas telefónicas proporcionaban un valor mucho mayor, y ayudaban a construir confianza en las relaciones. Durante la pandemia programé con regularidad charlas sociales por Zoom con los amigos, pero también con compañeros a quienes normalmente vería en el trabajo o en conferencias. Lo que había ganado mínimamente en cuanto a recursos amistosos usando redes sociales era ahora mucho más fuerte gracias a las conversaciones en tiempo real. Pero podemos usar las redes sociales de forma estratégica para obtener beneficios de nuestras amistades; en breve, añadiré algo más sobre esto.

Metaconsciencia de nuestros comportamientos digitales

Para ganar el control de nuestra atención, empecemos con la primera propiedad de Bandura para lograr albedrío: la intencionalidad. Podemos aprender cómo practicar *metaconsciencia* de nuestras acciones, la cual es una técnica poderosa para llevar nuestra atención y nuestras acciones a un nivel consciente, lo que nos capacita para que nuestras elecciones sean más intencionadas. La metaconsciencia significa conocer lo que estamos experimentando mientras sucede, como cuando somos conscientes de nuestra elección de cambiar de pantalla para leer el *New York Times*. Si hemos estado en TikTok y no nos damos cuenta de cuánto tiempo ha pasado, o si hemos caído en una madriguera de conejo en Internet, entonces es que no hemos tenido metaconsciencia de nuestro comportamiento.

La metaconsciencia es un estado mental analítico que nos ayuda a procesar con más profundidad nuestro comportamiento y las razones por las que estamos haciendo algo. Se trata de observar nuestro comportamiento como lo haría otra persona desde fuera, lo que nos hace llevar las acciones habituales a un nivel consciente. Se me ocurrió esta idea cuando comenzó la pandemia, y asistí a un curso de meditación de plenitud mental. La plenitud mental («mindfulness») nos enseña a concentrarnos en lo que estamos experimentando en el presente, como nuestra respiración, o estímulos externos como sonidos, o sensaciones físicas en nuestro cuerpo. Como resultado, nos volvemos más conscientes del presente.

Me di cuenta de que se podría aplicar un proceso de un tipo parecido para hacernos más conscientes de nuestro comportamiento con los dispositivos. Estoy entrenada para observar el comportamiento de la gente y he hecho eso fuera del laboratorio, y me di cuenta de que era posible aplicar un tipo similar de observación interna a mi propio comportamiento. De modo que lo intenté, y descubrí que me ayudó a aprender más sobre mi comportamiento *on-line* y a que mis acciones fueran más intencionadas. Es cierto que tengo un montón de experiencia en realizar observaciones, así que me fue razonablemente fácil aprender cómo observar mi propio comportamiento. Pero cualquiera puede aprender a observarse a sí mismo como si fuera otra persona desde fuera; es una habilidad que se puede desarrollar. No hace falta asistir a un curso de plenitud mental para desarrollar metaconsciencia cuando usamos nuestros dispositivos; se trata más bien de aprender cómo hacernos a nosotros mismos las preguntas correctas para controlar nuestra atención. Cuanto más practicamos plenitud mental, mejor lo hacemos, y descubrí que la práctica de la metaconsciencia funciona igual.

Recordemos del capítulo 2 los errores de encuadre que se pueden cometer al hacer elecciones: las personas pueden juzgar mal cuánto vale la pena una elección y también la cantidad de tiempo que puede planear dedicar a hacer algo. Podemos intentar evitar esos errores de encuadre haciéndonos preguntas para ser más conscientes de nuestro comportamiento. Por ejemplo, antes de entrar en una red social, preguntémonos: ¿Qué valor voy a obtener yendo ahí? Si ya estamos dentro, podemos preguntar: ¿Cuánto tiempo llevo ya aquí? ¿Estoy ganando algo quedándome? Cuando usamos la metaconsciencia cambiamos nuestro marco mental, pasamos de ser un usuario pasivo a un usuario activo de nuestra atención. Hacerme preguntas como esas me detuvo muchas veces de hacer clic en un sitio de noticias o una red social. Por supuesto, podemos adoptar un estado mental analítico en cualquier momento, pero descubrí que hay tres puntos principales donde funciona bien: 1) para valorar mi nivel de recursos cognitivos; 2) cuando siento la tentación de cambiar de pantalla para ir a un sitio que no es central para mi tarea en curso, como una red social, una página de noticias o un sitio de compras, y 3) cuando ya estoy dedicándome a una actividad rutinaria, para juzgar si la actividad sigue valiendo la pena.

Practiquemos la metaconsciencia para aprender a reconocer si nuestros recursos atencionales están bajos y si necesitamos un descanso. Yo acostumbraba a trabajar todo el día seguido sin tomar descansos suficientes, y me di cuenta demasiado tarde de que estaba agotada. Ahora he aprendido a preguntarme: ¿Cómo me siento? ¿Sigo trabajando o me noto fatigada? ¿Necesito hacer una pausa para recuperar mi energía? Preguntas así me hacen más consciente del nivel de mis recursos personales, y descubro que incluso puedo ser proactiva para hacer pausas antes de estar demasiado agotada. Por supuesto, a veces vamos a las redes sociales o jugamos a juegos sencillos porque nuestros recursos cognitivos ya están bajos. Eso está perfectamente bien. Esas actividades irreflexivas son estupendas para tomarse pequeños descansos, aunque una alternativa mejor sería levantarse y dar un paseo. Pero incluso si vamos a una red social o jugamos a juegos simples y repetitivos, podemos aprender a ser conscientes de cuándo sentimos que ha pasado suficiente tiempo. Preguntémonos: ¿Nos sentimos recargados? ¿O es que estamos intentando evitar un trabajo difícil? Si ese es el caso, ¿qué lo hace difícil? ¿Hay alguna parte de la tarea que no entendemos en la que alguien pueda ayudarnos? ¿Estamos en las redes sociales porque el trabajo nos aburre? Cuanto más analicemos nuestro comportamiento, más fácil es salir de la madriguera de conejo. Al hacernos esas preguntas continuamente, podemos convertirnos en observadores profesionales de nosotros mismos.

Mientras estaba escribiendo este libro apareció un avance informativo sobre un veredicto en un juicio de alto nivel. Mi impulso fue cambiar de pantalla para leer sobre eso, pero me detuve y me pregunté: ¿Esto me va a valer para algo? ¿Necesito hacer una pausa ahora mismo para leer sobre ello? Decidí esperar hasta que llegara a un punto de ruptura en mi trabajo. (Para entonces, mi interés ya se había enfriado). Mientras leo, por ejemplo, una noticia, me pregunto: ¿He captado ya el meollo de la historia? ¿Sigo descubriendo algo nuevo e interesante? Si sigo leyendo, ¿experimentaré solo rendimientos decrecientes? Si es el caso, dejo de leer; es así de simple. Esto nos evita meternos demasiado profundamente en la trampa de atención del fondo perdido, de la cual es psicológicamente difícil salir.

Desarrollar la habilidad de usar metaconsciencia es como un músculo que podemos entrenar. Al principio nos olvidaremos de detenernos y hacernos esas preguntas, pero cuanto más practiquemos, con más naturalidad nos saldrá. Podemos empezar escribiendo preguntas sencillas para hacernos, por ejemplo, en notas pósit, y mantenerlas a la vista. Cuanto más capaces seamos de tener una metaconsciencia de nuestro comportamiento, más intencionadas serán nuestras acciones. Con la práctica desarrollaremos un estado mental analítico cuando consideremos nuestro comportamiento.

Desarrollar la previsión de nuestro comportamiento digital

La segunda propiedad de Bandura, usar la previsión, es otra herramienta para ganar albedrío con nuestra atención. La previsión significa imaginar cómo nuestras acciones actuales pueden afectar nuestro futuro. Esto además nos hace más conscientes, y a nuestro comportamiento, más intencionado. Antes de entrar en las redes sociales o ponernos a jugar a un juego *on-line*, dediquemos un momento a pensar con anticipación e imaginar cómo será el final de la mañana o de la jornada si cedemos al impulso. Conocemos nuestros hábitos, y probablemente sabemos cuánto tiempo gastamos normalmente en una red social o un sitio de noticias. Si sabemos que tenemos tendencia a perdernos en la madriguera del conejo de las redes sociales, visualicemos cómo gastar veinte minutos (o dos horas) de nuestro tiempo afectará a nuestro trabajo (y a nuestra vida personal) unas horas más adelante. Imaginemos que necesitamos acabar una serie de tareas: tenemos que preparar una presentación PowerPoint, escribir un memorando, atender los *e-mails* y ponernos al día con Slack, y además de todo este nos hace falta buscar un apartamento. Sabemos que nos gusta visitar las redes sociales, pero también que una vez en ellas, tenemos tendencia a quedarnos ahí una hora o más. De modo que detengámonos un momento antes de entrar en las redes sociales e imaginemos que pasamos una hora ahí. ¿Cómo afectará a nuestro día al final?

¿Imaginamos que no veremos terminada la presentación PowerPoint o que nos quedaremos despiertos hasta muy tarde para compensar el tiempo perdido? Si estamos estudiando, la previsión es especialmente importante; en los estudios realizados con universitarios descubrimos que las redes sociales les consumen una cantidad desmesurada de horas. Visualicemos qué aspecto tendrá nuestra noche a las 2 a. m. ¿Estaremos durmiendo o aún seguiremos despiertos terminando las tareas porque antes nos pasamos muchas horas en las redes sociales? ¿Visualizamos el arrepentimiento? Debemos extender nuestro pensamiento más allá del momento presente para poder considerar las implicaciones de nuestras acciones actuales en los momentos posteriores del día.

Los objetivos son importantes, pero sin una visualización que los acompañe, son abstractos y difíciles de mantener en mente. Cuanto más detallada sea nuestra visualización, cubriendo incluso cuáles serán nuestras emociones, más fácil será tomar medidas para rectificar el rumbo si es necesario. Imaginar el impacto que gastar tiempo en esos sitios tendrá en nosotros a corto plazo, y posiblemente a largo plazo también, creará bandas de frenado antes de que desviemos la atención. Visualizar este futuro nos puede ayudar a crear consciencia de cómo las acciones presentes tienen consecuencias. Una imagen detallada del futuro (acabar el trabajo, tener tiempo para relajarnos, ver el siguiente episodio de esa serie de Netflix, leer un libro antes de ir a dormir) se convierte en un motivador para mantenernos centrados en nuestros objetivos.

Admito que estoy enganchada a un juego de anagramas llamado Pangram. El juego tiene diferentes niveles, y crea tensión mientras me esfuerzo en llegar a un nivel más alto; esto es lo que pretenden los desarrolladores. Cuando empiezo, me quedo en el juego porque no soy capaz de aliviar la tensión (de acuerdo a la idea de Kurt Lewin de la reducción de la tensión) hasta que alcanzo un nivel elevado. También sé, dados mis propios rasgos de personalidad, que una vez empiezo me cuesta detenerme hasta que termino. Este juego no es una buena elección para tomar un pequeño descanso para resetear; el resultado de Zeigárnik sobre las tareas interrumpidas me es relevante y no seré capaz de sacarme el juego del pensamiento hasta que llego a ese nivel más alto. A veces, incluso después de tener éxito sigo jugando para ver si puedo encontrar más palabras todavía. Es una obsesión. Así que antes de empezar a jugar, ejecuto la previsión. Sé que puedo pasar cualquier tiempo entre treinta minutos y varias horas antes de llegar al nivel más alto, así que considero cómo interferirá con lo que planeo haber completado al final del día. Si las circunstancias lo permiten (por ejemplo, tengo un largo viaje por delante), me doy permiso para jugar, sabiendo que tendré tiempo de sobra para acabar el juego. Usar la previsión antes de empezar me ha ayudado a no empezar siquiera, directamente. Pero también sé que jugar más tarde, en un momento en que tenga más tiempo para terminar, me proporcionará una recompensa incluso mayor, ya que no tendré la tensión subyacente que Lewin describe de no necesitar acabar mi tarea. Ni siquiera abro el juego a menos que pueda visualizar que echar una partida no tendrá efecto en mi trabajo.

Cuando jugaba a menudo a este juego de anagramas, incluso cuando realizaba otras tareas, las letras permanecían al fondo de mi mente y no dejaba de pensar en nuevas palabras. Esta es la naturaleza de la obsesión. Incluso cuando detenemos una actividad, remanentes de la tarea pueden quedar en la mente e interferir con las tareas subsiguientes. Usar la metaconsciencia me ha ayudado a darme cuenta de que el residuo de atención del juego ha interferido con el resto de mi trabajo. Visualizar las consecuencias futuras y también la futura oportunidad de cuando pueda dedicarme al juego de nuevo me ha ayudado a restringir mi comportamiento.

La autorregulación y nuestro comportamiento digital

El *software* de bloqueo puede parecer una forma fácil de promover la autorregulación, la tercera propiedad del albedrío según Bandura. Puede ayudar a corto plazo, pero no es una solución permanente. Aunque proporcionó beneficios a corto plazo para las personas de nuestro estudio que tenían poco autocontrol, si observamos desde una perspectiva más amplia, nos damos cuenta de que no está enseñando una habilidad de autorregulación permanente, sino que delega el trabajo en el *software*. Las personas no aprenden por sí mismas esa habilidad, pero el albedrío es justamente eso. Es como no quitar las ruedecillas de práctica: así nunca aprenderemos a montar en bicicleta. Cuando usamos *software* para bloquear sitios, dejamos de ser los agentes responsables de nuestras acciones; el *software* se convierte en un agente intermediario, y no aprendemos a desarrollar un modelo interno para explicar nuestras propias acciones, que sería la herramienta que necesitamos para autorregularnos. Es mejor desarrollar nuestro propio albedrío.

No todos hemos nacido con el rasgo de personalidad de la autorregulación, pero es una habilidad que podemos desarrollar. Si hemos sido el niño de cuatro años que cogió el primer malvavisco en el experimento de Mischel, eso no significa que nos veamos confinados a un camino en el que nunca seremos capaces de controlar nuestra atención; puede que, simplemente, tengamos que trabajar un poco más que otros. Recordemos que a todos nos cuesta autorregularnos cuando tenemos bajos los recursos cognitivos, así que una de las primeras cosas que podemos hacer es no dejar que se agoten. Seamos conscientes de lo que marca nuestro indicador personal de recursos y de cuándo empezamos a notarnos agotados, y tomemos entonces un descanso.

Autorregulación mediante el cambio de nuestras estructuras

Creamos para nosotros varios tipos de estructuras, como los cronogramas. Pero probablemente no nos demos cuenta de que existen otros tipos de estructuras que restringen y dirigen nuestra atención en el mundo digital. La configuración de la interfaz del ordenador y el teléfono es una estructura que afecta nuestra atención presentándonos señales visuales de nuestros archivos, aplicaciones y pestañas del navegador. Para ganar control de la atención, lo primero que deberíamos hacer es reestructurar el entorno de la interfaz para reducir los estímulos que activan la atención automática. Posiblemente ya sepamos eliminar señales visuales de la interfaz que nos pueden distraer; podemos desconectar las notificaciones, pues atraen nuestra atención mediante prominencia de abajo arriba y respondemos automáticamente. También deberíamos dificultar el acceso a cosas no relacionadas con el trabajo, actividades que sabemos que elegimos conscientemente. Si sabemos que nos gusta jugar a cierto juego, ocultemos la aplicación en una carpeta de modo que no la veamos en la interfaz. Tener que buscarla nos hará detenernos, y en ese momento podremos preguntarnos si vale la pena jugar justo ahora. Si no obtenemos valor del tiempo que gastamos en ello, borrémoslo. Pero si nos crea placer y nos ayuda a desestresarnos, y sentimos que podemos aprender a moderar nuestro comportamiento con él, entonces conservémoslo. Hagamos un poco de limpieza en el ordenador y el teléfono.

También podemos diseñar una rutina que nos ayude a autorregularnos. Si sabemos que somos una persona con un rasgo de alta impulsividad y respondemos automáticamente a la visión de nuestro teléfono, diseñemos una rutina personalizada para crear fricción y que nos haga más difícil que el dispositivo nos distraiga. Cuando nos sentamos a trabajar, dejemos el teléfono en otra habitación o en un cajón, o incluso guardémoslo bajo llave. Cuanta más fricción diseñemos en nuestra rutina para prevenir estímulos que distraen, menos probable es que seamos interrumpidos: externamente, pero también internamente, porque tendremos que revisar nuestras expectativas de acceder con facilidad a esa aplicación. Si veo una revista a mi lado, es probable que la coja y me ponga a leer. Si está en otra habitación, puede que ni siquiera piense en ella, y si lo hago pero tengo que levantarme e ir a otra habitación para conseguirla, probablemente no lo haga. Así que mantengamos los estímulos potencialmente distractores fuera de la vista en nuestro ordenador, nuestro teléfono y nuestro entorno físico, y por tanto fuera de nuestra mente.

Autorregulación mediante la creación de ganchos

Conseguir el control de nuestra atención no significa detener totalmente el uso de redes sociales o dejar de navegar por la web o leer noticias. Eso sería como tirar el champán con el corcho. Para retener los beneficios sociales y a la vez controlar nuestra atención, pensemos en cómo introducir lo que llamo «ganchos» en nuestro mundo digital. Los ganchos pueden ayudar a evitar que caigamos en una trampa de la atención. Antes de entrar en las redes sociales o leer las noticias, seamos proactivos y planeemos un gancho que nos pueda sacar. Por ejemplo, planeemos un descanso con las redes sociales diez minutos antes de una llamada telefónica programada. La cita se convierte en el gancho, y sabemos que tendremos que dejar de mirar las redes sociales para contestar a la llamada. (Por supuesto, existe el peligro de que nos perdamos la llamada, así que debemos tener cuidado). Otro ejemplo es guardar nuestra obsesión por un juego para los viajes. El gancho se activa cuando llegamos a nuestra parada. Con suerte no nos la pasaremos (como me ocurrió una vez en el metro de Nueva York cuando estaba leyendo en mi teléfono). También podemos aparcar el uso de las redes sociales para cuando estamos en una sala de espera, como en la consulta del médico, y el gancho que nos sacará de ellas será oír que nos llaman. Podríamos pensar que no estamos usando albedrío si dependemos de algún suceso externo para detener nuestro comportamiento, pero sí lo usamos, porque estamos planeando estratégicamente formas de crear con antelación una vía de escape.

Autorregulación evitando cambiar la pantalla

Es difícil resistirse a comer esa tarta de chocolate cuando ya la tenemos en el plato. Debemos saber que si pasamos a una ventana nueva para seguir nuestros impulsos internos nos será el doble de difícil volver a la ventana y la tarea originales. Si nos cambiamos a YouTube, será como poner esa tarta de chocolate a plena vista en el plato. ¿Cómo no nos la vamos a comer? Pero no nos veremos absorbidos por la madriguera del conejo de YouTube si no empezamos a mirar en primer lugar. Recordemos que quizá no tengamos libre voluntad en lo que respecta a nuestros deseos, pero podemos usar el albedrío con nuestras acciones. De modo que cuando tenemos el deseo de visitar una red social, podemos ayudarnos a autorregularnos simplemente no cambiando la pantalla. Es más fácil hacer eso que salir de una red social una vez hemos entrado en el sitio. Lo que no vemos se convierte en algo mucho menos tentador, es así de simple. Inspiremos profundamente, miremos por la ventana un momento o demos un paseo breve, y sigamos con lo que estábamos haciendo… en la pantalla que no hemos alterado.

Autorreflexión y corrección

Llegamos a la cuarta propiedad del albedrío, según Bandura: la autorreflexión y el comportamiento correctivo. Estudiaremos diferentes formas de corregir el rumbo del comportamiento para lograr el control de la atención y sentirnos equilibrados. Podemos cambiar nuestro marco mental sobre cómo usamos las redes sociales, podemos aprender cómo organizarnos el día considerando nuestros recursos cognitivos y nuestras emociones, y podemos mantener nuestros objetivos concretos y conscientes en nuestra mente.

Usar nuestra red de amistades de manera significativa

Ojear mecánicamente publicación tras publicación en Facebook es como la multitarea. Cambiamos de persona a persona y de tema a tema. La mayoría de las publicaciones nos pasan desapercibidas, algunas pueden ser ligeramente interesantes (o tristes), y de vez en cuando, tal como ocurre con TikTok o Instagram, hacemos diana con una historia atractiva o un vídeo que hace que nos sintamos felices, o furiosos, o tristes. Pero dar con esa diana lleva bastante tiempo. Hemos estado gastando nuestro tiempo, nuestra atención y nuestra energía.

Como ya mencioné, Facebook (o cualquier red social, para el caso) no está diseñado para desarrollar relaciones profundas sino para simplemente mantener las relaciones. Sin embargo, debido a que las redes de amistades han crecido hasta cientos o incluso miles de personas, han quitado de algún modo sentido incluso a la idea de mantener las relaciones. Pensemos en el número de Dunbar: podemos mantener una relación estable con unas ciento cincuenta personas (y en cuanto a las relaciones profundas, la cifra es alrededor de cinco). Por supuesto, si realmente queremos desarrollar mejores relaciones, tendremos que hacerlo fuera de las redes sociales.

Recordemos que obtenemos diferentes tipos de recompensas de nuestra red social. Puentear capital social nos proporciona aportaciones de un grupo diverso de personas. Puede ayudarnos a resolver problemas, como puede ser encontrar un apartamento, o puede conseguirnos información que no habríamos encontrado de otra manera, como las últimas noticias sobre el cambio climático. El otro tipo de capital social —afianzar capital social— nos proporciona recompensas emocionales y de apoyo por parte de aquellos con quienes tenemos relaciones estrechas (y a los que apoyamos a su vez). Es bastante probable que cuando vamos a una red social y ojeamos las publicaciones no pensemos en esos tipos diferentes de recompensas.

Pero podemos sopesar las recompensas que nos puede ofrecer nuestra red *on-line* de modo que hagamos mejor uso de nuestro tiempo y nuestra atención. Mi preferencia es pensar en afianzar capital social y cómo interactuar de manera significativa con un individuo para obtener algo y dar algo a cambio. Quizá se trate de un viejo amigo con el que no hemos estado en contacto desde hace mucho tiempo. Cuando hacemos una pausa para dedicarnos a un poco de actividad rutinaria, podemos usar las redes sociales para conectar con esa persona y organizar una continuación con una llamada telefónica, un videochat o una reunión en persona. Recuerdo que una vez conecté por Facebook con un viejo amigo del instituto, y eso trajo una avalancha de recuerdos maravillosos. Pensemos en el primer error de encuadre: hacer una elección que no vale la pena. Las redes sociales pueden ser unos asesinos de tiempo cuando nos dedicamos a ojear mecánicamente por la fuerza de la costumbre.

De modo que en vez de repasar por la pantalla cientos o miles de personas de nuestra red, que probablemente nos resulten abstracciones, pensemos en convertir la experiencia en algo significativo. Elijamos a alguien cuya compañía nos haga felices y concentremos el tiempo y la atención en ese individuo. Visualicemos la interacción, de modo que tengamos un incentivo para perseguirla. Escribamos un mensaje positivo para decirle a esa persona que la valoramos. Por supuesto, también podemos descolgar el teléfono, decirle eso y citarnos para vernos. Pero hay mucha menos fricción para arrancar una interacción cuando se usa una red *on-line*; es una gran ventaja de las conexiones web. Y, por cierto, una vez enviado el amable mensaje, es hora de salir de las redes sociales y volver a los objetivos del trabajo.

Organizar el día para alcanzar el equilibrio

La práctica tradicional de planear una jornada es escribir las tareas en las que trabajar; es lo que la mayoría hemos hecho siempre. A menudo, lo que la gente hace es anotar las reuniones y las fechas de entrega en su calendario, escribir una lista de cosas que hacer y, a veces, incluso anotar una hora de inicio y final para cada tarea. Con esta práctica tradicional estamos pensando en términos de ajustarnos a una programación y finalizar tareas. Maximizar la productividad significa encajar tanto trabajo como sea posible en una cantidad de tiempo limitada, y, por supuesto, el efecto secundario es a menudo un estrés mayor. Durante años he impartido un curso de gestión de proyectos en mi departamento de la universidad, un curso que enseña a la gente cómo planear y alcanzar sus objetivos con eficiencia. De la gestión de proyectos sabemos que habitualmente hay atrasos, y las tareas llevan casi siempre más tiempo que lo que calculábamos. Además, no hay espacio para encajar el bienestar humano en la planificación de tareas. Necesitamos reaprender qué debería ser planear una jornada en el mundo digital del siglo xxi. Debería introducir estrategias para no agotarnos y para mejorar nuestro bienestar, y esto incluye entender nuestro propio ritmo de estados atencionales y el hecho de que nuestros recursos cognitivos son limitados y preciosos. A continuación, hablaremos sobre estrategias que podemos usar para organizar nuestro día para alcanzar mejor el equilibrio psicológico.

Optimizar nuestros recursos conociendo nuestro ritmo

A lo largo de este libro hemos usado la teoría de los recursos cognitivos y la hemos aplicado a nuestra vida cotidiana, con la idea de que ciertas actividades agotan nuestros recursos mientras que otras los reponen. Diseñar nuestra jornada pensando que tenemos recursos mentales limitados, y sabiendo que hace falta tiempo para reponerlos, no solo nos ayudará a estar menos estresados y ser más capaces de resistir las distracciones, sino a que seamos más creativos [384]. Sabemos cómo diferentes actividades afectan a nuestra energía física en el mundo real, como estar con familia o amigos, coordinar un evento complicado o dar un paseo por la naturaleza. En el mundo digital, ¿qué agota nuestra energía mental? ¿Qué cosas hacemos que repongan nuestros recursos? ¿Qué tipo de actividad rutinaria nos relaja? Al final de la jornada queremos sentirnos con energía y positivos. No acabemos con nuestro depósito de recursos en la reserva cuando estamos a primera hora de la tarde; hay efectos remanentes que llevarán estrés a nuestra vida personal más avanzado el día.

Planeemos nuestro día pensando en cómo las tareas afectarán a nuestros recursos cognitivos. Empecemos creando una amplia imagen general de nuestro trabajo. Consideremos cómo las tareas encajan entre ellas como piezas de un rompecabezas de modo que no realicemos una tarea difícil justo después de otra, sobreagotando nuestra atención. Recordemos que los largos tramos de atención sostenida pueden ser agotadores (a menos que estemos en flujo, lo que es raro en la mayoría del trabajo intelectual). ¿Con qué actividad queremos empezar el día? Mucha gente prefiere empezar con una actividad rutinaria para irse preparando antes de sumergirse en el trabajo más duro. Tengamos en cuenta las reuniones. Si nos es posible, no programemos una reunión justo después de otra: es un camino seguro para sentirnos agotados. El problema con las reuniones por Zoom es que tenemos la tendencia a programarlas una a continuación de otra, y no hay posibilidad de resetearnos mentalmente entre ellas. Hagamos algo fácil y positivamente gratificante antes de una reunión larga que sabemos que será desafiante, y después repongamos nuestros recursos con interacción social, alguna actividad rutinaria o, mejor aún, un paseo. Consideremos que la energía mental que tenemos es preciosa y necesitamos distribuirla entre nuestras actividades. No lleguemos exhaustos a las 11 a. m., cuando aún tenemos por delante todo un día que soportar.

Organicemos el día basándonos en nuestro propio ritmo de atención, sabiendo que habrá momentos pico para concentrarnos y aprovecharlos para realizar las tareas que lo necesiten. El momento de nuestro pico de concentración está influido por nuestro cronotipo, nuestro ritmo circadiano natural. Descubramos cuál es*. En nuestros estudios reportados en el capítulo 3 encontramos que la mayoría de la gente tiene picos de concentración alrededor de las 11 a. m. y a mitad de la tarde. Nuestro propio pico de concentración puede variar dependiendo de si somos pájaros madrugadores, en cuyo caso será probablemente antes de las 11 a. m., o

---

* Podemos realizar este test para averiguar nuestro cronotipo: https://chronotype-self-test.info/

si somos de un tipo más tardío, en cuyo caso no estaremos en plena forma hasta después, quizá incluso ya por la tarde. Reservemos las tareas más difíciles que requieren el máximo esfuerzo y creatividad para las horas pico. No atendamos el *e-mail* en las horas pico; usaríamos recursos preciosos que podríamos aprovechar mejor para otras tareas. Recordemos que el *e-mail* crea estrés, y es posible atenderlo cuando no estamos en nuestro pico, quizá a primera hora de la mañana y al final de la jornada laboral. El *e-mail* envejece deprisa, y si esperamos a comprobarlo al final de la jornada es posible que descubramos que un montón de problemas se han resuelto ya. Revisémoslo en orden cronológico inverso y descubriremos cuántos asuntos han sido atendidos ya. Sobre todo, no atendamos el *e-mail* antes de irnos a dormir; no queremos llevarnos ese estrés con nosotros.

Mi propio cronotipo es moderado: no soy ni una madrugadora extrema ni una trasnochadora extrema. Cuando comienzo la jornada, lo primero que hago es mirar los titulares de las noticias y después realizo trabajos secundarios o reviso la bandeja de entrada. Sé, sin embargo, que no puedo abrir y a continuación dejar a un lado para más tarde los *e-mails* importantes porque se convertirían en el tipo de tareas inacabadas que describía Zeigárnik, y no dejaría de recordar que debo contestarlos. Mi propio pico de concentración está alrededor de las 11 a. m., y dejo para media mañana el trabajo más creativo. A lo largo de la jornada visualizo mi propio indicador personal de capacidad atencional. Soy consciente de que si paso mucho tiempo intentando, por ejemplo, entender las leyes fiscales, estoy usando recursos cognitivos que pueden interferir con mi capacidad atencional cuando la necesite para otro trabajo creativo. Por supuesto, puede que necesite dedicar un tiempo a las leyes fiscales, en cuyo caso lo haré cuando no esté agotada. Pensar en mi limitado depósito de recursos también me impide caer en una trampa de fondo perdido si empiezo a leer un artículo largo. Mejor aún: no intento empezarlo a menos que sepa que tengo tiempo reservado para terminarlo, y eso ocurre habitualmente al final de la jornada. Recordemos que cuando los recursos se agotan, también tenemos menos resistencia a las distracciones y se activan nuestros impulsos de atención cinética.

Incluir espacio negativo en nuestro día

Organicemos el día para incluir espacio negativo. En arte, el espacio negativo hace referencia al área alrededor de la imagen, y es parte de la obra de arte. En el diseño japonés, *yohaku no bi* hace referencia al hermoso y dinámico espacio vacío alrededor de los objetos en un dibujo o en el diseño de un jardín. Es como el silencio activo en música: una parte integral de la composición. El espacio negativo es una buena metáfora para usar cuando en la jornada reservamos respiros alrededor del trabajo duro, de modo que podamos resetearnos mentalmente y reforzar nuestra capacidad de atención. Usemos la metaconsciencia para valorar si nuestros recursos cognitivos están bajos. Si es el caso, démonos permiso para hacer algo que sepamos que no agotan nuestros recursos cognitivos, que es rutinario y fácil y que nos hará sentirnos positivos y conllevará una recompensa. El espacio negativo es tan importante como el trabajo mismo, porque nos ayuda a alcanzar un equilibrio en el que no estamos sobreestresados.

Sin embargo, no podemos mantener un estado zen demasiado tiempo durante la jornada laboral, ya que las personas necesitan cierta dosis de excitación para obtener un buen rendimiento. La bien estudiada relación entre excitación y rendimiento recibe el nombre de ley de Yerkes-Dodson [385] y tiene la forma de una U invertida. La altura de la curva representa el rendimiento. El punto más alto es donde necesitamos estar: ahí es donde nuestro rendimiento es máximo con la cantidad de excitación correcta. A la izquierda de la cima no estamos lo bastante excitados, y el rendimiento tampoco es excelente. Si necesitamos mayor excitación, demos un paseo enérgico. La excitación es necesaria para estar alerta, pero si hay demasiada del tipo incorrecto (pensemos en el estrés), el rendimiento empieza a decaer y acabamos a la derecha de la cima de la curva. Debemos encontrar el punto óptimo de excitación; considerémoslo el punto ideal de estrés. Usemos la idea de combinar espacio negativo con tareas duras y hagamos descansos para dar un paseo o dedicarnos a actividades rutinarias, para intentar permanecer en ese punto ideal. Con la práctica llegaremos a conocer nuestro ritmo y nuestra capacidad atencional.

Nuestras tareas tienen una valencia emocional

Debemos ver nuestras actividades en el mundo digital no solo en términos de cuánta capacidad atencional requieren, sino considerando también su valencia emocional, la cualidad emocional asociada con realizarlas que hace que nos sintamos positivos o negativos. Nuestra investigación mostró que las personas son más felices cuando realizan actividades fáciles y rutinarias. También descubrimos que atender el *e-mail* despierta emociones negativas. Pensemos en cómo organizar nuestro día con el objetivo de finalizarlo con un saldo neto de emoción positiva. Sé que salir a correr me hace feliz, probablemente debido a la liberación de endorfinas, de modo que me dedico a ello cuando quiero sentirme más positiva. Por desgracia no podemos estar todo el día haciendo tareas que despierten emociones positivas, pero podemos limitar el efecto emocional negativo de una reunión con una persona que sabemos que es arisca programándola para, por ejemplo, justo antes de la comida, cuando nos tomaremos un descanso (pero no comiendo delante de la pantalla). También podemos atender las tareas desagradables, como el *e-mail*, ajustando el momento en que revisamos la bandeja de entrada y limitando su consulta a una o dos veces al día. Quizá podamos colaborar con otra persona en una tarea difícil, lo que la haría menos onerosa. Para las tareas de las que podemos esperar que tengan una valencia negativa —y si tenemos flexibilidad para programarlas—, cambiemos el momento de hacerlas, por ejemplo, dejándolas para antes de comer. Intercalémoslas con tareas que despierten emociones positivas, o descansemos para reponernos después de hacerlas. En resumen: cuando programemos la jornada, consideremos cómo las actividades afectarán a nuestras emociones.

Elegir objetivos para alcanzar el equilibrio

Nuestros objetivos son el plano para trazar a diario cómo queremos gastar nuestros preciosos recursos cognitivos y cómo alcanzar el equilibrio interno. Mantener objetivos no es una tarea estática, sino dinámica. Recordemos que la atención está orientada a objetivos, y para mantenerla controlada, tenemos que conservar en la mente una representación de esos objetivos. Cuando planeamos el día, preguntémonos: ¿Qué esperamos conseguir? ¿Cómo queremos sentirnos? Visualicemos nuestros objetivos para que sean concretos y premeditados: ¿A qué se parecerá el final de la jornada y cómo nos sentiremos cuando enviemos ese informe acabado?

Fijemos además objetivos emocionales. Un enfoque prometedor que muestra el valor de incorporar objetivos emocionales a los objetivos de tareas aparece en un estudio sobre la desconexión y la reconexión con el trabajo realizado por Alex Williams en Microsoft Research, en el que participé. Todas las mañanas, durante catorce días, treinta y cuatro empleados de una gran organización respondieron preguntas simples presentadas por un agente de *software* cuando encendían el ordenador. La noche anterior, los participantes identificaban en qué querían trabajar al día siguiente y también cómo querían sentirse. Digamos que alguien ha identificado que quiere trabajar en un proyecto particular y desea sentirse feliz. A esta persona se le preguntará al día siguiente: «¿Sigues deseando trabajar en ese proyecto? ¿Cuál es el primer paso que puedes dar hacia la terminación de esa tarea? ¿Sigues deseando sentirte feliz? ¿Cuál es el primer paso que debes dar para sentirte así?». Estas preguntas incitaban a las personas a pensar sobre sus objetivos, y el experimento mostró cierto éxito: los participantes se sentían más productivos y comprometidos en su primera hora de trabajo [386]. Llevaba al nivel consciente los planes y los objetivos de las personas, y una vez que estos eran reconocidos, las personas tenían albedrío para actuar sobre ellos. Podemos usar la misma técnica para elevar nuestros objetivos a un nivel consciente, para mantenerlos en mente. En el estudio se descubrió también que los objetivos debían ser reafirmados a lo largo del día.

Lo que me mantuvo centrada en terminar este libro fue el empleo de las prácticas descritas aquí para desarrollar albedrío en mis acciones. Practico continuamente la metaconsciencia para ayudarme a pensar más profundamente sobre mis actos, cosas como preguntarme si siento la necesidad de dejar de escribir y echar un vistazo a las noticias o al *e-mail*. Se ha convertido en una rutina para mí. También he usado la previsión. Cuando empezaba a trabajar por la mañana, imaginaba a qué se parecería el final de mi jornada, y visualizaba el aspecto que tendrían varias páginas escritas de un capítulo. O me imaginaba salvando el documento y moviéndolo a una carpeta de capítulos finalizados o entregándolo. También imaginaba cómo me haría sentir eso (feliz), y eso me ayudaba a motivarme. Era un gran incentivo. Mantener en mente mis objetivos de alto nivel me evitaba quedar atascada en una trampa de la atención. Sé que por naturaleza tiendo a obsesionarme una vez comienzo algo, y por tanto intento no empezar una actividad a menos que pueda imaginar que encaja en mi visión del final del día. Estas prácticas me ayudaron a autorreflexionar sobre mis actividades digitales y corregir el rumbo cuando detectaba un problema.

Sobre todo, aprendí a reconocer mi propio ritmo y a aceptarlo. Sé cuál es mi momento cima para escribir, y sé cuándo tiendo a sentirme agotada. Para mí no funciona despertarme demasiado temprano, ya que no soy del tipo madrugador. Pero sé que si empiezo en un momento razonable de acuerdo a mi ritmo personal, con un poco de actividad rutinaria primero, me pondré rápidamente a plena marcha. Alterno mis actividades intencionadamente dependiendo de cómo imagino mi depósito personal de recursos cognitivos. Si siento que está bajo, me detengo para reponerlos antes de estar agotada. Programo en mi jornada el ejercicio al aire libre de la misma forma que programo una reunión (admito que vivir en el sur de California ayuda), pero todos podemos también hacer una pausa y estirar las piernas allí donde estemos, incluso dentro de nuestro apartamento o nuestra casa. A veces hago pequeños crucigramas (invocando a la Pequeña Mente de Maya Angelou). Esto me ayuda a despejar la cabeza, y cuando vuelvo a la escritura puedo mirarla con ojos nuevos. A menudo trabajo en algo diferente, y luego regreso al libro y lo contemplo con una luz diferente.

El detalle importante es usar la metaconsciencia para hacer una pausa o cambiar a una actividad rutinaria en cuanto detectamos que nos sentimos bajos de recursos, *antes* de estar agotados; usar la previsión para ayudarnos a mantenernos en el rumbo, y desarrollar nuestros propios ganchos antes de dedicarnos a esa agradable actividad rutinaria para no acabar atrapados en una madriguera de conejo. Soy muy consciente de las diferentes fuerzas que me distraen, y también muy consciente de mi propia base de personalidad, mis puntos fuertes y mis debilidades (tiendo a ser neurótica), y utilizo este conocimiento no como una excusa, sino para ayudarme a planear una estrategia para que mi atención sea más intencionada y determinada cuando uso mis dispositivos.

Escribí este libro durante un periodo sabático, lo que me liberó de las obligaciones docentes y el trabajo de servicio. Pero también dirigí proyectos, organicé y asistí a reuniones y talleres, escribí artículos de investigación, supervisé a dos estudiantes que estaban escribiendo su tesis, formé parte de comités de defensa de tesis de estudiantes, revisé artículos, escribí cartas de presentación, y aun así me las arreglé para escribir este libro en siete meses. También me aseguré de planificar mis días con cuidado y programar tiempo para actividades rutinarias y disfrutables. Al pasar mi sabático en la ciudad de Nueva York, me aseguré de disfrutar lo que el lugar ofrecía por las tardes y los fines de semana. También conseguí hacer esto mientras me mantenía cerca de ese punto ideal de estrés sin sobrepasarlo. A pesar de todo, admito que no siempre fue todo viento en popa. A veces perdía la pista de mis objetivos, y a veces no prestaba atención a mi indicador personal de recursos, no tomaba descansos o me frenaba, y me agotaba. Cada una de esas ocasiones hizo que aumentara mi determinación de ser más consciente de mis acciones y mi nivel de recursos. En otras palabras: cuando encontraba un desafío o un problema, intentaba reconocerlo como tal. A continuación, trabajaba en desarrollar albedrío para afrontar el problema, y entonces podía integrar esa nueva lección en mi repertorio de acciones. Mi madre expresaba esta idea cuando decía a menudo: «Lo asumo, me hago cargo, me lo tomo con calma».

Destruir los mitos y construir nuevos cimientos

En este libro, mi objetivo ha sido usar los resultados de las investigaciones para desviar la conversación pública sobre cómo usamos nuestros dispositivos de modo que el objetivo principal sea esforzarnos por alcanzar un equilibrio psicológico sano, y seguir nuestro ritmo atencional natural. Pero podríamos pensar: Un momento… ¿Qué? ¿No deberíamos tener como preocupación principal aspirar a la productividad? Del mismo modo que no podemos correr a ritmo de maratón todo el día, no podemos experimentar la elevada carga mental de la atención concentrada durante periodos largos ininterrumpidos sin que nuestro rendimiento se deteriore y aumente el estrés. De modo que en vez de obligarnos a largos periodos de concentración sostenida, con la presión de optimizar la productividad, debemos en cambio encontrar nuestro ritmo de uso de diferentes tipos de atención: hay momentos en que podremos ser desafiados, y otros en los que necesitamos algo fácil y atractivo. Debemos diseñar nuestro día usando sabiamente nuestros recursos cognitivos y con el objetivo de optimizar nuestro bienestar.

La narrativa común de que no deberíamos permitirnos actividades mecánicas rutinarias no está basada en la ciencia. La actividad rutinaria tiene una función en nuestra vida: la gente se siente feliz cuando está concentrada en una actividad que no es desafiante, y a menudo es relajante y ayuda a dar un paso atrás y reponer los recursos cognitivos. La jardinería y hacer punto son actividades rutinarias, por ejemplo. De forma similar, en el mundo digital hay cosas que podemos hacer para relajarnos y resetearnos, y pueden ir acompañadas de recompensas como conectar con otras personas. Necesitamos considerar la actividad rutinaria como una parte de nuestro trabajo que apoya a las tareas más importantes y a los objetivos emocionales. Por supuesto, los mejores descansos son aquellos en los que nos podemos levantar y movernos (pero no mientras miramos nuestro *smartphone*). Tomarse descansos breves con tareas fáciles (y aplicar la metaconsciencia para no perdernos demasiado) ayuda a reponer los escasos recursos cognitivos, y la ventaja es que con más recursos podemos concentrar mejor nuestra atención, autorregularnos con más eficacia, ser más productivos y, algo muy importante, sentirnos más positivos.

Démonos permiso para parar; no nos sintamos culpables. No podemos ser todos como William James o el escritor Stephen King, ambos famosos por ser capaces de escribir dos mil palabras al día. Hemos creado una cultura dirigida a optimizar la productividad, lo que también significa más producción de información, más comunicación y más información de la que estar al corriente. En nuestro clima digital actual estamos luchando contra vientos huracanados que apartan nuestra nave del rumbo hacia mantener nuestro bienestar.

Lo que podemos hacer es desarrollar albedrío para obtener un mejor control de nuestra atención, para estar en sincronía con nuestro ritmo atencional y, con ello, luchar por el bienestar positivo. Los grandes artistas y escritores conocían la importancia de encontrar sus ritmos. Sabían cuándo trabajaban mejor, cuándo echar el freno y cuándo llenar el día con espacio negativo. La escritora Anne Beattie prefiere empezar a escribir a las 9 p. m., y su mejor momento está entre la medianoche y las 3 a. m. [387]. Sigue su propio ritmo para usar su pico de concentración.

Necesitamos cambiar la conversación en nuestra aún relativamente joven era digital para priorizar nuestra salud y nuestro bienestar. Los ordenadores fueron diseñados para ampliar nuestras capacidades, pero al hacerlo estamos perdiendo el control de nuestra atención y nos estamos estresando. La idea de que nos distraemos, nos interrumpen y realizamos multitarea por culpa de nuestra falta de fuerza de voluntad es incompleta. Y tampoco es útil echar la culpa de todo a los poderosos algoritmos. El dominio de influencia es mucho mayor. Nuestro comportamiento atencional está influenciado por un mundo sociotecnológico mucho más grande del que formamos parte, que abarca fuerzas ambientales, sociales, individuales y tecnológicas. No es solo una cuestión de nuestra falta de disciplina. Sin embargo, podemos usar albedrío para planear y actuar, por ejemplo, para elegir intencionadamente cómo usar nuestra atención, para tirar de las riendas de nuestra tendencia a la atención dinámica. Usar nuestra atención de forma efectiva en el mundo digital consiste en realidad en comprendernos a nosotros mismos y comprender el entorno más grande en el que vivimos.

14

El futuro de la atención

Los ordenadores personales, Internet y los *smartphones* se crearon con la intención de aumentar las capacidades humanas. Pero durante mis años de investigación he descubierto que estas tecnologías, aunque han mejorado de forma invalorable nuestra vida, a menudo también nos agotan. Mi investigación ha revelado resultados mucho peores que los que había esperado. En las largas horas que pasamos con los ordenadores y teléfonos, desviamos la atención rápidamente y somos interrumpidos por fuentes externas y por nosotros mismos. El efecto es que nuestro trabajo resulta fragmentado y que a menudo nos sentimos abrumados y estresados. El estrés, como mencioné al principio del libro, está considerado como una epidemia del siglo XXI [388], y lleva a gran cantidad de problemas, como alta tensión sanguínea, alteraciones del sueño y fatiga. Por supuesto, en nuestra vida hay muchas cosas que causan estrés, pero al menos podemos cambiar una fuente potencial de este: nuestra relación con nuestros dispositivos personales. Podemos usar nuestra sabiamente capacidad atencional limitada y aun así lograr un equilibrio psicológico con bienestar positivo. Y, sí, también podemos ser productivos.

Las tecnologías digitales se han convertido en un apéndice de nuestra mente y están insertadas en nuestra cultura; no es tan extraño que cueste trabajo apartarse de ellas. No podemos conducir sin nuestro GPS, ya no realizamos cálculos mentales, y Google se ha convertido en un participante en nuestras conversaciones.

Los ordenadores y teléfonos exigen nuestra constante atención. Pero no ignoremos el hecho de que formamos parte de un mundo digital más grande y rápidamente cambiante más allá de nuestros ordenadores y *smartphones*: pedimos a asistentes de voz que nos hagan las compras, ajusten termostatos para calentarnos la casa y usen robots para limpiarla. El cambio sucede muy deprisa en nuestro mundo digital, y no siempre nos damos cuenta.

De forma parecida, nos hemos acostumbrado a la decadencia de nuestra atención cuando usamos los dispositivos personales; nuestra capacidad de atención se ha reducido a lo largo de los años. Dejando aparte nuestra naturaleza individual, se ha desarrollado una cultura que contribuye a nuestra corta capacidad de atención y la refuerza. Esta cultura ha sido creada por las empresas tecnológicas, el cine, la televisión y la publicidad, por plataformas de redes sociales y estructuras organizativas, pero también por todos nosotros. Contribuimos a una cultura digital que refuerza nuestra escasa capacidad de atención, al compartir contenido e historia mediante vídeo y redes sociales y al desarrollar plataformas que lo facilitan.

Mi propia historia de cómo mi atención fue afectada por el ascenso de la informática es muy parecida a las historias de las personas que he estudiado. Mientras continuaba con esta investigación a lo largo de los años, fui volviéndome más consciente de mi propia multitarea y mi estrés. Cuanto más miraba hacia fuera para estudiar a otros, más miraba hacia mi interior para examinar mi propio comportamiento. Me di cuenta de que estaba desatendiendo mi propio equilibrio psicológico. Al estudiar a otros, no tardé en darme cuenta de que no bastaba con documentar hasta qué punto está fragmentada nuestra atención. También quería entender por qué, y qué podíamos hacer al respecto. Mi conclusión es que no tenemos por qué quedar atados a un camino de más distracciones y mayor estrés.

El desarrollo de una relación sana con la tecnología exige cambios a tres niveles: individual, organizacional y social. Aunque los individuos no podemos cambiar mucho nuestra predisposición y nuestros impulsos sociales básicos, podemos trabajar con ellos y desarrollar albedrío para controlar nuestra atención en el mundo digital. Las organizaciones pueden apuntalar los esfuerzos individuales mediante la reestructuración de los patrones de comunicación y el cambio de expectativas, y la sociedad puede poner en activo normativas y programas que nos ayuden a desarrollar nuevas prácticas culturales.

A pesar del coste actual que tiene la tecnología sobre nuestra atención, no dejo de emocionarme ante las innovaciones y creo que podemos aprender a dominar su uso sin que ello tenga un efecto negativo en nuestra felicidad. Podemos cambiar la narrativa popular de tener que empujarnos hasta alcanzar nuestro límite por otra que sea luchar para alcanzar un bienestar positivo con nuestro uso de la tecnología. En vez de ser tragados por el océano, podemos aprender a nadar con la corriente y cabalgar las olas.

Mirar al futuro

¿Podemos simplemente cortar el acceso al *e-mail*, el Slack o las redes sociales, como a veces se recomienda como una forma de limitar las distracciones? Podemos someternos a una desintoxicación digital, pero no es una solución permanente ni viable a largo plazo. Si trabajamos con información de cualquier tipo, si somos un trabajador a tiempo completo o parcial que necesita usar ordenadores y teléfonos en sus tareas, un estudiante universitario o de instituto o alguien que necesite estar en contacto con familiares y amigos muy alejados, no es viable aislarnos durante un periodo extenso. Cualquier individuo que se desconecte acabará sufriendo una penalización por pasar por alto alguna información crítica para su trabajo o una conversación importante con amigos. Además, esto desvía la carga de la comunicación y el trabajo hacia los compañeros, que necesitan entonces encargarse de lo que hemos dejado atrás. Desconectarnos simplemente no funciona porque vivimos en una red interrelacionada de personas e información, y estamos todos atrapados en una circulación de información que no deja de aumentar. Es la realidad de la era digital que hemos creado. Nuestros dispositivos son inteligentes, pero nosotros debemos ser más inteligentes en la forma en que los usamos.

Aunque como individuos podemos conseguir albedrío sobre nuestras acciones personales, también tenemos que tratar el tema del control de la atención como un desafío para las organizaciones. Sacar del trabajo herramientas como *e-mail* o Slack solo puede hacerse colectivamente, como descubrimos en nuestro estudio sobre la desconexión del *e-mail*[389]. Se ha propuesto muchas veces como solución gestionar el *e-mail* por lotes, pero como ya mencioné antes, no es la panacea que podríamos imaginar, tal como descubrimos en dos estudios: leer el *e-mail* en lotes no reduce el estrés de las personas, y estas no reportan una mayor productividad. Sin embargo, esto no quiere decir que no proporcione algunos beneficios. Limitar la llegada de *e-mail* en la bandeja de entrada puede reformular las expectativas de la gente. Si todo el mundo sabe que el *e-mail* no llegará hasta, por ejemplo, la 1 p. m., esto cambia colectivamente las expectativas y alivia la presión (y la culpa) de no responder de inmediato. Quizá esto podría reducir el volumen de *e-mail* enviado. También puede cambiar el hábito individual de comprobar el *e-mail*, de modo que la gente mirará su bandeja de entrada solo una o dos veces al día y no setenta y siete como llegué a encontrar. La gente puede ganar más tiempo a lo largo del día; aprenderá con rapidez que no habrá nuevo *e-mail*, así que dejará de comprobarlo continuamente, y los hábitos se pueden romper. En el estudio sobre la desconexión del *e-mail*, tras unos cuantos días sin él, los participantes empezaron a cambiar su costumbre.

Las organizaciones pueden de este modo crear nuevas convenciones sociales y nuevas expectativas colectivas sobre el uso de las comunicaciones en el trabajo.

Asignar un momento tranquilo en el que no se puede enviar ninguna comunicación electrónica puede también asentar la nueva expectativa de que habrá tiempo sin *e-mail*. Y quizá algo incluso mejor: de la misma forma que los proveedores de servicios de telefonía asignan minutos de uso de datos al mes, las organizaciones pueden asignar una cantidad fija de minutos de *e-mail* a la semana o al día. Una vez superados, las personas tendrán que reunirse en persona, algo que disfrutaban los participantes en el estudio de desconexión.

Las organizaciones pueden hacer su parte no penalizando a los empleados que no contestan a los mensajes fuera de las horas de trabajo. Una normativa formal puede ayudar a los empleados a cambiar su marco mental y reconstruir las fronteras rotas entre el trabajo y la vida personal apoyando los intentos de la gente de desconectarse del trabajo. El tiempo dedicado a atender *e-mails* fuera del horario laboral aumenta el estrés; dicho de forma más clara: el *e-mail* después del trabajo irrita a la gente[390]. En algunos sitios ya se han introducido normativas para regular esta intrusión, de modo que las personas se pueden desconectar a nivel de organización sin que ningún individuo sea penalizado. Empresas alemanas como Volkswagen y la compañía de seguros Allianz han adoptado esta normativa para sus empleados. La desconexión significa no contestar *e-mails*, Slack ni teléfonos móviles, y no participar en videoconferencias ni antes ni después del horario laboral.

A un nivel más amplio, el nacional, se han promulgado leyes sobre el derecho a desconectar, algo que empezó en Francia con la ley laboral de El Khomri, aprobada en 2017[391]. Otros países, como Italia y Filipinas, están introduciendo legislación parecida. En 2021, Irlanda aprobó el Código de Prácticas, y la provincia canadiense de Ontario promulgó la Working for Workers Act de

2021; ambas leyes garantizan a los empleados el derecho a no contestar comunicaciones del trabajo después de las horas de la jornada normal. ¿Han tenido éxito estas normativas? Una encuesta realizada a 107 trabajadores franceses descubrió que la ley El Khomri tuvo resultados irregulares. Les encantaba la idea, pero en la práctica, algunas empresas se resistían a implementar la normativa porque les parecía que afectaba a la cuenta de resultados[392]. De modo que la cultura tiene que cambiar a la par con las normativas, poniendo el bienestar de los trabajadores por delante de los beneficios económicos.

Lo sorprendente sobre estas leyes es que tratan la desconexión de los dispositivos digitales como un derecho humano básico. En otras palabras: reconocen como un derecho humano básico que la gente se pueda desconectar del trabajo tras el horario laboral sin sufrir repercusiones. El derecho a la desconexión se apoya en el artículo 24 de la Declaración Universal de Derechos Humanos, que establece que «Toda persona tiene derecho al descanso, al disfrute del tiempo libre, a una limitación razonable de la duración del trabajo y a vacaciones periódicas pagadas»[393]. Todavía hay grandes problemas que resolver según más países adoptan leyes del derecho a la desconexión, como qué ocurre cuando unas personas trabajan con otras en diferentes zonas horarias, pero algunos países se están moviendo en una dirección positiva. Quizá, con el tiempo, más países se vayan dando cuenta de la necesidad de reducir el nivel de estrés y dar a la gente una oportunidad para reponer sus recursos atencionales mediante la imposición de normativas parecidas.

Sin embargo, la pandemia introdujo una forma completamente nueva de pensar en los horarios laborales. La gente a menudo intercalaba la vida personal con el trabajo durante el día, por ejemplo, cuidando a los niños, y así, las horas de trabajo se alargaron, los límites entre el trabajo y la vida personal se hicieron borrosos y dejó de ser claro exactamente qué significaba «horario normal de trabajo». Muchas empresas se han comprometido a continuar con el trabajo remoto o con alguna fórmula híbrida, y muchos trabajadores adoran los beneficios de tener flexibilidad de horarios, especialmente si tienen que cuidar de niños o de parientes ancianos. En el trabajo remoto, el derecho a desconectar será más importante que nunca, para evitar el desgaste de pasar largas noches contestando *e-mails*. Teniendo en cuenta que las personas pueden tener un horario flexible, ese tipo de leyes puede reducir el margen permitido para las comunicaciones electrónicas para cualquier empleado de la empresa, pongamos que a unas pocas horas al día. Los cambios funcionan mejor en las organizaciones cuando son incrementales, e ir reduciendo gradualmente la ventana de tiempo permitida puede reformular las expectativas de todos los empleados en cuanto a responder a las comunicaciones.

Los jóvenes son especialmente vulnerables al tirón de la tecnología, ya que su función ejecutiva y su identidad social aún se están desarrollando. Las escuelas tienen que desarrollar programas de alfabetización mediática en los que se enseñe a los jóvenes a reconocer y corregir el rumbo de sus comportamientos digitales; esto puede ayudarlos a desarrollar albedrío y hábitos positivos de uso de la tecnología. Algunos sistemas escolares ya han puesto en marcha programas de alfabetización mediática, como la ley 830 del senado de California, aprobada en 2018 [394]. Esta ley pone a disposición de los distritos escolares recursos y materiales de enseñanza para la alfabetización mediática. El aprendizaje de cómo tener una relación sana con las tecnologías personales debe empezar a edades tempranas.

Al nivel de la sociedad, las leyes y normativas pueden servir como una base en la que apoyarnos para ser más equilibrados en el uso de la tecnología. Un cambio social así se está viendo con optimismo, y hay individuos que alzan la voz. Como se explicó en el capítulo 7, en 2021, la informante Frances Haugen presentó archivos internos de Facebook y declaró ante un comité del Senado de Estados Unidos sobre los efectos dañinos provocados por la empresa. Su valor inspiró a muchos otros a dar un paso adelante, y esto puede llevar a nuevas normativas para controlar las prácticas de las empresas de medios sociales. Se están realizando otros trabajos importantes para pedir al gobierno estadounidense que apoye un uso más ético de las redes sociales mediante el Proyecto de Cambio Tecnológico y Social de la Harvard Kennedy School[395] y el Center for Humane Technology[396], así como nuevas declaraciones ante el Congreso de Estados Unidos. Aunque la personalización dirigida usando algoritmos no se está deteniendo, estamos viendo un aumento de la consciencia del público sobre cómo están siendo manipulados nuestros comportamientos y nuestra atención. Hemos visto la caída de Cambridge Analytica tras conseguir por medios indebidos acceso a datos delicados de Facebook de 87 millones de usuarios[397]. Cuando los costes legales se dispararon y los clientes les dieron la espalda, la empresa tuvo que declararse insolvente. Esto envía con fuerza a otras empresas el mensaje de que la privacidad de los usuarios tiene límites que no pueden romperse. En Europa, la privacidad de los datos está contemplada en las normativas, con la Ley General de Protección de Datos.

De momento tenemos que contener el optimismo en cuanto a que pueda haber cambios en el entorno mediático más amplio de la televisión, el cine y la publicidad. La motivación de lucro es muy intensa, lo que lleva a que se empaquete más contenido en lapsos cada vez más cortos, y esto es poco probable que cambie. Sin embargo, si las tomas de las películas se acortan mucho más, el vídeo se volverá incomprensible (el montaje caótico parece haber alcanzado su límite). Históricamente, el péndulo suele balancearse hacia atrás, de modo que habrá que esperar y ver.

La IA y nuestra atención

Las innovaciones tecnológicas también pueden darnos motivos de optimismo. Un ejemplo histórico de cómo las innovaciones pueden cambiar el curso de las trayectorias sociales aparece en un estudio publicado en 1972 titulado *Los límites del crecimiento*[398], encargado por el Club de Roma, una red formada por un centenar de los principales líderes y cuyo objetivo es considerar problemas globales. En este estudio, un grupo de investigadores de operaciones del MIT usó simulaciones informáticas para predecir el declive de los recursos mundiales; por ejemplo, reportaron que la cantidad de comida *per capita* a nivel mundial llegaría a un máximo en 2020 y a partir de ahí empezaría a reducirse. Ya hemos pasado el año 2020, y por el momento, las predicciones no se han cumplido. Lo que los modelos no tuvieron en cuenta fue que por el camino puede haber intervenciones e innovaciones que interrumpan o ralenticen la dirección de esos colapsos; por ejemplo, la aparición de nuevas prácticas agrícolas. Por supuesto, sigue siendo necesario realizar cambios importantes. Sigue habiendo todavía muchos problemas sociales urgentes, como el cambio climático, que avanzan por un camino peligroso y necesitan innovaciones y cambios en normativas y prácticas.

Aunque podamos tener la sensación de que hemos llegado al límite de cuánto se puede fragmentar nuestra atención, no podemos prever la aparición de innovaciones tecnológicas y conductistas que representen un desafío o sean un apoyo para nuestra aspiración al albedrío. Por ejemplo, en el futuro puede que seamos los que poseen el algoritmo. Puede que tengamos nuestro propio asistente digital personal basado en IA y lo controlemos, y también, algo importante, puede que poseamos los datos asociados a él. Esto significa que lo que hagamos con el asistente no será ni deberá ser propiedad de las empresas tecnológicas, ni estas podrán acceder a esa información. Estos asistentes digitales personalizados del futuro aprenderán detalles precisos sobre nuestras capacidades atencionales a partir de nuestro comportamiento, el contexto, nuestros rasgos personales, las horas que hemos dormido la noche anterior y nuestro estado de ánimo, aprendiendo así qué aumenta nuestros recursos atencionales y qué los gasta. También puede aprender nuestros ritmos ideales de diferentes tipos de atención, qué nos lleva a distraernos y cuándo nos autointerrumpimos. Nos proporcionará retroalimentación sobre cuándo sería un buen momento para hacer una pausa, y ya que nos conoce tan bien, podrá sugerir una actividad que nos haga sentirnos positivos. Un ejemplo prototípico de este tipo de asistente digital es Amber, utilizada en un estudio de Microsoft Research realizado en 2019 con veinticuatro personas durante catorce días. Amber sugería cuándo tomarse un descanso; a los participantes les gustó eso, y como resultado introdujeron incluso cambios positivos en sus rutinas, como tomarse menos descansos para usar las redes sociales[399]. Este tipo de agentes no harán el trabajo por nosotros; más bien reunirán datos para ayudarnos a conseguir una mayor comprensión de nuestro comportamiento, mucho más profunda que el *software* que nos dice cuánto tiempo hemos dedicado a diferentes aplicaciones. El agente puede impulsarnos y ayudarnos a desarrollar habilidades de autoeficacia de modo que podamos ganar autocontrol en el mundo digital. Pensemos en él como un entrenador personal, pero uno que nos entrena para que tengamos el control de nuestras acciones.

Sin embargo, la IA afectará nuestra atención de otras formas según se desarrolle y se integre más en nuestra vida. Es buena para manejar tareas de rutina pero no se le da tan bien gestionar la ambigüedad o la toma de decisiones complejas. Esto puede ser beneficioso porque le asignaremos las tareas desagradables y aburridas que no queramos hacer, pero también significa que pasaremos una proporción mayor de tiempo y atención dedicándonos a tareas complejas, lo que presentará nuevos desafíos para nuestra atención.

Diseño tecnológico para ayudarnos a alcanzar el equilibrio

El diseño tecnológico juega un papel esencial en la dirección de nuestra atención, como hemos visto con el diseño de Internet. Las empresas de redes sociales se apoyan en el hecho de que los humanos son seres sociales y buscan recompensas sociales. Por ejemplo, el botón «me gusta» refrenda nuestro valor social, y los hilos interminables de publicaciones se alimentan de nuestra curiosidad social básica y no hay ningún punto de detención claro. Más allá de los esfuerzos individuales como reestructurar nuestra interface, es posible diseñar fricción dentro de este que nos lleve a tener hábitos tecnológicos más sanos... y mayor capacidad de atención. El avance de pantalla infinito va en contra de promover la atención orientada a objetivos[400]. Al cortarlo, la gente tiene que hacer un trabajo extra para refrescar el hilo de publicaciones, y esto hace que las acciones inconscientes pasen a ser conscientes. Otras técnicas de fuerza bruta serían simplemente desconectar a una persona de su cuenta de una red social al cabo de diez minutos, obligándola a hacer login de nuevo, o asignar minutos de uso que se pueden distribuir a lo largo de un periodo limitado. Esto podría incluso ayudar a la gente a concentrar el uso de sus redes sociales en las relaciones que sean más importantes para ella. O la plataforma puede exigir que se renueve la contraseña cada tres días. Podemos ver cómo, llegadas a cierto punto, las personas abandonarán y se irán a dar un paseo. Por supuesto, es altamente improbable que estas ideas se implementen en las aplicaciones de redes sociales teniendo en cuenta que el objetivo de las empresas es ganar dinero, pero se pueden desarrollar en la forma de un *plugin* para el navegador.

A un nivel más amplio, los equipos de diseño necesitan incluir con urgencia entre sus miembros a psicólogos sociales y clínicos, no para hacer las redes sociales más persuasivas sino, al contrario, para hacer que los sistemas sean menos persuasivos de alguna forma estratégica, y que una prioridad en el diseño sea elevar nuestra salud y bienestar mentales. En la actualidad, los equipos de diseño están formados generalmente por personas con antecedentes tecnológicos: expertos en *software* e ingenieros. Yo he trabajado en equipos de diseño de tecnología, casi siempre como la psicóloga solitaria del proyecto. Puedo dar fe de lo importante que es proporcionar al equipo una perspectiva de cómo las decisiones de diseño pueden afectar al comportamiento humano. De hecho, los equipos de diseño deberían incluir quizá a aquellos que más se juegan: los usuarios de las tecnologías. Recordemos la historia de Google Glass, donde los diseñadores no anticiparon lo que pasaría cuando las gafas se distribuyeran en un entorno social. Nuestra prioridad debería ser diseñar redes sociales que proporcionen recompensas sociales sanas que sean meros suplementos a las recompensas que obtenemos en la vida real. El diseño puede y debe trabajar con nuestras prácticas naturales para promover un equilibrio psicológico mejor.

La atención en nuestra vida física

Una de las consecuencias de nuestra era digital es que dedicar tanto tiempo y atención a nuestros dispositivos puede crear un coste de oportunidad para la interacción con la gente en persona. Algunos resultados de Jean Twenge, Brian Spitzberg y W. Keith Campbell dan indicios de esto. Basándose en una muestra a gran escala nacionalmente representativa de estudiantes de grado medio y de instituto, los investigadores encontraron un declive de las interacciones en persona en los jóvenes entre los años 1976 y 2017[401]. Sin embargo, aunque el uso de las redes sociales ha aumentado, este es un estudio correlacional, de modo que no se puede afirmar que el descenso de la interacción física se deba al uso de los dispositivos. Aun así, incluso cuando las personas están físicamente unas con otras, la atención se dirige frecuentemente a los teléfonos y no a aquellos que están presentes. A menudo, el teléfono tiene precedencia sobre la persona que tenemos delante. El hecho de que los mensajes de texto sean asíncronos y que las noticias se actualizan constantemente hace que siempre estemos atentos a ellos, incluso cuando estamos cara a cara con alguien. Seguimos comprobando el teléfono porque no queremos perdernos nada.

Mientras creamos nuestro futuro con tecnología, hemos diseñado formas de estar presentes en el mundo digital, como cuando trabajamos en remoto mediante videollamadas por Zoom. Pero también tenemos que pensar en cómo estar más presentes en el mundo físico. Una conversación por Zoom es mejor que ninguna conversación en absoluto, pero no dejemos que las conversaciones cara a cara se conviertan en un arte perdido. La interacción *on-line* restringe pistas sociales esenciales que las personas usan para comunicarse. La interacción *on-line* sirve cuando no podemos vernos en persona, pero no puede sustituir del todo la creatividad y la gratificación que acompañan a la interacción en vivo. Cuando escribimos un mensaje de texto perdemos las abundantes pistas sociales que se encuentran en la comunicación cara a cara, donde la entonación, los gestos, la posición del cuerpo y las expresiones faciales transmiten significado. Incluso en los medios mejorados de las conversaciones telefónicas o las videoconferencias se pierden pistas sociales vitales que pueden ayudarnos a dirigir y guiar nuestras interacciones con otros.

La conversación es un arte, una danza entre compañeros que se representa mejor en el mundo físico, coreografiada por la información social que usamos en un espacio tridimensional. El contexto también es importante a la hora de enmarcar una conversación. Las pistas en el entorno digital (por ejemplo, los fondos de Zoom) simplemente no crean una atmósfera expresiva para la interacción de la misma manera que cuando nosotros y nuestro acompañante compartimos el mismo entorno en una oficina, al aire libre en un parque o en un salón iluminado por las velas.

Percibir estímulos bidimensionales, como hacemos durante buena parte de nuestras horas de vigilia delante de pantallas, no puede sustituir los estímulos tridimensionales que nuestra mente ha evolucionado para experimentar en el mundo físico. Aunque la realidad virtual ha llegado a ser muy buena en la simulación de entornos físicos, al final la atención y los comportamientos de la gente siguen restringidos al uso de una interface de pantalla, y el uso de avatares no permite a las personas experimentar un sentido cinestésico de su movimiento. Tenemos que pensar sobre cómo el estar inmóviles, colocados largas horas delante de una pantalla, nos quita la oportunidad de usar la propiocepción, la consciencia de nuestra posición corporal y nuestra orientación en el mundo físico. Por supuesto, cuando nos movemos por el mundo con la mirada clavada en el teléfono móvil, seguimos dejando de percibir el entorno que nos rodea. Aunque la actividad rutinaria tiene sus beneficios, preparemos descansos de la pantalla en los que además experimentemos el entorno del mundo real: dar un paseo, especialmente si es en la naturaleza, ha demostrado aumentar la creatividad. Los investigadores de la Universidad de Stanford pidieron a cuarenta personas que dieran un paseo al aire libre y descubrieron que caminar (ya sea al aire libre o dentro de un edificio) y estar en el exterior contribuyen por separado a una mayor creatividad, medida por la producción por parte de los participantes de ideas novedosas para usar objetos cotidianos (como usar un neumático a modo de florero) [402]. Este estudio señala la importancia de despegarnos de la pantalla, salir al mundo físico y movernos, y, por supuesto, dejar el teléfono atrás.

El futuro de los entornos de trabajo y nuestra atención

Mientras seguimos probando diferentes formas de trabajar —teletrabajar desde Vermont o ir a la oficina tres días a la semana en una combinación híbrida— necesitamos entender cómo esos modelos diferentes pueden afectar a nuestra capacidad de atención. Por ejemplo, en un contexto de teletrabajo total, la familia o los compañeros de piso pueden ser una gran fuente de interrupciones, tanto externas como internas. Ver esa pila de platos sucios nos puede distraer; es una tarea interrumpida de Zeigárnik. (Sin embargo, tengo un amigo, un profesor del MIT, que encuentra placer en la actividad rutinaria de emparejar calcetines después de la colada. Quizá el emparejamiento de calcetines o el planchado de Kalman pueden usarse como pausa). En los entornos de trabajo físico podemos ver si alguien está absorbido por una conversación telefónica o por el contrario está intentando escaparse; usamos el lenguaje corporal y la entonación para saber cuándo interrumpir. Pero en un contexto de teletrabajo, los límites difusos entre el trabajo y la vida doméstica pueden llevar a que nos interrumpan a las 9 p. m., o que interrumpamos a alguien a las 7 a. m. En el teletrabajo no tenemos consciencia de si otros son interrumpibles o no, y todos nos acabamos convirtiendo en malvados que interrumpen.

Una configuración de trabajo completamente diferente es el plan de oficinas abiertas, que se han popularizado también en los espacios de cotrabajo. Las oportunidades para la interacción formal y la colaboración están contrarrestadas por ser un terreno abonado para las interrupciones. En uno de nuestros estudios observacionales sobre las interrupciones descubrimos, de forma nada sorprendente, que las personas que trabajaban en un entorno de oficinas abiertas experimentaban muchas más interrupciones, externas e internas, en comparación con quienes trabajaban en sus propios despachos[403]. Además, algo que tampoco era sorprendente, estas interrupciones eran a menudo periféricas al propio trabajo, incluso aunque surgieran de alguien del mismo grupo. Observamos cómo los compañeros monitorizaban el entorno y adquirían consciencia de cuándo interrumpirse unos a otros en cuanto se presentaba la oportunidad (por ejemplo, cuando alguien apartaba la mirada del ordenador). Así, aunque nos movemos a un futuro en el que podemos esperar más teletrabajo o trabajo híbrido, los beneficios que proporciona tienen también desafíos que superar, como la creación de nuevas normas para interrumpir, un aumento de la soledad [404] y, especialmente, más distracciones.

Podemos crear el mundo digital a nuestra imagen

Cuando se trata de predecir hacia dónde nos dirigimos, tenemos que ser conscientes de que aún estamos inventando en mundo digital. En la historia de la informática, aún estamos en la infancia. Recordemos la cita de Emerson al principio del libro: «Pensamos que nuestra civilización se acerca a su mediodía, pero solo acaba de cantar el gallo y asomado el lucero del alba» [405]. Los ordenadores personales empezaron a usarse ampliamente a mediados de la década de 1980, Internet extendió su popularidad a mediados de la de 1990, y los *smartphones,* esos superordenadores que nos metemos en el bolsillo, despegaron hace tan poco como 2007 con la invención del iPhone. La tecnología se está desarrollando a un ritmo acelerado, pero la comprensión de cómo se puede integrar en nuestra vida cotidiana sin sobrecargarnos la atención ni abrumarnos con el estrés va muy por detrás. En la era del exceso, donde las civilizaciones occidentales comen demasiado, compran demasiadas cosas y toman demasiadas sustancias, la gente también consume demasiados medios digitales, y a menudo de una forma incorrecta. Aún no hemos descubierto cómo dirigir nuestra atención o contener nuestras prácticas, o cómo ejercer el albedrío en el mundo digital. Estamos en el Salvaje Oeste de la era digital.

A pesar de todo, podemos ser optimistas ante el hecho de que el mundo digital ha conectado a las personas de maneras que no podríamos haber imaginado, y que van más allá de la simple conversación o compartir contenidos. Ha surgido una cultura digital común, y no solo para los que se dedican a la tecnología, a pesar de las prácticas culturales únicas en los diferentes países y las zonas globales [406]. Un joven de Pekín o de Río no usa Twitter de una manera muy diferente a alguien que vive en Chicago o en París. En esencia, todos tenemos la misma naturaleza humana y buscamos el mismo tipo de recompensas cuando usamos nuestros dispositivos. Todos ellos luchan por nuestra atención, y todos estamos juntos en esto, a nivel mundial.

El mundo digital fue inventado por personas y está modelado por personas. Podemos modelar colectivamente la cultura, y cada uno podemos crear selectivamente nuestra propia narrativa sobre cómo la tecnología puede funcionar para nosotros. Las corporaciones lideran la dirección del mundo digital, pero en última instancia, las personas, mediante su inventiva y la pura cantidad, tienen el poder de superarlas. A pesar de las notificaciones dirigidas, el condicionamiento social y ambiental y nuestra propia base de personalidad, seguimos poseyendo nuestra atención. Nadie nos puede quitar eso. Podemos aprender a tomar efectivamente el control de nuestra tendencia a la atención dinámica y cinética para buscar lo que nos beneficie, para usar una concentración sostenida cuando lo necesitemos y para desviar la atención a la Pequeña Mente cuando nos haga falta un respiro. Estamos luchando contra vientos huracanados que intentan desviar nuestra atención, pero en última instancia, los humanos pueden soportar esas fuerzas. Podemos crear el mundo digital en la imagen que queramos y vivir en él.

Notas

Escanea el QR y accede a las notas del libro.

https://www.reinventarelmundo.com/como-recuperar-la-
capacidad-de-atencion

Agradecimientos

Escribir es una actividad solitaria, y yo soy una persona inherentemente social. Así, retrospectivamente, parece natural que reclutara a otros en este largo viaje. El libro se benefició de muchas personas que fueron generosas con su tiempo y cuyos comentarios me ayudaron a expandir mi forma de pensar. Soy muy afortunada por conocer a tanta gente sabia y comprensiva.

Este libro fue escrito durante la pandemia, y nada me habría gustado más que reunirme en persona y debatir ideas. En vez de eso, las conversaciones se vieron relegadas a llamadas por Zoom y a veces a hilos de *e-mail*. Y fue así como, con Zoom como ventana al mundo, tuve compañía a lo largo del camino al escribir este libro.

Hay mucha gente a la que debo dar las gracias por hacerlo posible. Quiero dárselas a mi querida amiga Judy Olson, con quien siempre podía contar para que me ofreciera su opinión sincera, su sabiduría y su continuo apoyo a través de todo el proceso. Doy las gracias a Jim Guszcza, cuya mente filosófica aguda me mantuvo atenta; a Dan Russell, siempre perspicaz y cuya experiencia sobre Internet amplió mi perspectiva; a Nick Belkin y Colleen Cool, que hicieron preguntas agudas y profundas y a quienes todavía debo una cena; a Barry Lazarowitz, por las conversaciones fascinantes y divertidas y por darme nuevas perspectivas sobre el ritmo; a Doug Pray y Glenn Kenny, por ayudarme a ver diferentes perspectivas sobre el cine; a Ellen Ensel, por su pericia y experiencia musical; a Jonathan Grudin, un cronista de la historia de la interacción humano-ordenador, y a Dave Smith, que estaba ahí cuando empezó todo.

También deseo dar las gracias a May Czerwinski, Shamsi Iqbal y otros compañeros de Microsoft Research, por toneladas de diversión y por abrirme los ojos a tantas posibilidades de investigación nuevas. Hay muchos otros compañeros a los que darles las gracias, con los que he trabajado en estudios a lo largo de los años, investigaciones que me ayudaron a desarrollar mis ideas sobre la relación entre nuestra capacidad de atención y nuestros dispositivos, especialmente Stephen Voida, Victor González, Erin Bradner y Yiran Wang. Sin el apoyo generoso de la National Science Foundation, gran parte de estas investigaciones no habría sido posible. Los participantes de mis estudios siempre estuvieron dispuestos a hablar sobre las alegrías y las tribulaciones que les causaban sus dispositivos.

Muchas gracias también a Duncan Brumby y Max Wilson. Tuve conversaciones maravillosas con Jofish Kaye, Javier Hernández y Bart Knijnenburg. También doy las gracias a Judith Borghouts, Thomas Breideband, Alex Williams, Roya Farzaneh, Ted Grover, Fatema Akbar, Ioannis Pavlidis, Sidney D'Mello y Wendy Kellogg. Deseo reconocer la contribución de mis dedicados estudiantes de mi seminario de posgrado, que tuvieron curiosidad por aprender sobre la interacción humano-ordenador y la distracción.

Mi agradecimiento más sentido a Peter Joseph, mi editor en Hanover Square, que fue paciente e incansable a lo largo de todo el proceso; a Grace Towery, de Hanover Square, por sus comentarios esenciales, y a Jaidree Braddix, mi agente, a quien le estoy agradecida por plantar la semilla de este viaje en primer lugar.

Por supuesto, la premisa completa de este libro no habría sido posible sin la investigación fundamental de Walter Mischel, Kurt Lewin, Albert Bandura y tantos otros grandes psicólogos, a quien doy las gracias por su inspiración.

Por último, doy las gracias a mi familia. Mis hijas, Michaela y Natalie, me dieron su apoyo inquebrantable y comentarios a las buenas y a las malas; saben que el amor incondicional significa que se puede ser crítico y no preocuparse de las consecuencias. Y a Alfred, de quien siempre puedo esperar una crítica sincera, por su paciencia infinita conmigo.